名师工作室成果文库

优秀课堂实录

YOUXIU KETANG SHILU

朱 婧 童嘉森 主编

光明日报出版社

图书在版编目（CIP）数据

优秀课堂实录 / 朱婧，童嘉森主编 . -- 北京：光

明日报出版社，2019.12

ISBN 978 - 7 - 5194 - 4582 - 9

Ⅰ . ①优… Ⅱ . ①朱…②童… Ⅲ . ①课堂教学—教

学研究—高中 Ⅳ . ①G632.421

中国版本图书馆 CIP 数据核字（2020）第 011231 号

优秀课堂实录

YOUXIU KETANG SHILU

主　　编：朱　婧　童嘉森

责任编辑：庄　宁　　　　　　　　责任校对：龚彩虹

封面设计：中联学林　　　　　　　责任印制：曹　净

出版发行：光明日报出版社

地　　址：北京市西城区永安路 106 号，100050

电　　话：010 - 63139890（咨询），010 - 63131930（邮购）

传　　真：010 - 63131930

网　　址：http://book.gmw.cn

E - mail：zhuangning@ gmw.cn

法律顾问：北京德恒律师事务所龚柳方律师

印　　刷：三河市华东印刷有限公司

装　　订：三河市华东印刷有限公司

本书如有破损、缺页、装订错误，请与本社联系调换，电话：010 - 63131930

开　　本：170mm × 240mm

字　　数：261 千字　　　　　　　印　　张：16

版　　次：2020 年 8 月第 1 版　　　印　　次：2020 年 8 月第 1 次印刷

书　　号：ISBN 978 - 7 - 5194 - 4582 - 9

定　　价：65.00 元

编委会

序　言

　　《普通高中数学课程标准》（2017 年版）提出"高中数学课程以学生发展为本，落实立德树人的根本任务，培育科学精神和创新意识，提升数学学科核心素养。高中数学课程面向全体学生，实现人人都能获得良好的数学教育，不同的人在数学上得到不同的发展"。因此，在数学教学过程中，我们应给予学生更多主动参与的空间，让学生成为课堂真正的主人，让课堂逐渐出现师生互动、生生互动、平等参与的生动局面。在这个背景要求下，作为数学教师亟待研究并解决的问题就是如何创建以学生为主体的动态课堂。

　　新课程背景下，课堂教学出现了很多变化。学生为主体的动态课堂：是指教师在课堂教学中培养学生自我"观察""思考"和"探究"的教学活动；是教师在精心设计下构成的学生主动参与、自主学习、全面发展的学习氛围；是教师在教学活动中因势利导地组织适合学生参与的、自主创新的教学过程。动态课堂可以减少课堂上教师讲授的时间，增加学生相互交流和提出个人见解的时间，从而培养学生发现问题、解决问题、与他人交流合作的能力；以及表达、概括能力。有利于学生成为课堂的真正主人，驾驭所学知识。使学生在获取知识的同时，产生学习经验，获得丰富的情感体验，使课堂充满"鲜活与生动"，透射出生命的活力。

　　在我国，对课堂教学有效性的研究持续了很长时间。早在 1979 年上海市育才中学校长段力佩就率先发表论文《有领导的"茶馆式"的教学形式——读读、议议、练练、讲讲》，1983 年江苏常州市提出了"尝试自学"，接着江西修水县、四川忠县、湖南龙山县、宁夏灵武县、黑龙江北安市等地进行了系统的实验研究，提倡"先学后教""先做后讲"，都收到了良好效果。之后又产生了以邱学华先生为代表的"尝试教学法"以及江苏洋思中学的"教师的责任不在于教，而在于教学生学"的提法（即先学后教、以教导学、以学促教的教学模式）。与此同时，还有山东杜郎口提出的"三三六"自主学习模式（即三个特点：立体式、大容量、快节奏；三大模块：预习——展示——反馈；六个环节：预习交流、明确目标、分组合作、展示提升、穿插巩固、达标测评），等等，一时间形成了若干基本策略。但无论哪一种策略，其本质都是要促使学生自主学习、合作学习，鼓励学生积极参与、探究交流，都是以提高教学的实效性为突破口的。

　　华东师范大学叶谰教授所著的《让课堂焕发生命活力》，蔡祖泉所著的《把课堂还给学生》等为我们更深入地研究打下了坚实的基础。通过学习与研究我们发现：上述许多研究是针对初中教学的。我们想通过本课题的研究，在前辈和同行研究的基础上进一步探究高中数学教学中如何把课堂交还给学生，如何充分发挥学生的主体性作用。通过学生独立思考和团队协作探究去发现问题、分析问题、最终解决问题，激发他们的想象力和创造性，张扬他们的个性，最大限度地调动他们学习文化知识的积极性，让课堂充满生机和活力，成为学生求知成长的乐园，真正实现课堂教学的动态生成。

　　本书是由北京市朝阳区特级教师童嘉森指导，由"贵阳童嘉森高中数学工作室"学员，贵阳市多名优秀一线高中数学教师执教，通过《在高中数学教学中创设以学生为主体动态课堂教学方式的实践研究》课题，整理出的高中数学概念课、阅读课、习题课、复习课、试卷讲评课、活动课、竞赛辅导课七种不同课型下的优秀课堂实录。教师课堂教学中，在情景设置、问题设置、学生活动、探讨交流、信息化手段的使用等方面都有很好的设计，教学过程基本符合"三少三多"原则，容量少、剖析多；讲授少、互动多；平淡少，情感多。本课堂实录，是课题组的重要成果之一，有很多可供同人借鉴之处，当然，也有许多疏漏和尚需改进的地方。

　　我们想通过本课题的研究，使更多的高中数学教师认识到在新课程改革的今天，以学生为主体的动态生成的课堂教学的重要意义，并且能够自觉地接受动态生成课堂的理念，不断学习文化知识丰富自己的内涵，不断研究和探索积极创建动态，生成自己的高中数学优秀课堂。

编委会

2019 年 4 月

目 录
CONTENTS

第五篇 数学活动课

第六篇 试卷讲评课

第七篇 数学竞赛辅导课

第一篇 01

| 数学概念课 |

数学概念课是对数学新知的引入、形成、分析和应用的重要课型．数学概念是客观事物的数量关系和空间形式的本质属性在人脑中的反映，它是数学知识的基石，是数学知识的重要组成部分．数学概念是数学思维的基本形式之一，是人们对客观世界从感性认识上升到理性认识的创造性成果，数学概念是客观事物中数与形的本质性的反映，也可以说，数学概念是数学学科的灵魂和精髓。

数学概念教学一般有以下环节：概念的引入；概念的形成；概念的表述；概念的辨析；概念的巩固；概念的应用（迁移）。

任意角的三角函数

罗轩

贵阳市第三实验中学

【教学目标】

1. 知识与技能

理解任意角三角函数的定义，树立映射观点，正确理解三角函数是以实数为自变量的函数。

2. 过程与方法

通过单位圆的定义，培养合情猜测的能力，体会函数模型的作用。

3. 情感、态度与价值观

通过学生积极参与知识"发现"与"形成"的过程，加深对数学概念本质的理解，感悟数学概念的严谨性与科学性。

【教学重点】

任意角三角函数的定义。

【教学难点】

任意角三角函数概念的建构过程。

【教学流程】

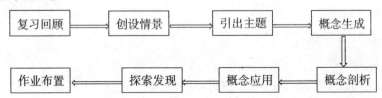

【教学实录】

（一）引入新课

1. 复习回顾

师：通过对任意角的概念的学习，你认为它与初中角的概念有什么区别？

生：角的范围扩大了，而且还分正角、零角、负角。

2. 引出主题

问题：已知摩天轮的中心离地面的高度为 h_0，它的直径为 $2r$，逆时针方向做匀速转动，转动一周需要 360 秒，若现在你坐在座舱中，从初始位置点 A 出发，求相对于地面的高度 h 与时间 t 的函数关系式。

师：让我们一起分析一下，在整个运动过程中，高度 h 是怎样变化的？

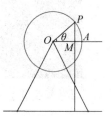

生：开始高度 h 先渐渐增高至最高点，再渐渐降低至最低点，再渐渐升高，最后回到初始位置；第二周，第三周 …… 周而复始，呈现周期现象。

师：我们该用怎样的函数模型来刻画这种运动呢？

让我们先从特殊情形入手. 例如，过了 20s 后，人距离地面的高度是多少？

生：$h = h_0 + r\sin 20°$

师：你能对这个式子做个解释吗？

生：h_0 表示水平位置 OA 距离地面的高度，$r\sin 20°$ 表示 P 距离水平位置 OA 的高度，即 $h = h_0 + |MP|$

师：如果过了 40s 呢？怎样对上面式子做修改？

生：将 20° 换成 40°，即：$h = h_0 + r\sin 40°$

师：一般地，过了 t 秒呢？

生：猜想 $h = h_0 = r\sin t$

师：这样猜想合情，但合理吗？随着摩天轮的转动，$\angle POA$ 从最初的锐角被推广到了任意角. 对任意角 α，$\sin \alpha$ 该如何定义呢？这就是这节课我们要学习的内容，任意角的三角函数。

（二）梳理知识结构

1. 知识梳理

师：当 P 在水平但位置 OA 上方时，$h = h_0 + |MP|$；当 P 在水平位置 OA 下方

时,$h = h_0 - |MP|$,即:$h = h_0 \pm |MP|$. 与 $h = h_0 + r\sin t$ 相比较,要想两者和谐统一,必须有:$r\sin t = \pm |MP|$,即:$\sin t = \pm \dfrac{MP}{r}$

师生小结:当点 P 在圆周上运动时,$\angle POA$ 随之变化,任一个 $\angle POA$,对应着唯一点 P,进而有唯一 $|MP|$,得到:$\sin t = \pm \dfrac{MP}{r}$

师:不过这样表述 $\pm |MP|$ 时,还是不够简洁,MP 何时取正值,何时取负值?能否用一个量去代替 $\pm |MP|$,使上述表示形式更简单?它的绝对值与 MP 的长度相等,符号在 OA 上方表示正的,OA 下方表示负的。

生:引入直角坐标系,用点 P 的纵坐标 y 来替代 $|MP|$ 或 $-|MP|$

师:好,接下来,我们把角 α 放在平面直角坐标系中,以原点为圆心,半径为 r 作圆,与角 α 的终边交于点 P,假设点 P 坐标为 (x, y),利用我们刚才对上述问题的分析,这里,$\sin\alpha = \dfrac{y}{r}$

师:当 α 是锐角时,此规定与初中规定是否吻合?

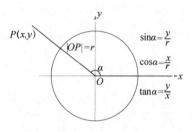

生:吻合,利用初中对锐角三角函数定义,
$\sin\alpha = \dfrac{|MP|}{|OP|}$,$|MP|$ 即 y,$|OP|$ 即 r

师:三角函数只有这一个吗?

生:还有余弦、正切。

师:你能仿照正弦给出它们的类似定义吗?

生:$\cos\alpha = \dfrac{x}{r}$,$\tan\alpha = \dfrac{y}{x}$

师:从高中函数定义来看,他们是真正意义上的函数吗?

生:是的,任意给定角 α,其终边唯一确定,终边与圆的交点 P 就唯一确定,比值随之唯一确定。

师:比值会随着点 P 在终边上的变化而变化吗?

生:不会,由相似三角形知识,比值是唯一确定的。

师:很好,任意给定 α → 唯一确定比值. 那如果 α 是任意角呢,我们不妨假设此时 α 终边落在第二象限,终边与圆的交点仍然是 P,坐标为 (x, y)。

师:显然,我们已经不能把 α 放在一个锐角三角形内,但是我们同样可以发现,

当 α 给定后,终边唯一确定,其与圆的交点 P 唯一确定,仍然符合函数的定义。

师:这种比值形式能进一步简化吗?

生:另 $r=1$,则 $\sin\alpha=y,\cos\alpha=x,\tan\alpha=\dfrac{y}{x}$

师:此时点 P 具有什么特点?

生:点 P 即是角终边与单位圆的交点。

师:它们是函数吗?

生1:是的,当 α 给定时,点 P 即定,函数值唯一确定。

生2:角与三角函数的对应关系,还可以用韦恩图的对应关系表示:

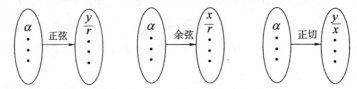

师:既然是函数,则有三要素,它们的定义域是什么?

生:$y=\sin\alpha$,$y=\cos\alpha$ 的定义域均为 R,$y=\tan\alpha$ 的定义域是 $\left\{\alpha\mid\alpha\neq k\pi+\dfrac{\pi}{2},k\in\mathbf{Z}\right\}$

师:为什么呢?

生:由 $\sin\alpha=y$ 可知,$y\in\mathbf{R}$,无论自变量角 α 取什么值,y 都有意义,故 $y=\sin\alpha$ 定义域为 $\mathbf{R}$.同理,$y=\cos\alpha$ 定义域为 $\mathbf{R}$.对于 $\tan\alpha=\dfrac{y}{x}$,因为 x 不能为 0,所以角 α 的终边不能落在 y 轴上,则 $y=\tan\alpha$ 的定义域是 $\left\{\alpha\mid\alpha\neq k\pi+\dfrac{\pi}{2},k\in\mathbf{Z}\right\}$

师:值域是什么呢?

生:由以上单位圆可知,$x\in[-1,1]$,$y\in[-1,1]$,半径 $R=1$,正余弦函数的值域都为 $[-1,1]$;$\tan\alpha=\dfrac{y}{x}$,显然比值 $\dfrac{y}{x}$ 为任意实数,所以正切函数的值域为 $\mathbf{R}$。

师:很好,我们就把上面这三个函数称为任意角的三角函数.其实,我们可以发现,任意角的三角函数是以角为自变量,以坐标或者坐标的比值为函数值的函数,即从角的集合到实数集的一种对应关系。

师:以上任意角的三角函数的定义域和值域即用下列表格所示:

三角函数	定义一：$|OP|=1$	定义二：$|OP|=r$	定义域	值域
$\sin\alpha$	y	$\dfrac{y}{r}$	$\mathbf{R}$	$[-1,1]$
$\cos\alpha$	x	$\dfrac{x}{r}$	$\mathbf{R}$	$[-1,1]$
$\tan\alpha$	$\dfrac{y}{x}$	$\dfrac{y}{x}$	$\left\{\alpha \mid \alpha \neq k\pi+\dfrac{\pi}{2}, k \in \mathbf{Z}\right\}$	$\mathbf{R}$

师：三角函数值的正、负怎么判断？

生：根据三角函数定义，三角函数值的符号取决于 x,y 值的正负，根据终边所在位置总结出形象的识记口诀：$\sin\alpha=y$：上正下负横为 0；$\cos\alpha=x$：左负右正纵为 0；$\tan\alpha=\dfrac{y}{x}$：交叉正负。

生：如表格所示：

$\sin\alpha=y$	$\cos\alpha=x$	$\tan\alpha=\dfrac{y}{x}$
上正下负横为 0	左负右正纵为 0	交叉正负

师：根据三角函数的定义，终边相同的角的同一三角函数值有何关系？

生：显然，终边相同的角的同一三角函数值相等。

师：如何表示呢？

生：用公式一：

$$\sin(\alpha+2k\pi)=\sin\alpha,$$
$$\cos(\alpha+2k\pi)=\cos\alpha,$$
$$\tan(\alpha+2k\pi)=\tan\alpha \quad (\text{其中 } k \in \mathbf{Z})$$

师：很好，利用公式一，可以把求任意角的三角函数值，转化为求 0 到 2π（或 $0°$ 到 $360°$）角的三角函数值。

7

[例1]（口算）求下列三角函数值。

(1) $\sin 270°$　　(2) $\cos 3\pi$　　(3) $\tan\left(-\dfrac{4}{3}\pi\right)$

变式： 若已知 $\cos\theta=-1$，你能写出 θ 的一个角吗？

[例2] 角 α 的终边经过点 $P\left(\dfrac{1}{2},\ -\dfrac{\sqrt{3}}{2}\right)$，求它的三角函数值。

[例3] 设 $\sin\theta<0$ 且 $\tan\theta>0$，确定 θ 是第几象限的角。

[例4] 不求值，判断下列三角函数值的符号。

(1) $\sin(-1060°)$　　(2) $\cos\left(\dfrac{16}{5}\pi\right)$　　(3) $\tan 556°$

2. 探究发现

探究一

师：再来回忆一下任意角三角函数的定义？

生：设 α 是一个任意角，它的终边与单位圆交于点 $p(x,\ y)$，则 $\sin\alpha=y$，$\cos\alpha=x$，$\tan\alpha=\dfrac{y}{x}$

师：此时点 P 具有什么特点？

生：因为在单位圆中有 $x^2+y^2=1$，所以 $\sin^2\alpha+\cos^2\alpha=y^2+x^2=1$，$\dfrac{\sin\alpha}{\cos\alpha}=\dfrac{y}{x}=\tan\alpha$

师：完全正确，这就是同角三角函数基本关系。

结论： 同角三角函数的基本关系：

文字语言	同一个角 α 的正弦、余弦的平方和等于 1，商等于角 α 的正切
符号语言	平方关系：$\sin^2\alpha+\cos^2\alpha=1$（注意 $\sin^2\alpha$ 与 $\sin\alpha^2$ 的区别） 商数关系：$\dfrac{\sin\alpha}{\cos\alpha}=\tan\alpha$（$\alpha\neq k\pi+\dfrac{\pi}{2}$，$k\in\mathbf{Z}$）

说明："同角"有两层含义：

(1) "角相同"（$\sin^2 2\alpha+\cos^2 2\alpha=1$ 也成立）；

(2) 对"任意角"（在使得函数有意义的前提下）关系式都成立。

[例1] 已知 $\sin\alpha=-\dfrac{3}{5}$，若 α 是第三象限角，求 $\cos\alpha$，$\tan\alpha$ 的值。

变式 1：已知 $\sin\alpha=-\dfrac{3}{5}$，求 $\cos\alpha$，$\tan\alpha$ 的值。

变式 2：$\tan\varphi=-\sqrt{3}$，求 $\sin\varphi$，$\cos\varphi$ 的值。

变式 3：已知 $\tan\alpha=3$，求 $\dfrac{2\cos\alpha-3\sin\alpha}{3\cos\alpha+4\sin\alpha}$ 的值。

［例 2］ 求证：$\dfrac{\cos\alpha}{1-\sin\alpha}=\dfrac{1+\sin\alpha}{\cos\alpha}$

证法 1：由 $\cos x\neq0$，知 $\sin x\neq-1$，所以 $1+\sin x\neq0$，所以 $\dfrac{\cos\alpha}{1-\sin\alpha}=$

$\dfrac{\cos x\,(1+\sin x)}{(1-\sin x)\,(1+\sin x)}=\dfrac{\cos x\,(1+\sin x)}{1-\sin^{2}x}=\dfrac{\cos x\,(1+\sin x)}{\cos^{2}x}=\dfrac{(1+\sin x)}{\cos x}=$

$\dfrac{1+\sin\alpha}{\cos\alpha}$，所以原等式成立。

证法 2：因为 $(1-\sin x)\,(1+\sin x)=1-\sin^{2}x=\cos^{2}x=\cos x\cos x$ 且 $1-$

$\sin x\neq0$，$\cos x\neq0$，所以 $\dfrac{\cos x}{1-\sin x}=\dfrac{1+\sin x}{\cos x}$

［例 3］ 化简下列各式。

(1) $\cos\theta\tan\theta$　　(2) $(1+\tan^{2}\alpha)\,\cos\alpha$　　(3) $\sqrt{1-\sin^{2}100°}$

点评：(1) 公式的"变用"与"逆用"；

(2) 化简实际上是一种不指定答案的恒等变形，化简题一定要尽量化成最简形式，本题不是特殊角，一般无须求出其正余弦值，结果应最简（最好是常数）。

变式：已知 $\sin\alpha-\cos\alpha=\dfrac{1}{2}$，试求下列各式的值。

(1) $\sin\alpha\cdot\cos\alpha$　　(2) $\sin^{4}\alpha+\cos^{4}\alpha$

探究二

在如图所示的单位圆中，角 α 的顶点在原点，始边与 x 轴的非负半轴重合，终边为 OP，则有向线段 MP，OM，AT，BS，OT，OS 分别称为角 α 的正弦线、余弦线、正切线、余切线、正割线和余割线。图中的正弦线 MP，余弦线 OM 均为圆 O 上的弦的一段。如 MP 是圆 O 的弦上 PP' 的一段，OM 是圆 O 的

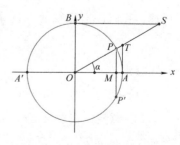

弦 AA' 上的一段。图中正切线 AT，余切线 BS 均为圆 O 上的切线段。图中正割线 OT，余割线 OS 均为圆 O 上的割线段。

师：你能否据此给出三角函数名称的一种几何解释，并说明理由？

生：能。

师：既然能说明理由，请问同学们，如果角 α 是第一象限角，它的三个三角函数值用定义如何来求？

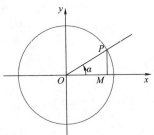

生：做出角 α 的终边和单位圆，记交点为 P $(x，y)$，那么，$\cos\alpha=y$，$\cos\alpha=x$，$\tan\alpha=\dfrac{y}{x}$

师：在求解中，$\sin\alpha$，$\cos\alpha$ 的值都是正数，你能分别用一条线段表示正、余弦值吗？

生：能，可以如下表示：

$\sin\alpha=y=|MP|$，$\sin\alpha=x=|OM|$

师：如果角 α 的终边在其他象限内，$\sin\alpha$，$\cos\alpha$ 的值也与这两条线段的长度相等吗？若不相等，有什么关系？例如，角 α 是第三象限角。

生：不一定相等。有时相等，有时互为相反数。在第三象限，$\sin\alpha=y=-|MP|$，$\sin\alpha=x=-|OM|$

师：非常好，为了简化上述表示，去掉上述等式中的绝对值符号，我们设想将线段的两个端点规定一个为始点，另一个为终点，使得线段具有方向性，表示带有正负值的数量。正、余弦值由角的终边上的点的坐标表示，直角坐标系内点的坐标与坐标轴的方向有关，因此，我们以坐标轴的方向来规定线段 MP，OM 的方向。

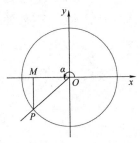

结论：

（1）规定了始点和终点，带有方向的线段叫作有向线段；

（2）规定：在直角坐标系内，线段从始点到终点与坐标轴同向时为正方向，反向时为负方向。

师：如图中，哪条有向线段可以表示正弦值和余弦值？

生：有向线段 MP 可以表示正弦值，有向线段 OM 可以表示余弦值。我们将与单位圆有关的有向线段 MP 称为角 α 的正弦线，有向线段 OM 称为角 α 的余弦线。

师：若角 α 的终边在坐标轴上时，角 α 的正弦线和余弦线的含义如何？

生 1：当角 α 的终边在 x 轴的非负半轴上时，角 α 的正弦线是一个点，余弦线是有向线段 $OM=1$。

生 2：当角 α 的终边在 x 轴的非正半轴上时，角 α 的正弦线是一个点，余弦线是有向线段 $OM=-1$。

生 3：当角 α 的终边在 y 轴的非负半轴上时，角 α 的正弦线是有向线段 $MP=1$，余弦线是一个点。

师：如果角 α 是第一象限角，其终边与单位圆的交点为 P (x, y)，则 $\tan\alpha=\dfrac{y}{x}$，能否类比正弦线、余弦线得到，怎样用一个实数表示正切值？

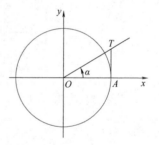

生：设角 α 的终边上的点为 P $(1, y')$，点 P $(1, y')$ 在直线 $x=1$ 上，所以点 P $(1, y')$ 是角 α 的终边与直线 $x=1$ 的交点，设 A $(1, 0)$，交点为 T，则 $y'=AT$，有向线段 AT 可以表示正切值，即：$\tan\alpha=AT$

师：如果角 α 为第二、三象限角时，其终边与直线 $x=1$ 没有交点，若记终边的反向延长线与直线 $x=1$ 的交点为 T，A $(1, 0)$，那么 $\tan\alpha=AT$ 还成立吗？

生：$\tan\alpha=AT$ 成立。

师：若角 α 的终边在坐标轴上时，角 α 的正切线的含义如何？

生：当角 α 的终边在 x 轴上时，角 α 的正切线是一个点；当角 α 的终边在 y 轴上时，角 α 的正切线不存在。

师：我们记 A $(1, 0)$，记角 α 的终边或其终边的反向延长线与直线 $x=1$ 的交点为 T，称有向线段 AT 为角 α 的正切线。

师：如何画一个角的三角函数线？

生：第一步，做出角 α 的终边，与单位圆交于点 P；第二步，过点 P 作 x 轴的垂线，设垂足为 M，得正弦线 MP、余弦线 OM；第三步，过点 A $(1, 0)$

作单位圆的切线，它与角 α 的终边或其反向延长线的交点设为 T，得角 α 的正切线 AT。

师：要注意，三角函数线是有向线段，在用字母表示这些线段时，要注意它们的方向，分清起点和终点，书写顺序不能颠倒。余弦线以原点为起点，正弦线和正切线以此线段与坐标轴的公共点为起点，其中点 A 为定点（1，0）。三角函数线如图所示：

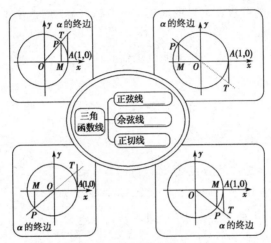

[例1] 做出下列各角的正弦线、余弦线、正切线。

(1) $\dfrac{5\pi}{6}$

(2) $\dfrac{5}{4}\pi$

(3) $-\dfrac{\pi}{3}$

解：

(1)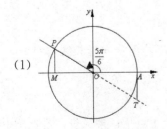

(2)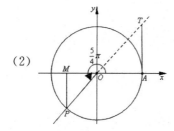

(3)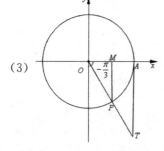

[例 2] 利用三角函数线，求角 α 的取值集合。

(1) $\sin\alpha=\dfrac{1}{2}$　(2) $\cos\alpha=\dfrac{1}{2}$　(3) $\tan\alpha=-1$

解：(1) ∵

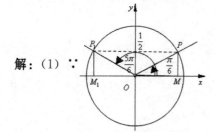

∴ $\left\{\alpha\mid\alpha=2k\pi+\dfrac{\pi}{6}\text{或}\ \alpha=2k\pi+\dfrac{5\pi}{6},\ k\in\mathbf{Z}\right\}$；

(2) ∵

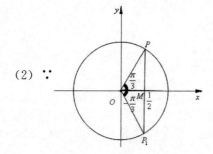

$$\therefore \left\{ \alpha \mid \alpha = 2k\pi + \frac{\pi}{3} \text{ 或 } \alpha = 2k\pi - \frac{\pi}{3}, \ k \in \mathbf{Z} \right\};$$

(3) ∵

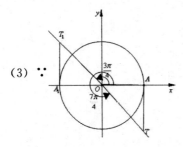

$$\therefore \left\{ \alpha \mid \alpha = 2k\pi + \frac{3\pi}{4} \text{ 或 } \alpha = 2k\pi + \frac{7\pi}{4}, \ k \in \mathbf{Z} \right\} = \left\{ \alpha \mid \alpha = k\pi + \frac{3\pi}{4}, \ k \in \mathbf{Z} \right\}.$$

变式： 求适合下列条件的角的集合。

(1) $\sin\alpha \geqslant \frac{1}{2}$ (2) $\tan\alpha < -1$

解： (1) ∵

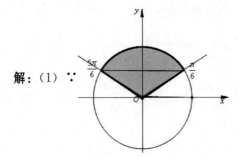

$$\therefore \alpha \in \left[2k\pi + \frac{\pi}{6}, \ 2k\pi + \frac{5\pi}{6} \right], \ k \in \mathbf{Z}$$

(2) ∵

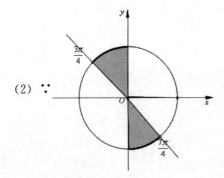

$$\therefore \alpha \in \left(k\pi + \frac{\pi}{2}, \ k\pi + \frac{3\pi}{4} \right), \ k \in \mathbf{Z}.$$

[例 3] 若 $\frac{\pi}{4}<\alpha<\frac{\pi}{2}$，比较 $\sin\alpha$，$\cos\alpha$，$\tan\alpha$ 的大小。

解：如图，由于 $\frac{\pi}{4}<\alpha<\frac{\pi}{2}$，知 $\sin\alpha>0$，$\cos\alpha$ >0，$\tan\alpha>0$，

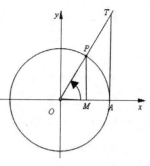

所以 $\sin\alpha=|MP|$，$\cos\alpha=|OM|$，$\tan\alpha=$ $|AT|$.

∵ $|OM|<|MP|<|AT|$，

∴ $\cos\alpha<\sin\alpha<\tan\alpha$.

变式：设 $0<\alpha<\frac{\pi}{2}$，利用单位圆和三角函数线证明

(1) $\sin x+\cos x>1$；　　(2) $\sin x<x<\tan x$.

（三）知识总结

师：能否利用三角函数线研究三角函数的性质，如正弦、余弦和正切函数的值域；正弦函数和余弦函数在 $[0,2\pi)$ 上的单调性；正弦、余弦和正切函数的奇偶性；正弦、余弦和正切函数的周期性等。

生：应该能。

一：正弦函数、余弦函数和正切函数的值域（即正弦线、余弦线和正切线在变化的时候的限制）。

教师操作示范指导

生 1 操作电脑，利用几何画板，拖动角 α 终边的点 p，随着角 α 的变化，观察正弦线和余弦线的变化情况。

生 2 观察发现：正弦线、余弦线随着角 α 的变化在伸长或缩短，但是在变化的过程之中，都有上限 1 和下限 -1，正切线可以向上或向下无限伸长。

生 3 太好了，正弦线、余弦线的变化范围都是 $[-1，1]$，即正弦函数和余弦函数的值域都是 $[-1，1]$；正切函数在定义域上的值域是 **R**。

二：正弦函数、余弦函数在区间 $[0，2\pi)$ 上的单调性。

复习回顾：函数单调性的判断. 主要是看函数值随着自变量的增大而增大，还是随着自变量的增大而减小。

学生操作电脑，利用几何画板，拖动角 α 终边上的点 p，观察随着角 α 的变化，正弦线和余弦线的变化。

全班学生发现了正弦函数在区间 $\left[-\dfrac{\pi}{2}, \dfrac{\pi}{2}\right]$，函数值随着角 α 的增大而增大，即正弦函数在上 $\left[-\dfrac{\pi}{2}, \dfrac{\pi}{2}\right]$ 是单调增函数；同理：在 $\left[\dfrac{\pi}{2}, \dfrac{3}{2}\pi\right]$ 上是单调减函数。

师：余弦函数呢？

生：余弦函数在 $[0, \pi]$，函数值随着角 α 的增大而减小；在 $[-\pi, 0]$ 上随着角 α 的增大而增大；即余弦函数在 $[0, \pi]$ 上是单调减函数；在 $[-\pi, 0]$ 上是单调增函数。

延伸：

师：我们来探究正切函数在区间 $\left(-\dfrac{\pi}{2}, \dfrac{\pi}{2}\right)$ 上的单调性。

生：利用几何画板，拖动角 α 终边的点 p 可以看出，函数值随着角 α 的增大一直在增大，即正切函数在 $\left(-\dfrac{\pi}{2}, \dfrac{\pi}{2}\right)$ 上是单调增函数。

三：正弦、余弦和正切函数的奇偶性。

师：通过正弦线的变化，你能发现正弦函数是否具有奇偶性？

生 1：角 α 与角 $-\alpha$ 的正弦线一个方向相反，大小相等。

生 2：正弦函数是奇函数。

师：余弦函数呢？是否同样具有奇偶性？

生 1：角 α 与角 $-\alpha$ 的余弦线是同一个有向线段。

生 2：余弦函数是偶函数。

师：正切函数呢？

生 1：角 α 与角 $-\alpha$ 的正切线一个方向相反，大小相等。

生 2：正切函数是奇函数。

师：正余弦函数和正切函数是周期函数吗？

生：是。

师：为什么？

生：利用几何画板，拖动角 α 终边的点 p 可以看出，正余弦函数每隔 2π（即旋转一周角）就重复一次，所以它们的最小正周期为 2π；同理，正切函数的周期为 π。

师：三角函数线与三角函数值的对应相等，使三角函数形象直观。三角函数的基本性质是三角函数内容最重要的部分，在之后的学习过程中，通过对三角函数图像的学习，我们将更加了解和掌握三角函数的这些基本性质。

师：正弦、余弦、正切函数的性质如下表：

解析式	$y=\sin x$	$y=\cos x$	$y=\tan x$
定义域	R	R	$\left\{x \middle\| x\in \mathbf{R},\right.$ 且 $\left. x\neq k\pi+\dfrac{\pi}{2}, k\in \mathbf{Z}\right\}$
值域	$[-1,1]$	$[-1,1]$	R
周期	2π	2π	π
奇偶性	奇函数	偶函数	奇函数
单调性	在 $\left[2k\pi-\dfrac{\pi}{2}, 2k\pi+\dfrac{\pi}{2}\right]$（$k\in \mathbf{Z}$）上是增函数；在 $\left[2k\pi+\dfrac{\pi}{2}, 2k\pi+\dfrac{3}{2}\pi\right]$（$k\in \mathbf{Z}$）上是减函数	在 $[2k\pi-\pi, 2k\pi]$（$k\in \mathbf{Z}$）上是增函数；在 $[2k\pi, 2k\pi+\pi]$（$k\in \mathbf{Z}$）上是减函数	在 $\left(k\pi-\dfrac{\pi}{2}, k\pi+\dfrac{\pi}{2}\right)$（$k\in \mathbf{Z}$）上是增函数

四：正弦、余弦和正切函数的周期性等。

师：作正弦函数图像的各点的纵坐标都是查三角函数表得到的数值，由于对一般角的三角函数值都是近似值，不易描出对应点的精确位置。我们如何得到任意角的三角函数值并用线段长或用有向线段数值表示 x 角的三角函数值？怎样得到三角函数图像上点的坐标的准确数据呢？简单地说，就是如何得到 $y=\sin x$，$x\in [0, 2\pi]$ 的精确图像呢？

活动：教师先让学生阅读教材、思考讨论，对于学习较弱的学生，教师指导他们查阅课本上的正弦线．此处的难点在于为什么要用正弦线来做正弦函数的图像，怎样在 x 轴上标横坐标？为什么将单位圆分成 12 份？学生思考探索仍不得要领时，教师可进行适时的点拨．只要解决了 $y=\sin x$，$x\in [0, 2\pi]$ 的图像，就很容易得到 $y=\sin x$，$x\in \mathbf{R}$ 时的图像了．

生 1：可以想象把单位圆圆周剪开 2 等分，再把 x 轴上从 0 到 2π 这一段分成 12 等份．由于单位圆周长是 2π，这样就解决了横坐标问题．过 $\odot O_1$ 上的各

分点作 x 轴的垂线，就可以得到对应于 0，$\dfrac{\pi}{6}$，$\dfrac{\pi}{4}$，$\dfrac{\pi}{3}$，$\dfrac{\pi}{2}$，$\cdots$，2π 等角的正弦线，这样就解决了纵坐标问题（相当于"列表"）。

生 2：把角 x 的正弦线向右平移，使它的起点与 x 轴上的点 x 重合，这就得到了函数对 $(x，y)$（相当于"描点"）. $y=\sin x$（$x\in[0，2\pi]$）的图像的作图过程如下：

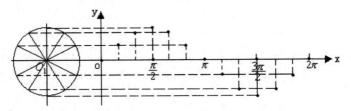

生 3：把这些正弦线的终点用平滑曲线连接起来，我们就得到函数 $y=\sin x$ 在 $[0，2\pi]$ 上的一段光滑曲线（相当于"连线"）。

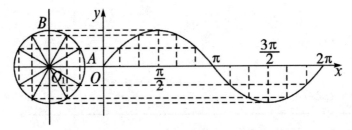

以上过程用课件演示，让学生仔细观察怎样平移和连线过程. 然后让学生动手作图，形成对正弦函数图像的感知. 这是本节的难点，教师要和学生共同探讨。

师：如何得到 $y=\sin x$，$x\in\mathbf{R}$ 时的图像？

生：因为终边相同的角有相同的三角函数值，所以函数 $y=\sin x$ 在 $x\in[2k\pi，(2k+1)\pi]$，$k\in\mathbf{Z}$ 且 $k\neq0$ 上的图像与函数 $y=\sin x$ 在 $x\in[0，2\pi]$ 上的图像的形状完全一致，只是位置不同。于是我们只要将函数 $y=\sin x$，$x\in[0，2\pi]$ 的图像向左、右平行移动（每次 2π 个单位长度），就可以得到正弦函数 $y=\sin x$，$x\in\mathbf{R}$ 的图像。图下图所示：

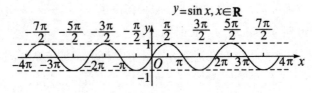

这一过程用课件处理，让同学们仔细观察整个图的形成过程，感知周期性。

师：如何画出余弦函数 $y=\cos x$，$x\in\mathbf{R}$ 的图像？你能从正弦函数与余弦函数的关系出发，利用正弦函数图像得到余弦函数图像吗？

活动：如果再用余弦线作余弦函数的图像那太麻烦了，根据已学的知识，教师引导学生观察诱导公式，思考并探究两个函数之间的关系，通过怎样的坐标变换可得到余弦函数图像？让学生从函数解析式之间的关系思考，进而学习通过图像变换画余弦函数图像的方法．让学生动手做一做，体会正弦函数图像与余弦函数图像的异同，感知两个函数的整体形状，为下一步学习正弦函数、余弦函数的性质与变换打下基础。

生：把正弦函数 $y=\sin x$，$x\in\mathbf{R}$ 的图像向左平移 $\dfrac{\pi}{2}$ 个单位长度即可得到余弦函数图像。如图下图所示。

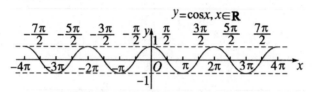

师：说得好，正弦函数 $y=\sin x$，$x\in\mathbf{R}$ 的图像和余弦函数 $y=\cos x$，$x\in\mathbf{R}$ 的图像分别叫作正弦曲线和余弦曲线。

师：我们是借助与什么知识来做正弦、余弦曲线的？能用正切线做出正切函数的图像吗？

生：能。

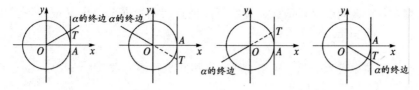

师：如何做出正切曲线？

生 1：先作 $y=\tan x$，$x\in\left(-\dfrac{\pi}{2},\dfrac{\pi}{2}\right)$ 的图像。（类比作正弦曲线的方法）如图所示：

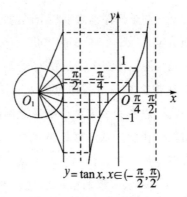

$$y = \tan x, x \in \left(-\frac{\pi}{2}, \frac{\pi}{2}\right)$$

生2：根据正切函数的周期性，把上述图像向左、右扩展，得到正切函数 $y = \tan x$，$x \in \mathbf{R}$ 且 $x \neq \frac{\pi}{2} + k\pi (k \in \mathbf{Z})$ 的图像，称"正切曲线"（对图像中虚线的说明）。

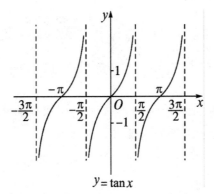

$$y = \tan x$$

认真观察正切函数的图像特征，由数及形从正切函数的图像讨论它的性质。

师：每个区间都是增函数，我们可以说正切函数在整个定义域内是增函数吗？请举一个例子。

生：从图中可以看出，正切曲线是被相互平行的直线 $x = k\pi + \frac{\pi}{2}$，$k \in \mathbf{Z}$ 所隔开的无穷多支曲线组成的。

师：同学们说的这点，反映了它的哪一性质——定义域；并且函数图像在每个区间都无限靠近这些直线，我们可以将这些直线称之为正切函数的什么线——渐近线；从 y 轴方向看，上下无限延伸，得到它的哪一性质——值域为 R；每隔 π 个单位，对应的函数值相等，得到它的哪一性质——周期 π；在每个区间图像都是上升趋势，得到它的哪一性质——单调性，单调增区间是 $\left(-\dfrac{\pi}{2}+k\pi,\ \dfrac{\pi}{2}+k\pi\right)$，$k\in\mathbf{Z}$，没有减区间。它的图像是关于原点对称的，得到是性质——奇函数。通过图像我们还能发现是中心对称，对称中心是 $\left(\dfrac{k\pi}{2},\ 0\right)$，$k\in\mathbf{Z}$.

生：正切函数的性质总结如下：

(1) 定义域：$\left\{x\mid x\neq\dfrac{\pi}{2}+k\pi,\ k\in\mathbf{Z}\right\}$；

(2) 值域：$\mathbf{R}$；

观察：当 x 从小于 $k\pi+\dfrac{\pi}{2}(k\in\mathbf{Z})$，$x\longrightarrow k\pi+\dfrac{\pi}{2}$ 时，$\tan x\longrightarrow+\infty$

当 x 从大于 $\dfrac{\pi}{2}+k\pi(k\in\mathbf{Z})$，$x\longrightarrow\dfrac{\pi}{2}+k\pi$ 时，$\tan x\longrightarrow-\infty$

(3) 周期性：$T=\pi$；

(4) 奇偶性：$\tan(-x)=-\tan x$ 奇函数，关于原点对称；

(5) 单调性：在开区间 $\left(-\dfrac{\pi}{2}+k\pi,\ \dfrac{\pi}{2}+k\pi\right)k\in\mathbf{Z}$ 内，函数单调递增。

师：正切函数在整个定义域内是增函数吗？

生：从正切函数图像可以看出在整个定义域内不是增函数。

[**例 1**] 求下列函数的定义域：

(1) $y=\tan\left(2x-\dfrac{\pi}{4}\right)$；

(2) $y=\sqrt{1-3\tan^2 x}$；

(3) $y=\sqrt{2+\log_{+}x}+\sqrt{\tan x}$.

[**例 2**] 求下列函数的单调增区间：

(1) $y=\tan\left(\dfrac{1}{2}x-\dfrac{\pi}{6}\right)$；　　(2) $y=|\tan x|$.

[**例 3**] 已知 $x\in\left[-\dfrac{\pi}{3},\dfrac{4\pi}{3}\right]$，求函数 $y=\tan^2 x+2\tan(\pi+x)-2$ 的值域。

(四) 课后作业

1. 若 $\sin\alpha<0$，且 $\tan\alpha>0$，则 α 是（　　　）

A. 第一象限角　　B. 第二象限角　　C. 第三象限角　　D. 第四象限角

2. 已知 a 是第二象限角，$\sin a = \dfrac{5}{13}$，则 $\cos a = ($　　$)$

A. $\dfrac{12}{13}$　　　　B. $-\dfrac{5}{13}$　　　　C. $\dfrac{5}{13}$　　　　D. $-\dfrac{12}{13}$

3. 若 α 是第四象限角，$\tan\alpha = -\dfrac{5}{12}$，则 $\sin\alpha = ($　　$)$

A. $\dfrac{1}{5}$　　　　B. $-\dfrac{1}{5}$　　　　C. $\dfrac{5}{13}$　　　　D. $-\dfrac{5}{13}$

4. 若角 α 的终边经过点 $P(1,-2)$，则 $\tan\alpha$ 的值为（　　）

A. -2　　　B. 2　　　C. $-\dfrac{1}{2}$　　　D. $\dfrac{1}{2}$

5. 已知角 θ 的终边上一点 $P(a,-1)(a \neq 0)$，且 $\tan\theta = -a$，则 $\sin\theta$ 的值是（　　）

A. $\pm\dfrac{\sqrt{2}}{2}$　　　B. $-\dfrac{\sqrt{2}}{2}$　　　C. $\dfrac{\sqrt{2}}{2}$　　　D. $-\dfrac{1}{2}$

6. 若 $-\dfrac{\pi}{2} < \alpha < 0$，则点 $Q(\cos\alpha,\sin\alpha)$ 位于（　　）

A. 第一象限　　　B. 第二象限　　　C. 第三象限　　　D. 第四象限

7. 已知 $\sin\alpha = -\dfrac{12}{13}$，且 α 是第三象限的角，则 $\tan\alpha$ 的值为（　　）

A. $\dfrac{12}{5}$　　　　B. $-\dfrac{12}{5}$　　　　C. $\dfrac{5}{12}$　　　　D. $-\dfrac{5}{12}$

8. 设角 θ 的终边经过点 $P(-3,4)$，那么 $\sin\theta + 2\cos\theta = ($　　$)$

A. $\dfrac{1}{5}$　　　B. $-\dfrac{1}{5}$　　　C. $-\dfrac{2}{5}$　　　D. $\dfrac{2}{5}$

9. 已知角 a 的终边经过点 $P(-3,4)$，则 $\sin a =$ _____．

10. 如果角 θ 的终边经过点 $\left(-\dfrac{\sqrt{3}}{2},\dfrac{1}{2}\right)$，则 $\sin\theta =$ _____．

11. 已知 $\sin a = \dfrac{4}{5}$，且 a 是第二象限角，则 $\cos a =$ _____．

12. 已知 $\tan\alpha = 2$，求 $7\sin^2\alpha + 3\cos^2\alpha =$ _____．

A. $\dfrac{1}{5}$　　　　B. $\dfrac{11}{5}$　　　　C. $\dfrac{21}{5}$　　　　D. $\dfrac{31}{5}$

13. 已知任意角 α 的终边经过点 $P(-3,m)$，且 $\cos\alpha = -\dfrac{3}{5}$

(1) 求 m 的值。　(2) 求 $\sin\alpha$ 与 $\tan\alpha$ 的值。

【教学反思】

(一) 意义

(1) 教学设计紧扣课程标准的要求，重点放在任意角的三角函数的理解上. 背景创设是学生熟悉的摩天轮，认知过程符合学生的认知特点和学生的身心发展规律 —— 具体到抽象，现象到本质，特殊到一般，这样有利学生的思考。

(2) 情景设计的数学模型很好地融合初中对三角函数的定义，也能很好引入在直角坐标系中，很好将锐角三角函数的定义向任意角的三角函数过渡，同时能够揭示函数的本质。

(3) 通过问题引导学生自主探究任意角的三角函数的生成过程，让学生在情境中活动，在活动中体验数学与自然和社会的联系、新旧知识的内在联系，在体验中领悟数学的价值，它渗透了蕴涵在知识中的思想方法和研究性学习的策略，使学生在理解数学的同时，在思维能力、情感态度与价值观等多方面得到进步和发展. 这和课程标准的理念是一致的。

(4)《标准》把发展学生的数学应用意识和创新意识作为其目标之一，在教学中不仅要突出知识的来龙去脉还要为学生创设应用实践的空间，促进学生在学习和实践过程中形成和发展数学应用意识，提高学生的直觉猜想、归纳抽象、数学的提出、分析、解决问题能力，发展学生的数学应用意识和创新意识，使其上升为一种数学意识，自觉地对客观事物中蕴涵的一些数学模式做出思考和判断。在解答问题的过程中体验到从数学的角度运用学过的数学思想、数学思维、数学方法去观察生活、分析自然现象、解决实际问题的策略，使学生认识到数学原来就来自身边的现实世界，是认识和解决我们生活和工作中问题的有力武器，同时也获得了进行数学探究的切身体验和能力。增进了他们对数学的理解和应用数学的信心。

(5) 为了突破任意角三角函数定义这一难点，教学中在直角坐标系中考察锐角三角函数，先用锐角的终边上任一点坐标表示三角函数，再特殊化到用角终边与单位圆的交点来表示锐角三角函数，在此基础上定义任意角三角函数。从初中锐角三角函数的定义向任意角的三角函数过渡，揭示了新旧知识的内在联系，符合学生的认知特点。

（二）成功

利用几何画板,描述出函数线随着角的变化而变化的动态效果,学生能够更好地去理解基于动态的函数性质。在静态的板书教学过程中,由于时静态的表示三角函数值和三角函数线,学生只能靠想象去感觉三角函数线的变化,同时对于去理解基于动态的函数性质也同样有困难。

在学生操作电脑的过程中,发现原来很难理解的东西,到多媒体的动态演示下,时多么的简单而且完美,从而激发学生的学习乐趣。这对于减轻学生学数学的畏惧感,增强学生学习数学,利用数学的兴趣和能力。

（三）不足

操作方面,考虑到学生对几何画板的了解程度和操作能力,在制作课件的时候,我已经尽量进行了人性化和简化处理,但在学生的操作过程中,还是无法避免出现问题。例如,学生不小心动了某条线,导致整个图像的变形,由于不懂几何画板的操作,从而对产生的问题感到不知所措,在以后制作此类课件的时候,应尽量更加人性化和简单化,增加相应的操作说明。校本选修课要开设"几何画板"的操作课,使学生能更好地利用几何画板强大的作图功能去解决数学问题。

课时设计方面,在课时设计上,并没有考虑到学生在第一次到机房上数学课的新鲜感,也没有考虑到学生在面对众多摄像机的时候的紧张,所以在小组发言的时候,消耗了许多时间。导致在课时上,本节课比较紧张,在习题探究并没有完成的情况下,草草收场。

【课后作业参考答案】

1. C

【解析】根据各个象限的三角函数符号:一全二正三切四余,可知 α 是第三象限角。

2. D

【解析】$\because a$ 是第二象限角,$\therefore \cos a = -\sqrt{1-\sin^2 a} = -\dfrac{12}{13}$,故选 D.

3. D

4. A

【解析】由正切函数的定义即得 $\tan \alpha = \dfrac{y}{x} = \dfrac{-2}{1} = -2.$

5. A

【解析】

6. D

【解析】因为 $-\dfrac{\pi}{2}<\alpha<0$,所以 $\cos\alpha>0$,$\sin\alpha<0$,则点 $Q(\cos\alpha,\sin\alpha)$ 位于第四象限,故选 D.

7. A

【解析】由题意得,根据三角函数的平方关系 $\cos^2\alpha=\sqrt{1-\sin^2\alpha}=\dfrac{25}{169}$,又因为 α 是第三象限的角,所以 $\cos\alpha=-\dfrac{5}{13}$,所以 $\tan\alpha=\dfrac{\sin\alpha}{\cos\alpha}=\dfrac{12}{5}$,故选 A.

8. C

9. $\dfrac{4}{5}$

【解析】$P(-3,4)$,$r=\sqrt{x^2+y^2}=\sqrt{(-3)^2+4^2}=5$,$\sin\alpha=\dfrac{y}{r}=\dfrac{4}{5}$.

10. $\dfrac{1}{2}$

【解析】依题意并结合三角函数的定义可知 $\sin\theta=\dfrac{y}{\sqrt{x^2+y^2}}=\dfrac{\dfrac{1}{2}}{\sqrt{\left(-\dfrac{\sqrt{3}}{2}\right)^2+\left(\dfrac{1}{2}\right)^2}}=\dfrac{1}{2}$.

11. $-\dfrac{3}{5}$

【解析】$\cos^2\alpha+\sin^2\alpha=1$,又因为 α 是第二象限角,所以 $\cos^2\alpha=-\sqrt{1-\sin^2\alpha}=-\dfrac{3}{5}$

12. D

13. (1)$m=\pm4$;　(2)$\cos\alpha=\dfrac{4}{5}$,$\tan\alpha=-\dfrac{4}{3}$.

变化率与导数

朱婧

贵阳实验三中

【教学目标】

1. 知识与技能

（1）了解导数概念的实际背景，理解导数的定义，知道瞬时变化率就是导数；

（2）会用定义求函数在 $x = x_0$ 处的导数。

2. 过程与方法

通过自学培养学生的分析、对比、归纳能力，通过问题的探究体会逼近、类比、以及用已知探求未知、从特殊到一般的数学思想方法。

3. 情感态度与价值观

（1）养成独立分析、动手实践的习惯；

（2）学习研究成果、尝试自我创新。

【教学重点】

理解导数的概念。

【教学难点】

将导数概念与实际问题中具体问题对应。

【教学流程】

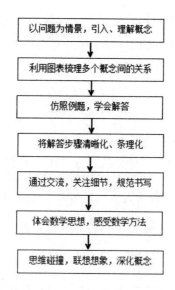

以问题为情景，引入、理解概念

↓

利用图表梳理多个概念间的关系

↓

仿照例题，学会解答

↓

将解答步骤清晰化、条理化

↓

通过交流，关注细节，规范书写

↓

体会数学思想，感受数学方法

↓

思维碰撞，联想想象，深化概念

【教学实录】

（一）引入新课

师：同学们，自学是我们要坚持提升的一种重要能力。在平时的学习当中，要学会阅读，要善于思考，还要敢于表述。今天的学习内容大家先自学，有了自己的想法后我们进行相互的交流，大家先学习书上 72～76 页的内容。

学生自学 3 分钟。

师：有的同学课前就有阅读这部分内容，读完后有没有进行归纳、提炼？我们今天学习的内容是《变化率与导数》，学完课本上的内容后，我们有思考学习的内容中"有什么？"大家梳理出了哪些知识？

学生思考 1 分钟。

（二）梳理知识结构

1. 知识梳理

师：哪位同学来试着表述一下，有什么？

生：内容中学到的有一些概念，第一个是"平均变化率"。例如，速度用变化量除以变化时间得到，以及瞬时速度的概念，导数的表示及求解导数的方法。

师：非常好，我们再请一位同学说说自己的想法。

生：课本上通过两个实例，介绍了变化率，然后介绍了平均变化率的计算公式和导数的概念、定义、计算公式。

师：两位同学回答得很好，她们读出了一些重要的概念，而且同学们还注意到了概念间的相互关系。我们大家再一起梳理一下这些概念，看看该如何理解。课本中有两个具体的例子，我们试着来表述一下问题。

师：关于平均变化率，第一个问题是气球膨胀率。

问题：很多人都吹过气球。回忆一下吹气球的过程，可以发现，随着气球内空气容量的增加，气球的半径增加得越来越慢。从数学的角度，如何描述这种现象？

师：我们知道，握的体积 V（单位：L）与半径 r（单位：dm）之间的函数关系是 $V(r) = \dfrac{4}{3}\pi r^3$，如果将半径 r 表示为体积 V 的函数，那么 $r(V) = \sqrt[3]{\dfrac{3V}{4\pi}}$。当空气容量 V 从 0 增加到 1L 时，气球半径增加了 $r(1) - r(0) \approx 0.62$（dm），气球的平均膨胀率为 $\dfrac{r(1) - r(0)}{1 - 0} \approx 0.62$（dm/L）.

师：类似地，当空气容量 V 从 1L 增加到 2L 时，气球的半径增加了 $r(2) - r(1) \approx 0.16$（dm），气球的平均膨胀率为 $\dfrac{r(2) - r(1)}{2 - 1} \approx 0.16$（dm/L）.

师：可以看出，随着气球体积逐渐变在，它的平均膨胀率逐渐变小。大家，如何表述气球膨胀率问题？

生：气球膨胀率问题中气球体积的变化引起了气球半径的变化，体积的变化除以半径的变化得到了平均变化率。

师：同学说得好吗？她是不是抓住了两个变量，气球体积和气球半径，而又是通过怎样的计算公式得到了气球膨胀率呢？

生：$\dfrac{r(V_2) - r(V_1)}{V_2 - V_1}$.

师：第二个问题，高台跳水。

问题：人们发现，在高台跳水运动中，运动员相对于水面的高度 h（单位：m）与起跳后的时间 t（单位：s）存在函数关系 $h(t) = -4.9t^2 + 6.5t + 10$。如果我们用运动员在某段时间内的平均速度 $\bar{v}$ 描述其运动状态，那么：

在 $0 \leqslant t \leqslant 0.5$ 这段时间里，$\bar{v} = \dfrac{h(0.5) - h(0)}{0.5 - 0} = 4.05$（m/s）；

在 $1 \leqslant t \leqslant 2$ 这段时间里，$\bar{v} = \dfrac{h(2) - h(1)}{2 - 1} = -8.2$（m/s）.

师：我们又研究了怎样的变量间的关系？

生：研究了跳水的高度与时间变化量之间的关系。

师：跳水高度是关于时间的函数，在计算平均变化率时用了怎样的计算公式？

生：$\dfrac{h(t_2) - h(t_1)}{t_2 - t_1}$.

师：两个不同问题中大家能提炼出相同的研究模型。研究两个变量间的平均变化率，可以怎样计算？

生：分子是函数值的差，分母是自变量的差。

师：用符号语言怎样表示？

生：问题中函数关系用 $y = f(x)$ 表示，那么问题中的变化率可用式子 $\dfrac{f(x_2) - f(x_1)}{x_2 - x_1}$ 表示。称为函数 $y = f(x)$ 从 x_1 到 x_2 的平均变化率。Δx 表示 $x_2 - x_1$，看作是相对于 x_1 的一个"增量"，可用 $x_1 + \Delta x$ 代替 x_2；类似地，$\Delta y = f(x_2) - f(x_1)$。于是，平均变化率可以表示为 $\dfrac{\Delta y}{\Delta x}$，即 $\dfrac{\Delta y}{\Delta x} = \dfrac{f(x_2) - f(x_1)}{x_2 - x_1}$ 或 $\dfrac{y_2 - y_1}{x_2 - x_1}$.

师：同学们，我们从特殊的具体问题中得到了一般方法用于计算各类变化率的平均变化率。在我们的生活中是不是都用平均变化率去描述物体运动过程中速度的变化情况呢？

生：不是，是用瞬时速度。

师：为什么不用平均速度而要用瞬时速度呢？是遇到了一些什么问题吗？

生：有时会遇到一些问题，例如，高度相同时，分子会为零，计算出的变化率会为零，但不能说运动员没有动，诸如此类不能很好刻画运动状态的问题。

师：研究方式需要改进，怎样改进？

生：研究瞬时速度。

师：大家怎样理解瞬时速度？

生：瞬时速度是描述物体在某一时刻的速度。

师：瞬间、某一时刻的速度怎样得到？

生：趋近。

师：趋近就能得到吗？

生：近似值。

师：怎样发现就有近似值呢？教材中介绍了怎样的研究方法？

师:平均速度的研究过程中发现了需要研究瞬时速度,而瞬时速度怎样求得的呢?在高台跳水问题中,函数关系中把时间 t 对应为某一时刻 2 秒时,后面有介绍一种计算方法,即

$$h(t) = -4.9t^2 + 6.5t + 10.$$

师:当 $t = 2$ 时, $\Delta t < 0$, $\bar{v} = \dfrac{h(2) - h(2 + \Delta t)}{-\Delta t} = -4.9\Delta t - 13.1$; $\Delta t > 0$, $\bar{v} =$

$\dfrac{h(2 + \Delta t) - h(2)}{\Delta t} = -4.9\Delta t - 13.1$。这种方法说明什么?

生:课本上的方法说明了趋近的研究方法,当 Δt 趋近于 0 时,不论是从比 2 大的一边还从比 2 小的一边,平均数度都趋近于 -13.1。

师:说得很好,当 Δt 趋近于 0 时,无论是从比 2 大的一边还是从比 2 小的一边,平均速度都趋近于 -13.1,我们就把 -13.1 叫作时间为 2 秒时的瞬时速度。表示为:

$$\lim_{\Delta t \to 0} \frac{h(2 + \Delta t) - h(2)}{\Delta t} = -13.1.$$

师:一般地,函数 $y = f(x)$ 在 $x = x_0$ 处的瞬时变化率是 $\lim\limits_{\Delta x \to 0} \dfrac{\Delta y}{\Delta x} = \lim\limits_{\Delta x \to 0}$

$\dfrac{f(x_0 + \Delta x) - f(x_0)}{\Delta x}$,我们称它为函数 $y = f(x)$ 在 $x = x_0$ 处的导数,记作 $f'(x_0)$

或 $y'|_{x = x_0}$,即 $f'(x_0) = \lim\limits_{\Delta x \to 0} \dfrac{\Delta y}{\Delta x} = \lim\limits_{\Delta x \to 0} \dfrac{f(x_0 + \Delta x) - f(x_0)}{\Delta x}$.　　师:下面,我们从特殊到一般,把这些概念梳理一下,并弄清楚对应的符号表示。

特殊:平均速度 $\xrightarrow{\Delta t \to 0 \text{ 逼近 } t}$ 瞬时速度

$$\frac{h(t_2) - h(t_1)}{t_2 - t_1} \qquad\qquad \frac{h(t + \Delta t) - h(t)}{(t + \Delta t) - t}$$

一般:平均变化率　　　　瞬时变化率

$$\downarrow$$

称它为函数 $f(x)$ 在 $x = x_0$ 处的导数

$$f'(x_0) = \lim_{\Delta x \to 0} \frac{\Delta y}{\Delta x} = \frac{f(x_0 + \Delta x) - f(x_0)}{\Delta x}$$
$$\text{或} y'|_{x = x_0}$$

师:同学们在学习和理解概念时,要多应用特殊到一般再到特殊的思想方法,学会从实例中提炼概念,对比梳理中深入理解概念,弄清概念间的关系,学会正确应用符号语言表述。

师:前面我们通过教材的阅读,思考了有什么?接下来我们接着学习做什么?课本中示范了什么问题的解答?你们能通过学习学会解答吗?

学生进行思考。

[**例 1**]将原油精练为汽油、柴油、塑胶等各种不同半产品,需要对原没进行冷却和加热,如果第 xh 时,原油的温度(单位:℃)为 $y = f(x) = x^2 - 7x + 15(0 \leqslant x \leqslant 8)$,计算第 2h 和 6h 时,原油温度的瞬时变化率,并说明它们的意义。

师:有的同学看完了,并开始试着计算了,那我们来梳理一下。首先,题目是解决什么问题?

生:求瞬时变化率。

师:对,那求瞬时变化率用的是什么方法呢?

生:解法如下。

解:$f(x) = x^2 - 7x + 15(0 \leqslant x \leqslant 8)$

$x_0 = 2$ 时,

$$\frac{\Delta y}{\Delta x} = \frac{f(2 + \Delta x) - f(2)}{(2 + \Delta x) - 2}$$

$$= \frac{(2 + \Delta x)^2 - 7(2 + \Delta x) + 15 - (2^2 - 7 \times 2 + 15)}{\Delta x}$$

$$= \frac{4\Delta x + (\Delta x)^2 - 7\Delta x}{\Delta x}$$

$$= \Delta x - 3$$

$$f'(2) = \lim_{\Delta x \to 0} \frac{\Delta y}{\Delta x} = \lim_{\Delta x \to 0} (\Delta x - 3) = -3$$

生:由此说明在第 2h 附近,原油温度大约以 3℃/h 的速度下降。

师:大家有没有理清解答的主要步骤?第一步,是找出题目中给出的两个变量间的函数关系,利用函数关系,求出了平均变化率;第二步,是看 $\Delta x \to 0$ 时,平均变化率有没有趋近一个常数。有,我们就把它称为函数在 $x = x_0$ 处的导数,即为 $x = x_0$ 时的瞬时变化率;第三步,根据计算结果回答实际问题。

师:大家根据书上的例题,试解答第 6h 时的瞬时速度。

学生解答。

师:很多同学都算出了答案。请答案正确的同学举手。

很多同学举手。

师:我们不仅要关注答案是否正确,还要看表述的过程,书写是否规范,哪些地方表述不严谨?哪些地方易出现错误?

师:请同桌同学互相批改一下解答过程,分享交流过程中获得的体会和收获。

生:我在计算过程中,步骤上直接算第二步得到:$\lim\limits_{\Delta x \to 0} \dfrac{\Delta y}{\Delta x} = \lim\limits_{\Delta x \to 0}$ $\dfrac{4\Delta x + (\Delta x)^2 - 7\Delta x}{\Delta x}$,由于没有约分,对分母 $\Delta x \to 0$ 不知道该如何解决,感到过困惑。

师:我们做的这个题可以通过约分后,不出现分母趋于 0 的情况,问题可以解决。实际上我们在以后的学习中会出现不能约分,分母趋于 0 的情况,那需要我们用进一步学到的知识解答。

生:符号上 $f'(2)$ 与 $f(2)$ 的意义不同。

师:是的,注意熟悉新学的导数符号。

生:在计算 $\dfrac{\Delta y}{\Delta x} =$ 时,用的是 $\dfrac{f(2) - f(2 + \Delta x)}{\Delta x}$ 结果算出来与答案相差一个负号,我们检查出来应该与分子对应分母用 $2 - (2 + \Delta x)$,即 $-\Delta x$,与答案一致。

师:回答得很好,同学们有发现不同的解答方法,通过对比发现都可以解决问题,意义上的区别也要有正确的理解。

师:$f(2) - f(2 + \Delta x)$ 与 $f(2 + \Delta x) - f(2)$ 从实际意义上来讲有一个时间先后对应的函数值做差,会相差一个负号,但在计算 $\dfrac{\Delta y}{\Delta x}$ 时,只要注意分子分母对应就算出来的是一样的结果。那大家是否可以将导数的计算公式表述为别的等价形式?

生:还可以表示为 $\lim\limits_{\Delta x \to 0} \dfrac{f(x) - f(x + \Delta x)}{x - (x + \Delta x)} = \lim\limits_{\Delta x \to 0} \dfrac{f(x) - f(x + \Delta x)}{-\Delta x}$.

师:简单理解为用 $\dfrac{y_2 - y_1}{x_2 - x_1}$ 或 $\dfrac{y_1 - y_2}{x_1 - x_2}$ 计算结果是一样的。

生:例题中算出来的 2h 时的瞬时速度是负值,我们计算出来的 6h 时的瞬时速度是正值,我们注意到在第三步,回答实际问题时在区别,应回答为:在第 6h 附近,原油温度大约以 5℃/h 的速度上升。

师:说得很好,如何将计算结果对应到问题中的实际意义是特别要注意的问题。

师：大家有没有发现，有的同学把 $(\Delta x)^2$ 写成 Δx^2 了，它们意义相同吗？$(\Delta x)^2$ 是 x 变化量的平方，Δx^2 是 x^2 的变化量，大家要注意符号表示的规范。

师：很好，很多同学都不仅计算出了正确的答案，还反思了解答过程中应注意的一些重要细节，比如，符号的规范表述，一些错因分析，方法上的灵活变化，步骤的清晰化条理化，回答问题时考虑实际意义，等等。

2. 探究发现

师：同学们学习了"做什么"之后，还要多思考"想什么"，多谈谈自己能接合知识想到的问题。

生：我觉得这个模型与物理里讲到的加速度相似，也是研究变化率。

师：速度是路程关于时间的变化率，加速度是速度关于时间的变化率。很好，想到了和物理知识的联系。

生：导数是根据函数的解析式求出来的，我在想，导数在函数的图像中能否体现出来？

师：很好，数形结合。这节课我们求出来的是某个时刻的一个值，不同时刻就有不同的对应值，是否也构成了一种函数关系。下一节我们也将学习导函数，并学习导函数的几何意义。

生：导数的计算与斜率的计算公式相似。

师：斜率分式中 Δx 趋近于 0 怎样理解？

生：两个点无限接近，割线斜率趋近于切线斜率。

师：我们后面将学到相应的知识。

生：我觉得趋近的方法在以前学到的二分法中用到，也是无限接近。

师：它们都是逼近的方法。

生：我们在学习数列时，求等差数列的公差 $\dfrac{a_n - a_m}{n - m}$ 与这里求平均变化率相似。

师：数列是特数的函数，$n, m \in \mathbf{N}^*$。公式上相似，但数列中的点是一个个孤立的点，而我们学习的导数是连续的，之后大家还将学习函数的连续、可导等相关知识。《微积分学》学中《导数》部分有定理：函数 $f(x)$ 在 $x = x_0$ 处可导的充要条件是

$$\lim_{h \to 0^+} \frac{f(x_0 + h) - f(x_0)}{h} = \lim_{h \to 0^-} \frac{f(x_0 + h) - f(x_0)}{h}.$$

师：大家思维的联想可以是以前学过的知识，可以是别的学科中有联系的部分，也可以是与生活实际接合的创意，等等。

师：下面大家来看看老师给大家准备的一些演示。在我们学习到的数学问题中我们会计算两点构成直线的斜率，当两个点一个为 x_0，另一个点为 $x_0 + \Delta x$，当 $\Delta x \to 0$ 时，会怎样？

几何画板演示一：切线问题

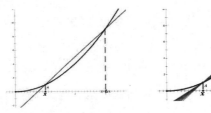

生：曲线割线的斜率的值越来越接近 x_0 这个点处切线的斜率。

师：圆的面积可用什么去接近什么？

几何画板演示二：圆的面积

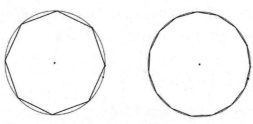

生：可以用正多边形的面积去接近圆的面积。

师：我们用正多边形逼近圆的方法，利用正多边形面积求出了圆的面积，这是一种"以直代曲"的思想。

师：曲边梯形与直边图形的主要区别是什么？如何求曲边梯形的面积？

几何画板演示三：曲线与坐标轴围成的图形的面积

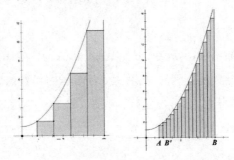

生:可以通过细分成很多个小矩形的面积之和去接近多边形的面积。

师:曲边梯形与直边图形的主要区别是,前者有一边是曲线段,面直边梯形的所有边都是直线段。我们可以用"以直代曲"的思想,用直边形(比如矩形)逼近曲边梯形的方法,求出图中阴影部分的面积。

师:同学们的可以将所学知识与学过见过的数学知识等接合,也可以和生活实际联系,我给大家看一段视频。

视频播放:《十二生肖》片段

师:通过传感器,制造仿制模型,利用"接近"做到"一模一样"。其实这是通过空间坐标系,采集了很多个头像中的点,进行定形,当很多趋近于无数时,模型逐渐逼近就"一模一样"了。老师在想,以后可以用这种方法,定做鞋子,根据不同的脚的大小和形状为大家分别定制鞋子,那样会很合脚很舒服吧。老师也是希望大家也多将所学到的知识用于生活,用于发明,用于创造。

(三)知识总结

师:同学们,我们整理一下这节课学习的内容?

师:学习了哪些概念?

生:平均速度、平均变化率、瞬时速度、瞬时变化率、函数的导数

师:它们之间的关系大家理解了吗?能用数学符号进行正确的表述吗?

生:

特殊:平均速度 $\xrightarrow{\Delta t \to 0 \text{ 逼近 } t}$ 瞬时速度

$$\frac{h(t_2) - h(t_1)}{t_2 - t_1} \qquad \frac{h(t+\Delta t) - h(t)}{(t+\Delta t) - t}$$

一般:平均变化率 $\qquad$ 瞬时变化率

$$\downarrow$$

称它为函数 $f(x)$ 在 $x = x_0$ 处的导数

$$f'(x_0) \underset{\text{或} y'|_{x=x_0}}{=} \lim_{\Delta x \to 0} \frac{\Delta y}{\Delta x} = \frac{f(x_0 + \Delta x) - f(x_0)}{\Delta x}$$

师：大家回忆一下学习概念之后，我们学习了解决怎样的问题？

生：求瞬时速度，即求函数在某一时刻的导数。

师：大家理清了解题步骤吗？

生：第一步，利用两个变量间的函数关系求 $\frac{\Delta y}{\Delta x}$；第二步，求 $\Delta x \to 0$ 时，无限接近的常数；第三步，将计算结果接合实际意义回答问题。

师：大家在学习的过程中体会到了哪些数学思想方法？

生：数形结合、特殊到一般、对比联想，逼近等数学思想方法。

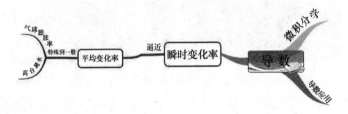

师：同学们可以试着用思维导图整理出学习过程中的收获和体会。

（四）课后作业

1. 若函数 $f(x) = x^2 - 1$，图像上点 $P(2,3)$ 及其邻近点 $Q(2 + \Delta x, 3 + \Delta y)$，则 $\frac{\Delta y}{\Delta x} = （\quad）$

　A. 4　　　　　　B. $4\Delta x$　　　　　C. $4 + \Delta x$　　　　　D. Δx

2. 一质点运动的方程为 $s = 5 - 3t^2$，若一质点在时间单段 $[1, 1 + \Delta t]$ 内相应的平均速度为 $-3\Delta t - 6$，则该质点在 $t = 1$ 时的瞬时速度是（　　　）

　A. -3　　　　　B. 3　　　　　C. 6　　　　　D. -6

3. 某物体的运动规律是 $s = s(t)$，则该物体在 t 到 $t + \Delta x$ 这段时间内的平均速度是（　　　）

　A. $\bar{v} = \frac{\Delta s}{\Delta t} = \frac{s(t + \Delta t) - s(t)}{\Delta t}$　　　　　B. $\bar{v} = \frac{s(\Delta t)}{\Delta t}$

　C. $\bar{v} = \frac{s(t)}{t}$　　　　　D. $\bar{v} = \frac{s(t + \Delta t) - s(\Delta t)}{\Delta t}$

4. 若可导函数 $f(x)$ 的图像过原点，且满足 $\lim_{\Delta x \to 0} \frac{f(\Delta x)}{\Delta x} = -1$，则 $f'(0) = （\quad）$

A. -2　　　　B. -1　　　　C. 1　　　　D. 2

5. 某物体做直线运动,其运动规律是的 $s = t^2 + \dfrac{3}{t}$ (t 的单位是秒, s 的单位是米),则它在 4 秒末的瞬时速度为(　　)

A. $\dfrac{123}{16}$ 米 / 秒　　B. $\dfrac{125}{16}$ 米 / 秒　　C. 8 米 / 秒　　D. $\dfrac{67}{4}$ 米 / 秒

6. 已知函数 $y = \dfrac{2}{x} + 3$,当 x 由 2 变到 1.5 时,函数的增量 $\Delta y =$ _____.

7. 子弹在枪筒中的运动可以看作是匀加速运动,如果它的加速度是 $a = 5 \times 10^5 \, \mathrm{m/s^2}$,子弹从枪口射出所用的时间为 $1.6 \times 10^{-3} \mathrm{s}$,则子弹射出枪口时的瞬时速度为 _____ m/s.

8. 已知质点 M 按规律 $s = 2t^2 + 3$ 做直线运动.(位移单位:cm,时间单位:s)

(1) 当 $t = 2$, $\Delta t = 0.01$ 时,求 $\dfrac{\Delta s}{\Delta t}$;

(2) 当 $t = 2$, $\Delta t = 0.001$ 时,求 $\dfrac{\Delta s}{\Delta t}$;

(3) 求质点 M 在 $t = 2$ 时的瞬时速度。

9. 已知点 $P(x_0, y_0)$ 是抛物线 $y = 3x^2 + 6x + 1$ 上一点,且 $f'(x_0) = 0$,则点 P 的坐标为(　　)

A. $(1, 10)$　　　B. $(-1, -2)$　　　C. $(1, -2)$　　　D. $(-1, 10)$

10. 设函数 $f(x)$ 在 $x = x_0$ 处可导,则 $\lim\limits_{\Delta x \to 0} \dfrac{f(x_0 - \Delta x) - f(x_0)}{\Delta x}$ 等于(　　)

A. $f'(x_0)$　　　B. $f'(-x_0)$　　　C. $-f'(x_0)$　　　D. $-f(-x_0)$

11. 已知函数 $f(x) = \begin{cases} -\dfrac{1}{\sqrt{x}}, & x > 0 \\ 1 + x^2, & x \leqslant 0 \end{cases}$,求 $f'(4) \cdot f'(-1)$ 的值。

12. 若一物体运动方程如下,(位移单位:m,时间单位:s)

$$s = f(t) = \begin{cases} 29 + 3(t - 3), & 0 \leqslant t < 3. \\ 3t^2 + 2, & t \geqslant 3. \end{cases}$$

求:(1)物体在 $t \in [3, 5]$ 内的平均速度;(2)物体的初速度 v_0 ;(3)物体在 $t = 1$ 时的瞬时速度。

【教学反思】

（一）概念教学

数学概念既是数学学科结构的基石，也是数学认知的逻辑起点，更是数学核心素养之数学抽象能力培养的主要载体，由此可见概念学习在数学学习中的重要性。"概念形成是以学生的直接经验为基础，用归纳的方式抽出一类事物的共同属性，从而达到概念的理解，概念的同化是以学生间接经验为基础，以数学语言为工具，依靠新、旧概念的相互作用理解概念。"

学生的已有数学生活、真实经验是学生学习新概念的基础，也是通向理解的台阶。数学概念教学过程中可以起步于经验，形成于抽象，深化于应用，具体操作程序为：（1）问题中形成经验，解答中萌生想法；（2）抽象中构建概念，梳理概念间的关系；（3）反思概念应用的步骤和范围；（4）对比、联想与猜测。

1. 问题中形成经验，解答中萌生想法

形成经验就是对学生学习过的零碎的知识进行整理、归纳，形成由易到难、由零碎到整体的认知过程，为新概念的学习铺垫由具体到抽象、由特殊到一般的阶梯。解答中萌生想法，即对具体、个别的知识进行概括，对研究方法进行提炼，对研究过程进行挖掘，提出问题，并形成初步研究思路。

在本次课《变化率与导数》中，引入的新概念是导数，学生在概念学习的过程中，通过气球膨胀问题和高台跳水问题，能理解并计算的平均膨胀率、平均速度，提炼出平均变化率这个一般概念。然后，通过发现平均速度在刻画某一时刻的运动状态时会有一些问题，从而探究更好的研究方法，引出瞬时速度。最后，又从特殊的瞬时速度回到一般性的瞬时变化率，理解瞬时变化率即函数在 $x = x_0$ 时的导数，初步形成导数的概念。

教学过程中，学生自主学习态度较好，能认真完成阅读，在回答"有什么？"时，设问比较开放，学生回答为动态表现，能较好地体现学生的主体性，体现学生阅读、归纳、提炼的能力。课堂上，学生很快找到关键概念的叙述，对问题有一定的理解，积极回答、敢于表述。学生会比较容易找到叙述概念的语句，但其实对概念的理解还没有深入和内化；学生表述一个概念较容易（借用书上的叙述），但用自己的语言表述一个问题往往因缺乏训练而较为困难，对训练学生的表述，即要有概念表述，还应该有问题表述、知识体系表述，等等。学生在理解了平均速度的解法后，根据不能很好刻画某一时刻运动状态，而提出的关于瞬时速度的研究表示确实有必要,从而对新概念产生的必要性表示认同。

2. 抽象中构建概念,梳理概念间的关系

概念初步形成后,梳理很重要,通过对基本数学经验获得的具体过程的理性审视,回顾研究、推理过程,发掘新的方法,重构新概念的内涵,构建概念体系。将概念体系结构化、图表化、网格化往往能对促进数学知识与建构性学习的整合有着积极作用,同时加强学生认知,提高学习效率,帮助学生思维可视化。

《变化率与导数》一课中,有多个相近相连的概念。为了能很好地梳理概念间的相互关系,我采用了图形的方式,呈现了特殊到一般的数学思想,能很好地帮助学生理解平均速度、平均变化率、瞬时速度、瞬时变化率、导数概念间的关系。

3. 反思概念应用的步骤和范围

数学概念源于现实生活、真实经验,是在现实情境中通过识别、抽象、概括而形成,是正确运用数学知识解读、诠释、解决生活世界的现实问题的基础,所以学生的生活世界、真实经验是概念学习的土壤,为此概念教学中要坚持两点。

(1) 源于生活、经验是概念学习的起点。

从学生学习的思维来看,数学概念的获得并非是一个完整的逻辑过程,它受到学生个体思维水平、教学方式、学习环境、个人经验等多方面的影响,尤其是个人经验,在概念形成过程中需要利用已经获得的有关经验来主动提出一些可能的假设,形成初步的想法,即预想所要学习的概念可能会是什么,这就必须引导学生进入与概念学习相关的数学生活、真实经验的现实世界,为概念学习提供准确的、丰富的、现实的概念情境,为学生准备识别、抽象、概括的学习素材,促进学生主动建构。

(2) 回归现实、应用是概念学习的重点。

从学生学习的过程来看,概念学习需要从自己的经验库中提取相关经验进行检验、判断、矫正,即这个概念应该是什么而不能是什么。并在获得新概念后,需要把新概念与个人经验进行关联,形成交叉的网络结构,扩充为自己的新经验。这就需要引导学生把获得的概念在现实情境问题中主动实践,为学生提供真实的、关联的问题情境,促进学生在具体情境问题解决中对获得概念的理解、内化、升华。

在《变化率与导数》教学过程中,引入概念和应用概念都是来自生活中的实际问题,一方面反复培养学生将导数知识应用于解决生活世界的现实问题意识,同时也帮助学生在反复的数学问题解答体验过程中总结经验,提升能力。

在"做什么"环节,学生通过阅读,能意识到掌握的重要知识为如何求导数。学生对导数计算的方法表现为能较快掌握,但通过教师带领下的细查,还是发现存在不少问题。一方面,学生对解答方法上的步骤化意识不强,条理不够清晰,逻辑不够严谨;另一方面,符号表示上不注意细节;通过互评交流的方式,较好地帮助学生自主发现问题,这是一个较为动态的环节,学生发现了计算导数的等价公式,发现了可导或不可导的不同可能,发现了导数计算结果与实际意义结合的不同表述,这些自主获得,较为可贵。

4. 对比、联想与猜测

个体对概念的理解结果是思维过程的产物,其中包含两个方面,其一是水平方向上建立新概念与原有概念之间的联系,给新概念赋予"心理意义";其二是垂直方向上的拓展,也说是在应用中对新概念进行适当的延伸,甚至是做出一些相关的推论,形成一些个性化的"等价表示"。无论是水平方向的联系,还是垂直方向上的延伸,都是概念理解的深化。

导数作为微积分的核心概念之一,在整个《应用数学》学习中具有相当重要的作用和地位。导数是对函数知识的深化,是极限思想的最直接应用,是解决函数相关问题的直接工具,而且导数有方法是今后全面研究微积分的重要方法和基本工具,在其他学科中同样具有十分重要的作用,在生产、生活的各个领域都有广泛的应用。导数的概念的学习同时为今后研究导数的应用及积分的学习打下必备的基础,具有承前启后的重要作用。

在"想什么"环节意图为开放设问,让学生放开思维,敢于联想,大胆想象,培养一定的拓展、创新能力。在这又一动态环节,学生表现出了他们思维想象力上不可小瞧的联系能力和创造能力。学生将所学知识联系到了,物理知识中的加速度;将计算公式形式与数列中求等差数列公差对比;想到了曲线上割线斜率计算公式,割线斜率与切线斜率的关系;想到了二分法,等等。即有数学学科知识,也有其他学科知识,有一定的知识交织网格化意识。

教师给学生准备的材料为与本学科联系的知识,演示一为曲线的切线问题,通过几何画板的演示,学体形象理解了曲线上割线的两点无限接近的过程中,割线斜率趋近于切线斜率;演示二为圆面积的计算,通过几何画板的演示,学生直观理解了可以用正 n 边形中 n 无限增大,正 n 边形的两积逼近圆的面积;演示三为曲边梯形面积的求法,通过几何画板中演示的,用很多个越分越多,越分越小的小矩形的面积之和去逼近曲边梯形面积的方法,体会"以直代曲"的数学方法。多个演示都是帮助学生体会"逼近"这个数学思想方法,为将来学习微积分打下一定的基础。

所学知识既可与数学学科知识联系,也可与其他学科和现实生活中创造相结合。举例电影《十二生肖》中,成龙用的传感性手套,将生肖头像的立体形状数据传送过去,有了数据便可制造出"一模一样"的仿制头像,其实出现的空间坐标系,接收到的传感数据也是很多很多个点,就是因为点数趋近于无数,"以直代曲"才做出了"一模一样"的立体头像。因为影片的较高的知名度,加上课堂上图文并茂的放映,学生比较感兴趣,觉得比较新奇、比较前卫,鼓励学生大胆设想就能创造。例如,可以想象制造一种私人定制的鞋,通过对不同人不同脚的形状数据采集,为不同的人做不同的鞋子,那会大大的改善舒适度,改善生活。

(二)教学思考

(1)对教材上有的内容和方法可以不替学生读或替学生做;对学生能读懂和学懂的内容可以不教或少教;

(2)"教阅读、教思维、教表达";

(3)培养学生提炼、归纳、类比、对比、交流、质疑、联系、想象,知识网格化、思维可视化、方法步骤化等学习方法和数学品质;

(4)"有什么""做什么""想什么"给学生较为开放的回答空间,训练学生的表述,同时体现以学生为主体的动态环节。

(5)提供给学生恰当的数学情景,适当的补充材料,形象的演示内容,帮助学生培养研究兴趣,了解一定的研究方向,埋下一颗好学爱学的种子。

【课后作业参考答案】

1. C

【解析】选 C. 因为 $\Delta y = (2 + \Delta x)^2 - 1 - (2^2 - 1) = 4\Delta x + (\Delta x)^2$

所以 $\dfrac{\Delta y}{\Delta x} = \dfrac{4\Delta x + (\Delta x)^2}{\Delta x} = 4 + \Delta x.$

2. D

【解析】选 D. 由平均速度和瞬时速度的关系可知. $v = s'(1) = \lim\limits_{\Delta t \to 0} (-3\Delta t - 6) = -6.$

3. A

【解析】选 A. 由平均速度的定义可知,物体在 t 到 $t + \Delta t$ 这段时间内的平均速度是其位移改变量与时间的比.

所以 $\bar{v} = \dfrac{\Delta s}{\Delta t} = \dfrac{S(t + \Delta t) - s(t)}{\Delta t}$.

4. B

【解析】选 B. 因为 $f(x)$ 图像过原点,所以 $f(0) = 0$.

所以 $f'(0) = \lim\limits_{\Delta x \to 0} \dfrac{f(0 + \Delta x) - f(0)}{\Delta x} = \lim\limits_{\Delta x \to 0} \dfrac{f(\Delta x)}{\Delta x} = -1$.

5. B

【解析】选 B. 因为 $\dfrac{\Delta s}{\Delta t} = \dfrac{(4 + \Delta t)^2 + \dfrac{3}{4 + \Delta t} - 16 - \dfrac{3}{4}}{\Delta t} = \Delta t + 8 - \dfrac{3}{16 + 4\Delta t}$,

所以 $\lim\limits_{\Delta t \to 0} \dfrac{\Delta s}{\Delta t} = 8 - \dfrac{3}{16} = \dfrac{125}{6}$.

6. $\dfrac{1}{3}$

【解析】$\Delta y = f(1.5) - f(2) = \left(\dfrac{2}{1.5} + 3\right) - \left(\dfrac{2}{2} + 3\right) = \dfrac{1}{3}$,

答案:$\dfrac{1}{3}$.

7. 800

【解析】运动方程为 $s = \dfrac{1}{2}at^2$.

因为 $\Delta s = \dfrac{1}{2}a(t_0 + \Delta t)^2 - \dfrac{1}{2}at^2 = at_0\Delta t + \dfrac{1}{2}a(\Delta t)^2$.

所以 $\dfrac{\Delta s}{\Delta t} = at_0 + \dfrac{1}{2}a\Delta t$,

所以 $v = \lim\limits_{\Delta t \to 0} \dfrac{\Delta s}{\Delta t} = at_0$

又因为 $a = 5 \times 10^5 \text{m/s}^2$,$t_0 = 1.6 \times 10^{-3}\text{s}$,所以 $v = at_0 = 800\text{m/s}$.

答案:800m/s.

8. 解:$\dfrac{\Delta s}{\Delta t} = \dfrac{s(t + \Delta t) - s(t)}{\Delta t} = \dfrac{2(t + \Delta t)^2 + 3 - (2t^2 + 3)}{\Delta t} = 4t + 2\Delta t$

(1) 当 $t = 2$,$\Delta t = 0.01$ 时,

$$\dfrac{\Delta s}{\Delta t} = 4 \times 2 + 2 \times 0.01 = 8.02(\text{cm/s}).$$

(2) 当 $t=2, \Delta t=0.001$ 时，

$$\frac{\Delta s}{\Delta t}=4\times 2+2\times 0.001=8.002(\text{cm/s}).$$

(3) $v=\lim_{\Delta t\to 0}\frac{\Delta s}{\Delta t}=\lim_{\Delta t\to 0}(4t+2\Delta t)=4t=4\times 2=8(\text{cm/s}).$

9. B

【解析】选 B；因为 $\frac{\Delta y}{\Delta x}=\frac{f(x_0+\Delta x)-f(x_0)}{\Delta x}=3\Delta x+6x_0+6,$

所以 $f'(x_0)=\lim_{\Delta x\to 0}\frac{\Delta y}{\Delta x}=6x_0+6=0,$

所以 $x_0=-1$，把 $x_0=-1$ 代入 $y=3x^2+6x+1$，得 $y=-2,$

所以 P 点坐标为 $(-1,-2).$

10. C

【解析】选 C；因为

$$\lim_{\Delta x\to 0}\frac{f(x_0-\Delta x)-f(x_0)}{\Delta x}=-\lim_{\Delta x\to 0}\frac{f(x_0-\Delta x)-f(x_0)}{-\Delta x}$$

所以 $\lim_{\Delta x\to 0}\frac{f(x_0-\Delta x)-f(x_0)}{\Delta x}=-f'(x_0).$

11. 解：当 $x=4$ 时，$\Delta y=-\frac{1}{\sqrt{4+\Delta x}}+\frac{1}{\sqrt{4}}$

$$=\frac{1}{2}-\frac{1}{\sqrt{4+\Delta x}}=\frac{\sqrt{4+\Delta x}-2}{2\sqrt{4+\Delta x}}$$

$$=\frac{\Delta x}{2\sqrt{4+\Delta x}(\sqrt{4+\Delta x}+2)}$$

所以 $\frac{\Delta y}{\Delta x}=\frac{1}{2\sqrt{4+\Delta x}(\sqrt{4+\Delta x}+2)}$

所以 $\lim_{\Delta x\to 0}\frac{\Delta y}{\Delta x}=\lim_{\Delta x\to 0}\frac{1}{2\sqrt{4+\Delta x}(\sqrt{4+\Delta x}+2)}$

$$=\frac{1}{2\sqrt{4}\times(\sqrt{4}+2)}=\frac{1}{16},$$

所以 $f'(4)=\frac{1}{16}.$

当 $=-1$ 时，$\frac{\Delta y}{\Delta x}=\frac{f(-1+\Delta x)-f(-1)}{\Delta x}$

$$= \frac{1 + (-1 + \Delta x)^2 - 1 - (-1)^2}{\Delta x} = \Delta x - 2$$

由导数的定义,得 $f'(-1) = \lim\limits_{\Delta x \to 0}(\Delta x - 2) = -2$,

所以 $f'(4) \cdot f'(-1) = \frac{1}{16} \times (-2) = -\frac{1}{8}$.

12. 解:

(1) 因为物体在 $t \in [3,5]$ 内的时间变化量为 $\Delta t = 5 - 3 = 2$,位移变化量为 $\Delta s = 3 \times 5^2 + 2 - (3 \times 3^2 + 2) = 48$.

所以物体在 $t \in [3,5]$ 内的平均速度为 $\frac{\Delta s}{\Delta t} = \frac{48}{2} = 24 (\text{m/s})$.

(2) 求物体的初速度,即求物体在 $t = 0$ 时的瞬时速度。

因为物体在 $t = 0$ 附近位移的平均变化为

$$\frac{\Delta s}{\Delta t} = \frac{f(0 + \Delta t) - f(0)}{\Delta t}$$

$$= \frac{29 - 3[(0 + \Delta t) - 3]^2 - 29 - 3(0 - 3)^2}{\Delta t},$$

$$= 3\Delta t - 18$$

所以物体在 $t = 0$ 处位移的瞬时变化为

$$\lim\limits_{\Delta t \to 0} \frac{\Delta s}{\Delta t} = \lim\limits_{\Delta t \to 0}(3\Delta t - 18) = -18,$$

即物体的初速度为 -18m/s.

(3) 物体在 $t = 1$ 时的瞬时速度即为物体在 $t = 1$ 处位移的瞬时变化率.

因为物体在 $t = 1$ 附近位移的平均变化率为

$$\frac{\Delta s}{\Delta t} = \frac{f(1 + \Delta t) - f(1)}{\Delta t}$$

$$= \frac{29 + 3[(1 + \Delta t) - 3]^2 - 29 - 3(1 - 3)^2}{\Delta t}$$

$$= 3\Delta t - 12$$

所以物体在 $t = 1$ 处位移的瞬时变化率为

$$\lim\limits_{\Delta t \to 0} \frac{\Delta s}{\Delta t} = \lim\limits_{\Delta t \to 0}(3\Delta t - 12) = -12$$

即物体在 $t = 1$ 时的瞬时速度为 -12m/s.

第二篇

02

数学复习课

数学复习课是我们在完成一段教学内容后，对学过知识进行总结、提炼、巩固的重要题型。复习课应该是教师对学生学过的概念和知识点进行重新梳理，对讲过的重要题型、方法进行归纳与总结，对教学重点和难点知识进行进一步揭示和点睛，以及对过去教学过程中的缺陷进行弥补的一种课型。

　　数学复习课不是旧知识的简单重复，复习课也不是练习和习题的堆积，复习课更不是考试的战场。而是要求我们站在更高的高度对原有知识、题型、方法进行整理、巩固和深化的过程。当然，对于不同基础、不同层次、不同年级的学生应该有不同的方法和不同的目标。

　　数学复习课的主要环节包括：梳理知识结构、强化概念公式、归纳题型思路、总结思想方法。

　　数学复习课的教学质量取决于教师对教材的理解和驾驭能力，教学效果取决于教师的教学智慧和对学生的把握。

等差数列前 n 项和

秦孟彬
贵阳市第三实验中学

【教学目标】

1. 知识与技能

(1) 掌握等差数列前 n 项和公式；

(2) 理解等差数列前 n 项和的函数特征；

(3) 理解等差数列前 n 项和的性质；

(4) 体会解决数列问题的三种基本方法：公式法、函数法、性质法。

2. 过程与方法

在对问题的多角度探究中体会处理等差数列的基本思路和方法。深入理解等差数列前 n 项和的相关性质。

3. 情感态度与价值观

(1) 培养学生学会发现问题、分析问题、解决问题的能力；

(2) 在问题辨析中培养学生从多角度的认识问题，理解公式的内涵与外延。

【教学重点】

等差数列前 n 项和函数特征和性质的综合应用。

【教学难点】

灵活应用等差数列前 n 项和公式和函数特征及数列性质解决数列问题。

【教学流程】

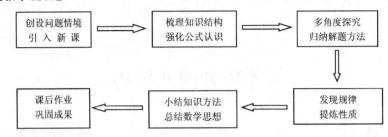

【教学实录】

（一）引入新课

师，请大家看看这道题目，已知等差数列$\{a_n\}$的前n项和为S_n；且$S_{10}=100$，$S_{100}=10$，求S_{110}。思考一下本题应该如何解决？你有哪些思路？

抛出问题，让学生思考，展开讨论。教师巡视课堂，观察学生讨论结果，发现大多数学生用的都是同一种解法。老师随机抽取一名学生用实物投影展示其解法。

学生思考。

（二）梳理知识结构

1. 知识梳理

师：为了帮助大家解决这一问题，我们先来复习一下等差数列前n项和的相关知识。

师：那么我们学习过等差数列的前n项和的相关知识呢？哪些同学来说一说？

生：我们学过等差数列的前n项和的通项公式！

师：等差数列的前n项和公式是什么呢？

生：$S_n=na_1+\dfrac{n(n-1)}{2}d$.

师：这个公式告诉我们要求等差数列的前n项和需要知道哪些条件？

生：需要知道首项和公差以及项数。

师：很好，我们通常把这个公式称为等差数列的前n项和的公式1。那么等差数列的前n项和公式只有一个吗？还有其他形式吗？

生：还有，$S_n=\dfrac{n(a_1+a_n)}{2}$.

师：那这个公式求解等差数列的前n项和又需要知道哪些条件？

生：需要知道首项、末项和项数。

师:很好,我们通常把这个公式成为等差数列的前 n 项和的公式 2。

师:我们知道,数列和函数是有关系的,数列是一种特殊的函数,那么请同学们再仔细看看公式 1,如果我们以函数的观点来看这个公式,它有何特点?它和我们学过的什么函数有关系呢?

生:(思考片刻后)老师我们可以将公式化解:$S_n = na_1 + \dfrac{n(n-1)}{2}d = \dfrac{d}{2}n^2 + \left(a_1 - \dfrac{d}{2}\right)n$ 可以看成二次函数。

师:一定是二次函数吗?d 的取值对它有影响吗?

生:哦,要加一个条件 $d \neq 0$ 时 $S_n = na_1 + \dfrac{n(n-1)}{2}d = \dfrac{d}{2}n^2 + \left(a_1 - \dfrac{d}{2}\right)n$ 可以看成二次函数。

师:对啦,要注意严密性。那么大家再看看,观察一下二次函数的各项系数,还有什么特点呢?

生:没有常数项。

师:对啦,这位同学观察非常仔细。如果我们用函数的观点来看等差数列的前 n 项和的公式,我们可以把它看成是没有常数项,定义域为 N^+ 的二次函数。通常我们把它化简即为 $S_n = An^2 + Bn\left(A = \dfrac{d}{2}, B = a_1 - \dfrac{d}{2} \text{中}\right)$。我们以后把这个公式叫作函数特征 1。

师:想一想,等差数列的前 n 项和还有其他函数特征吗?

学生沉默。

师:老师提示大家一下,等差数列的前 n 项和是没有常数项的二次函数,等差数列的通项公式是什么类型的函数呀?它们之间有关系吗?

生:老师,我想起来了,我们可以利用等差数列的通项公式和前 n 项和公式的关系构造一个新的等差数列。

师:怎么构造那个数列?

生:因为 $S_n = na_1 + \dfrac{n(n-1)}{2}d = \dfrac{d}{2}n^2 + \left(a_1 - \dfrac{d}{2}\right)n$,$a_n = a_1 + (n-1)d = dn + (a_1 - d)$,所以 $\dfrac{S_n}{n} = \dfrac{\dfrac{d}{2}n^2 + \left(a_1 - \dfrac{d}{2}\right)n}{n} = \dfrac{d}{2}n + \left(a_1 - \dfrac{d}{2}\right)$,所以 $\left\{\dfrac{S_n}{n}\right\}$ 一定是

一个等差数列。

师：这个新等差数列的首项和公差分别是什么呢？

生：首项还是 a_1 公差是 $\dfrac{d}{2}$。

师：我们把这个性质记作函数特征 2。

师：同学们再回忆一下我们还学过等差数列的前 n 项和的那些知识呢？

生：还学过等差数列的前 n 项和的性质。

师：有哪些性质呢？你能叙述一下吗？

生：片段和性质 $S_k = a_1 + a_2 + \cdots + a_k$，$S_{2k} - S_k = a_k + a_{k+1} + \cdots + a_{2k}$，$S_{3k} - S_{2k} = a_{2k} + a_{2k+1} + \cdots + a_{3k}$，$\cdots$ 可以构成一个新的等差数列。

师：很好，那么这个新的等差数列的公差是多少呢？

生：（思考片刻）公差为 $k^2 d$。

师：我们把这称为等差数列前 n 项和的性质。

师：那么复习了等差数列前 n 项和的相关知识以后，你能解决我们刚才提出的问题了吗？你有几种方法可以解决这个问题？请大家动手试试。

2. 探究发现

教师留给学生 10 分钟时间探究解法，并巡视课堂。学生开始动手探究，尝试各种不同解法，教师巡视时个别指导。

师：好了，现在哪位同学能展示一下你的解法呢？

生：我的解法是套用公式 1. 因为等差数列的前 n 项和为 $S_n = na_1 + \dfrac{n(n-1)}{2}d$；只需要把 $S_{10} = 100$，$S_{100} = 10$，套入公式，解出首项和公差，即可求出 $S_{110} = 10$。

师：非常好，思路很简单，请问你算出结果了吗？

生：我算了一下，计算量有点大，还没有算出来。

师：没有关系，请你展示一下你的解法，我们一起看看你的计算难点在哪里？

生：因为等差数列的前 n 项和为 $S_n = na_1 + \dfrac{n(n-1)}{2}d$，且 $S_{10} = 100$，$S_{100} = 10$，

所以 $\begin{cases} S_{10} = 10a_1 + \dfrac{10(10-1)}{2}d = 100 \\ S_{100} = 100a_1 + \dfrac{100(100-1)}{2}d = 10 \end{cases}$；

所以 $\begin{cases} a_1 + 9d = 10 \\ 10a_1 + 5 \times 99d = 1 \end{cases}$

后面就没有算了 ……

师:现在请大家动手帮帮这个同学求出结果。

生:由上可得 $\begin{cases} a_1 = \dfrac{1099}{100} \\ d = -\dfrac{11}{50} \end{cases}$,所以 $S_{110} = 110a_1 + \dfrac{110 \times (110-1)}{2}d = -110$。

师:这名同学的解法突出了研究数列问题的通性通法。在等差数列里面我们知道:$a_n = a_1 + (n-1)d$;$S_n = na_1 + \dfrac{n(n-1)}{2}d = \dfrac{n(a_1 + a_n)}{2}$ 中,一共有五个基本量:a_1, n, d, a_n, S_n;五个基本量知三求二。因此当我们遇到等差数列中与 a_1, n, d, a_n, S_n 有关系的问题时,不妨试试带入公式求解;这种思路自然,但运算量较大;如果计算不过关的话,处理起来会比较麻烦。但是当我们研究数列没有任何其他思路时,请大家牢记这种思路,我们把这种方法叫作"公式法"!这是我们解决数列运算问题的基本方法。

师:还有其他解题思路吗?

教师让学生继续思考,学生继续发表意见。

生:我觉得学生 1 的解法比较容易想到,但是有点难算。我的解法和他的想法有点像,也是代公式。但是不是代他的这个公式。是利用函数特征 1 带入二次函数公式进行计算的。

师:很好,你能给同学们展示一下你的思路吗?

学生用实物投影展示其解题思路。

解:∵ $S_n = na_1 + \dfrac{n(n-1)}{2}d = \dfrac{d}{2}n^2 + \left(a_1 - \dfrac{d}{2}\right)n$

设 $S_n = An^2 + Bn$;把 A, B 看成待定系数,再代公式求解这样计算量要小一点,即:

$\begin{cases} S_{10} = 100A + 10B = 100 \\ S_{100} = 10000A + 100B = 10 \end{cases}$

解得 $\begin{cases} A = -\dfrac{11}{100} \\ B = -\dfrac{111}{10} \end{cases}$

$\therefore S_{110} = -110$

师：这个同学利用了函数性质1，从而可以设 $S_n = An^2 + Bn$。相对生1的解法这个解法是利用函数特征后，计算量要小了不少！那么同学们有没有其他解法呢？

生：还可以利用函数性质2来解决。

师：非常好，我们一起回头来看看性质2. 对等差数列的通项公式和前 n 项和化解可得：因为 $S_n = na_1 + \dfrac{n(n-1)}{2}d = \dfrac{d}{2}n^2 + \left(a_1 - \dfrac{d}{2}\right)n = An^2 + Bn$。即当 $d \neq 0$ 时 S_n 可以看成是关于 n 的没有常数项的二次函数；二次项系数即公差的一半。而 $a_n = a_1 + (n-1)d = dn + \left(a_1 - \dfrac{d}{2}\right) = kn + b$，可以看成一次函数或常数函数。一次项系数即公差。因此我们研究等差数列问题时，还可以紧紧抓住等差数列的函数本质的这一基本特征研究数列问题。哪位同学做出来了能展示一下你的这个做法吗？

生：我是利用函数性质2构造新的等差数列来研究的。

生：构造数列 $\left\{\dfrac{S_n}{n}\right\}$。

解：$\because S_n = na_1 + \dfrac{n(n-1)}{2}d = \dfrac{d}{2}n^2 + \left(a_1 - \dfrac{d}{2}\right)n = An^2 + Bn$

$\therefore \dfrac{S_n}{n} = \dfrac{\dfrac{d}{2}n^2 + \left(a_1 - \dfrac{d}{2}\right)n}{n} = \dfrac{d}{2}n + \left(a_1 - \dfrac{d}{2}\right)$ 是关于 n 的一次函数或常数函数

$\therefore$ 数列 $\left\{\dfrac{S_n}{n}\right\}$ 一定是等差数列，且公差为原数列的一半记为 D，首项不变

$\therefore \begin{cases} \dfrac{S_{10}}{10} = 10 \\ \dfrac{S_{100}}{100} = \dfrac{1}{10} \end{cases}$

$\therefore 90D = \dfrac{1}{10} - 10 = -\dfrac{99}{10}$

$\therefore$ 数列 $\left\{\dfrac{S_n}{n}\right\}$ 的公差为 $-\dfrac{11}{100}$

$\therefore \dfrac{S_{110}}{110} = \dfrac{S_{10}}{10} + (110-10)D = 10 + 100 \times \left(-\dfrac{11}{100}\right) = -1$

$$\therefore S_{110} = -110$$

生：所以 $S_{110} = 110$.

师：非常好，请大家为这位同学鼓掌。这位同学充分地利用了我们刚才总结的数列的函数本质。构造出了一个新的数列 $\left\{\dfrac{S_n}{n}\right\}$；根据公式可得 $\dfrac{S_n}{n} =$

$$\dfrac{\dfrac{d}{2}n^2 + \left(a_1 - \dfrac{d}{2}\right)n}{n} = \dfrac{d}{2}n + \left(a_1 - \dfrac{d}{2}\right)$$ 是关于 n 的一次函数或常数函数，所以数列

$\left\{\dfrac{S_n}{n}\right\}$ 一定是等差数列，且公差为原数列的一半，首项不变。这一性质的发现大大简化了我们的运算，起到了事半功倍的效果！大家要注意这一解法给我们算法带来的优化效果。

师：解法 2 和解法 3 都是在利用等差数列的函数特征来解题，以后我们把这种方法叫作"函数法"。

师：下面请大家继续思考，还有那些知识点我们没有用过？能用我们没有用过的知识和方法解决本题吗？

生：老师，我还有其他解法！

师：非常好，为你的积极发言鼓掌！请你来给大家展示一下你的做法吧！

生：首先等差数列的前 n 项和性质告诉我们 $S_k, S_{2k} - S_k, S_{3k} - S_{2k}, \cdots$ 可以构成一个新的等差数列。那么我们可以构造新数列 $S_{10}, S_{20} - S_{10}, S_{30} - S_{20}, \cdots, S_{100} - S_{90}, S_{110} - S_{100}, \cdots$ 它一定是一个新的等差数列。设新数列的公差为 D。

则：$S_{10} + (S_{20} - S_{10}) + (S_{30} - S_{20}) + \cdots + (S_{100} - S_{90}) = S_{100} = 10$

则 $10S_{10} + \dfrac{10(10-1)}{2}D = 10$；

求得 $D = -22$；

从而 $S_{110} - S_{100} = S_{10} + (11-1)D = 100 + (11-1)D = -110$.

师：非常好！但是这位同学构造新数列 $S_{10}, S_{20} - S_{10}, S_{30} - S_{20}, \cdots, S_{100} - S_{90}, S_{110} - S_{100}, \cdots$ 利用 $S_k, S_{2k} - S_k, S_{3k} - S_{2k}, \cdots$ 构成一个新的等差数列的特点在进行运算，也可以起到化简运算的效果。以后我们研究数列问题尤其是关于 S_n 的问题还可以从这个角度入手。

师：以后我们把研究这个问题的方法叫"性质法"。

师：各位同学还有其他不同的解法吗？那个知识点我们还没有用过呀？

生：公式 2 还没有用过。

师：上述四个同学分别利用公式 1，函数特征 1，函数特征 2 和等差数列前 n 项和性质得到了四种不同的解法。那么大家思考一下，公式 2 我们还没有使用过，公式 2 能解决这个问题吗？请大家再思考一下。

学生进行思考。

师：我们来分析一下要求 S_{110}，根据 $S_{110} = \dfrac{110(a_1 + a_{110})}{2}$，即求 $a_1 + a_{110}$；那么我们能根据条件 $S_{100} = 10, S_{10} = 100$ 求出 $a_1 + a_{110}$ 吗？

学生思考中。

师：我再提示一下各位同学，你观察一下 S_{100}, S_{10} 它们和 $a_1 + a_{110}$ 有关系吗？

学生思考中。

师：一般地，我们要找式与式的关系，通常怎么处理？

生：可以加减乘除试试。

师：对呀，可以加减乘除试试。那你们试试看，能通过加减乘除找到 S_{100}, S_{10} 它们和 $a_1 + a_{110}$ 的关系吗？

学生动手操作。

师：有同学发现关系了吗？

生：老师我发现了，可以通过减法找出它们之间的关系。

师：很好，你能讲讲你的做法吗？

生：我是这样做的。根据 $S_{110} = \dfrac{110(a_1 + a_{110})}{2}$，要求 S_{110}，即求 $a_1 + a_{110}$；那么我们先把 $S_{100} = 10, S_{100} = 10, S_{10} = 100$ 作差可得：

$$S_{100} - S_{10} = a_{11} + a_{12} + a_{13} + \cdots + a_{99} + a_{100} = 10 - 100 = 90.$$

生：因为 $a_{11} + a_{12} + a_{13} + \cdots + a_{99} + a_{100} = \dfrac{90}{2}(a_{11} + a_{100}) = -90$，又因为 $a_{11} + a_{100} = a_1 + a_{110}$，所以 $a_{11} + a_{100} = a_1 + a_{110} = -2$，所以 $S_{110} = \dfrac{110(a_1 + a_{110})}{2} = -110$。

师：同学们赞同这位同学的解法吗？

生：同意。

师:很好,我们从公式 2 的角度出发,分析所求结论与条件的练习找到了这种解法,而且这种解答的计算十分简单。希望同学们以后再思考问题的时候要善于抓住条件和结论之间的联系,找到解决问题的最优方法。

师:好了,以上探究我们从知识点的角度出发,找到了解决这个问题的五种解法,归结起来也就是三种不同的思路,即:公式法,函数法,性质法。以后大家在解决数列问题时可以从这三个角度入手。

延伸:

师:下面我们换个角度继续探究本题。

题目:由上 $S_{100} = 10, S_{10} = 100$,求出结果 $S_{110} = -110$。那么,若条件改成 $S_5 = 20, S_{20} = 5$,则 $S_{25} =$ _____。

生:-25。

师:若条件改成 $S_8 = 9, S_9 = 8$,则 S_{17} 等于多少?

生:-17。

师:为什么呢?这个题目会不会有一个一般性的结论呢?

生:老师我感觉这个题目好像有点特殊。我有一个猜想:$S_{10} = 100, S_{100} = 10$;上面我们求出 $S_{110} = -110$. 我猜想会不会有这样一个结论:$S_n = m, S_m = n; S_{n+m} = -(n+m)$ 呢?

师:非常好,这个同学观察能力很强,那么他的这个猜想是否正确呢?大家能证明这个结论吗?

学生思考证明。

师:上述我们研究了解决 $S_{100} = 10, S_{10} = 100$,求解 $S_{110} = -110$ 的三种方法,共得出五种解法,你们有何启发?能选择这些方法解决这个猜想吗?你觉得哪些解法证明这个问题可能会简单点呢?请大家自己选择一种适合你的方法研究一下我们的猜想是否正确!

学生动手研究。

师:哪位同学能展示一下你的证明过程吗?

生:我是参考解法 3,利用函数法证明的。

生:首先构造数列 $\left\{\dfrac{S_n}{n}\right\}$,由函数特征 2 知它一定是等差数列,设其公差为 D。

解：∵
$$\begin{cases} \dfrac{S_n}{n} = \dfrac{m}{n} \\[2mm] \dfrac{S_m}{m} = \dfrac{n}{m} \end{cases}$$

∴ $\dfrac{S_n}{n} - \dfrac{S_m}{m} = \dfrac{m}{n} - \dfrac{n}{m} = (n-m)D$

∴ $D = -\dfrac{m+n}{mn}$

∴ $\dfrac{S_{n+m}}{n+m} = \dfrac{S_n}{n} + mD = \dfrac{m}{n} + m\left(-\dfrac{m+n}{mn}\right) = -1$

∴ $S_{n+m} = -(n+m)$

师：这位同学是利用函数特征 2 构造等差数列证明的，同学们还有其他证法吗？

生：我还有其他做法，利用公式 2 也很简单。

师：你能展示一下吗？

生：可以。

解：$S_n = m, S_m = 100$ 不妨设 $n > m$ 作差可得：

$$S_n - S_m = a_{m+1} + a_{m+2} + a_{m+3} + \cdots\cdots + a_{n-1} + a_n = \dfrac{(n-m)(a_{m+1} + a_n)}{2} = m - n.$$

又 ∵ $a_{m+1} + a_n = a_1 + a_{n+m}$

∴ $a_{m+1} + a_n = a_1 + a_{n+m} = -2$

∴ $S_{n+m} = \dfrac{(n+m)(a_1 + a_{n+m})}{2} = -(n+m)$

师：很好，由于时间关系其他同学的做法我们就不展示了，请大家课后再试试还有没有其他证法。

师：好了，刚才我们根据一个特殊的题目观察猜想：$S_n = m, S_m = n; S_{n+m} = -(n+m)$，再通过运算证明了这一结论。这体现了我们研究数学问题的一个非常重要的思路：观察—猜想—证明—应用。以后我们遇到问题的时候也可以从这一角度入手进行研究。以后我们把这个性质记为等差数列的前 n 项和性质 2。

（三）知识总结

师：同学们，通过这节课的学习，我们复习了哪些知识？哪些方法？哪些数学思想呢?

生:我们复习了等差数列前 n 项的五个知识点还得到一条新的性质它们分别是:

公式 1: $S_n = na_1 + \dfrac{n(n-1)}{2}d$;

公式 2: $S_n = \dfrac{n(a_1 + a_n)}{2}$;

函数特征 1: $S_n = An^2 + Bn\left(A = \dfrac{d}{2}, B = a_1 - \dfrac{d}{2} \text{ 中}\right)$;

函数特征 2: $S_k, S_{2k} - S_k, S_{3k} - S_{2k}, \cdots\cdots$ 可以构成一个新的等差数列。公差为 $k^2 d$;

性质 1:数列 $\left\{\dfrac{S_n}{n}\right\}$ 是一个等差数列。首项是 a_1,公差是 $\dfrac{d}{2}$;

性质 2: $S_n = m, S_m = n; S_{n+m} = -(n+m)$.

师:很好。那我们还复习了研究数列的哪些方法呢?

生 1:可以用函数的方法研究数列。

生 2:还可以用公式法。

生 3:还可以用数列的性质。

师:对了,研究等差数列我们经常会用到三种方法即:(1)公式法;(2)函数法;(3)性质法。那么这三种方法各有什么优缺点呢?

生:公式法简单直接,但计算选择不好计算量可能会很大,如解法 1。此外,公式 2 的应用有一定技巧性,我们还要多练习。

师:那函数法呢?

生:函数法要求我们对数列的函数特征非常熟悉,利用函数法解题计算量较小。

师:性质法呢?

生:性质法要求我们对数列的性质要很熟悉,构造数列的技巧要熟悉,利用性质法解题也可以起到简化运算的目的。

师:三种方法各有优缺点,请大家牢记解决数列问题的三种方法,在解题时根据题目灵活选用方法会起到事半功倍的作用!

师:那么本节课我们还用到了哪些数学思想呢?

生:我们还用到了从特殊到一般的思想。发现了一个结论。在等差数列中：$S_n = m, S_m = n; S_{n+m} = -(n+m)$.

师:对了，从特殊的现象中发现事物的本质规律，抽象出相关性质，这是一种非常重要的素养，大家以后要有意识地开展训练，要善于从一些特殊问题中发现一般结论，这对我们研究问题是很有帮助的。

师:利用这种思想请大家下去研究一下：若 $a_n = m, a_m = n$，则 a_{n+m} 会等于什么？

师:今天的课就上到这里了，请大家课后要完成以下作业，体会我们今天复习的知识方法和思想。

(四) 课后作业

请尝试用不同的方法解决下列问题。

1. 已知等差数列前 3 项的和为 30，前 6 项的和为 100，则它的前 9 项的和为_____.

2. 已知数列 $\{a_n\}$ 的前 n 项和为 $S_n = n^2 + \frac{1}{2}n$，则这个数列的通项公式_____.

3. 已知数列 $\{a_n\}$ 的前 n 项和为 $S_n = n^2 + \frac{1}{2}n + 1$，则这个数列的通项公式_____.

4. 已知等差数列 $\{a_n\}$，且满足 $a_n = 40 - 4n$，前_____项的和最大，最大值为_____.

5. 已知 $\{a_n\}$，$\{b_n\}$ 均为等差数列，其前 n 项和分别为 S_n，T_n，且 $\frac{S_n}{T_n} = \frac{2n+2}{n+3}$，则 $\frac{a_5}{b_5} = $_____.

6. 等差数列 $\{a_n\}$ 的通项公式是 $a_n = 2n + 1$，其前 n 项和为 S_n，则数列 $\left\{\frac{S_n}{n}\right\}$ 的前 10 项和_____.

7. 在等差数列 $\{a_n\}$ 中，$a_1 = 25$，$S_{17} = S_9$，则 $n = $_____时，$S_n$ 的最大值.

8. 探究在等差数列中 $a_n = m, a_m = n$，则 $a_{n+m} = $_____.

【教学反思】

（1）复习课要回归课本，夯实学科基础。

数学新课程标准指出我们教学的首要任务是帮助学生"获得必要的数学基础知识和基本技能，理解基本的数学概念、数学结论的本质，了解概念、结论等产生的背景、应用，体会其中所蕴含的数学思想和方法，以及它们在后续学习中的作用"。本节课选择的这道例题是比较常见的，学生只需要知道等差数列的前 n 项和公式这一基础知识，代入公式运算求解这一基本技能即可解答。但本题有很多值得挖掘的地方，如何利用数列的函数本质特征解题，如何用数列的性质解题，都是值得我们探究的问题。因此我们的日常教学要十分关注课本中基础知识和基本技能的培养。更要关注知识的生成过程，"将探究、发现、创造等教育目标和基础整合"。要避免复习过程中"常考的复习、不考的或不常考的不复习或少复习"。我们不但要夯实课本正文内容的双基，还要夯实课本中提供的思考、探究、阅读材料、课后习题等的双基。如 2016 年全国 3 卷 18 题对线性回归中相关系数 r 的考察的内容就是来源于课本的阅读材料，而并不是课本正文出现的内容！因此忽略了对课本的回归和深入研究我们是要失败的！我们的复习课教学一定回归到课本这一主线上来，以达到"夯实学科基础；以不变应万变"的目的！

（2）复习课要帮助学生形成知识和方法的网络化、思维的可视化。

复习课的教学绝不是知识的简单重复，更不是几道题目的解答和训练。复习课最重要的是帮助学生深入地理解知识的内涵和外延，形成知识的网络化，思维的可视化。在复习课教学中思维导图的使用对学生形成知识的网络化、思维的可视化作用明显。思维导图又叫心智图，是表达发射性思维的有效的图形思维工具，它简单却又极其有效，是一种革命性的思维工具。"思维导图运用图文并重的技巧，把各级主题的关系用相互隶属与相关的层级图表现出来，把主题关键词与图像、颜色等建立记忆链接，思维导图充分运用左右脑的机能，利用记忆、阅读、思维的规律，协助人们在科学与艺术、逻辑与想象之间平衡发展，从而开启人类大脑的无限潜能。"复习课在完成探究后，老师可以布置作业让学生用思维导图的方法把相关知识点、相关解题思路加以梳理；做出知识点思维导图，解题思路思维导图。如果长期坚持利用思维导图的使用，对学生理清知识之间的联系和解题思路，归纳题型和方法，形成知识的网络化和思维的可视化是非常有效的。而长期坚持下去，真正做到以学生动手归纳为主体的复习模式，这对学生的后续学习和发展是十分有利的。

(3) 复习课要强调通性通法,通过一题多解、变式训练,深化学生对知识和方法的理解,充分调动学生的思维活动,实现学生的主体参与性。

新课程标准更加关注通性通法,明确提出"删减烦琐的计算、人为技巧化的难题和过分强调细枝末节的内容。"因此我们的复习课教学一定要处理好"多题一解"和"一题多解"的关系。在新课讲解时我们要夯实"实通性通法"这一基本技能;不要过分地强调一些高深的技巧和方法。待到高三复习课教学时再针对学生的情况适度进行"一题多解"和"变式训练"。如果学生基础较差,我们重点复习"通性通法"。如果学生层次较高,光讲通性通法是不行的,学生的思维能力得不到发散和提高,解题的速度上不来,尖子生是培养不出来的。"高中数学课程应注重提高学生的数学思维能力,这是数学教育的基本目标之一。"针对复习课的内容不同因此我们对某些内容进行了"一题多解"的探究,让学生充分思考,充分挖掘题目的内涵外延,既可以帮助学生分别从不同的角度对题目进行探究,深化了学生对公式结构的理解和认识,又可以发散学生思维、使得学生的主体性得以体现。

(4) 复习课绝不是知识的重复和再现,而应该充分挖掘知识内涵和外延,要源于课本高于课本。

在我们的日常教学中存在这样一种误区:老师怕学生出错、怕学生没有在老师设计好的思路上行走,怕学生脱离了老师的掌控,不愿意让学生暴露问题,提出问题。当学生出现问题时往往是不自觉地引导学生回到老师固有的思维上来。长此以往学生的问题得不到暴露,很多创造性思维必然被扼杀。很多老师也不知道复习课怎么上,也不清楚复习课和习题课有什么区别,往往只是知识的简单重复和题目的堆积。这样带来的后果必然是讲过的题目会做,没有讲过的或稍有变形的题目又不会了!因此我们的复习课教学一定要帮助学生暴露问题、发现问题,帮助学生去解决他们存在的问题。

【课后作业参考答案】

1. 解法 1(公式法):

$$\because \begin{cases} S_3 = 3a_1 + \dfrac{3 \times 2}{2}d = 30 \\ S_6 = 6a_1 + \dfrac{6 \times 5}{2}d = 100 \end{cases}$$

$$\therefore \begin{cases} a_1 = \dfrac{50}{9} \\[2mm] d = \dfrac{40}{9} \end{cases}$$

$$\therefore S_9 = 9a_1 + \dfrac{9 \times 8}{2}d = 210$$

解法 2（公式法）：

$$\because S_6 - S_3 = a_4 + a_5 + a_6 = 3a_5 = 70$$

$$\therefore S_9 = a_1 + a_2 + a_3 + a_4 + a_5 + a_6 + a_7 + a_8 + a_9 = \dfrac{9(a_1 + a_9)}{2} = 9a_5 = 210$$

解法 3（函数法）：

设 $S_n = An^2 + Bn$

$$\because \begin{cases} S_3 = 9A + 3B = 30 \\ S_6 = 36A + 6B = 100 \end{cases}$$

$$\therefore \begin{cases} A = \dfrac{20}{9} \\[2mm] B = \dfrac{10}{3} \end{cases}$$

$$\therefore S_9 = 81A + 9B = 210$$

解法 4（函数法）：

由数列的函数特征可知数列 $\left\{\dfrac{S_n}{n}\right\}$ 是一个新的等差数列，设其公差为 D

$$\because \dfrac{S_3}{3} = 10, \dfrac{S_6}{6} = \dfrac{50}{3}$$

$$\therefore 3D = \dfrac{50}{3} - 10 = \dfrac{20}{3}$$

$$\therefore D = \dfrac{20}{9}$$

$$\therefore \dfrac{S_9}{9} = \dfrac{S_6}{6} + 3D = \dfrac{50}{3} + \dfrac{20}{3} = \dfrac{70}{3}$$

$$\therefore S_9 = 210$$

解法 5（性质法）：

利用等差数列的性质：$S_3, S_6 - S_3, S_9 - S_6$ 成等差数列。

所以 $S_3 + (S_9 - S_6) = 2(S_6 - S_3)$,

即 $30 + (S_9 - 100) = 2(100 - 30)$,解得 $S_9 = 210$.

故选 C

2. 解法 1(公式法):

$\because S_n = n^2 + \dfrac{1}{2}n$

当 $n = 1$ 时,$a_1 = S_1 = \dfrac{3}{2}$

当 $n \geqslant 2$ 时,$a_n = S_n - S_{n-1} = 2n - \dfrac{1}{2}$

当 $n = 1$ 时,$a_1 = 2 - \dfrac{1}{2} = \dfrac{3}{2}$

综上:$a_n = 2n - \dfrac{1}{2}$

解法 2(函数法):

由等差数列前 n 项和的函数特征 $S_n = An^2 + Bn \left(A = \dfrac{d}{2}, B = a_1 - \dfrac{d}{2} \ 中 \right)$

可知 $\because S_n = n^2 + \dfrac{1}{2}n$ $\therefore d = 2, a_1 = \dfrac{3}{2}$ $\therefore a_n = \dfrac{3}{2} + (n-1)2 = 2n - \dfrac{1}{2}$

3. 解法 1(公式法):

$\because S_n = n^2 + \dfrac{1}{2}n + 1$

当 $n = 1$ 时,$a_1 = S_1 = \dfrac{5}{2}$

当 $n \geqslant 2$ 时,$a_n = S_n - S_{n-1} = 2n - \dfrac{1}{2}$

当 $n = 1$ 时,$a_1 = 2 - \dfrac{1}{2} = \dfrac{3}{2} \neq \dfrac{5}{2}$

综上:$a_n \begin{cases} \dfrac{5}{2} \ (n = 1) \\ 2n - \dfrac{1}{2} \ (n \geqslant 2) \end{cases}$

解法 2(函数法):

由解法 1 知数列 $\{a_n\}$ 虽然从第二项起等差。其公差为 2,但通项公式和 $S_n = n^2$

$+\dfrac{1}{2}n$ 的通项公式一致。所以可先求出 $S_n = n^2 + \dfrac{1}{2}n$ 的通项公式再单独求 a_1 即可。

$$\therefore d = 2, a_1 = \dfrac{3}{2} \quad \therefore a_n = \dfrac{3}{2} + (n-1)2 = 2n - \dfrac{1}{2}$$

当 $n = 1$ 时，$a_1 = S_1 = \dfrac{5}{2}$

综上：$a_n = \begin{cases} \dfrac{5}{2} \ (n = 1) \\ 2n - \dfrac{1}{2} \ (n \geqslant 2) \end{cases}$

4. 解法 1（公式法）：

$\because a_n = 40 - 4n$

$\therefore a_1 = 36$

$\therefore S_n = \dfrac{n(36 + 40 = 4n)}{2} = -2n(n - 19)$

$\therefore n = 9$ 或 $n = 10$ 时 S_n 最大

此时最大值为：$S_9 = S_{10} = 18$

解法 2（函数法）：

$\because a_n = 40 = 4n$

$\therefore a_1 = 36, d = -4$

$\therefore \{a_n\}$ 首项为正，单调递减

$\therefore \{a_n\}$ 所有非负项之和最大

令 $a_n = 40 - 4n \geqslant 0$

$\therefore n \leqslant 10$

$\therefore n = 9$ 或 $n = 10$ 时 S_n 最大

此时最大值为：$S_9 = S_{10} = 10 \times 36 + \dfrac{10 \times 9}{2} \times (-4) = 180$

5. 解法 1（性质法）：

$\because \dfrac{S_n}{T_n} = \dfrac{2n+2}{n+3}$，则 $\dfrac{a_5}{b_5} = \dfrac{2a_5}{2b_5} = \dfrac{a_1 + a_9}{b_1 + b_9} = \dfrac{\dfrac{9}{2}(a_1 + a_0)}{\dfrac{9}{2}(b_1 + b_0)} = \dfrac{S_9}{T_9} = \dfrac{2 \times 9 + 2}{9 + 3} =$

$\dfrac{5}{3}$

解法 2（函数法）：

∵ 等差数列的前 n 项和 $S_n = An^2 + Bn \left(A = \dfrac{d}{2}, B = a_1 - \dfrac{d}{2} \ 中 \right)$

又 ∵ $\dfrac{S_n}{T_n} = \dfrac{2n+2}{n+3}$

设 $S_n = kn(2n+2), T_n = kn(n+3)$

∴ $\dfrac{a_5}{b_5} = \dfrac{S_5 - S_4}{T_5 - T_4} = \dfrac{60k - 40k}{40k - 28k} = \dfrac{20k}{12k} = \dfrac{5}{3}$

6. 解法 1（公式法）：

$a_n = 2n+1, \dfrac{S_n}{n} = \dfrac{\dfrac{n(a_1 + a_n)}{2}}{n} = \dfrac{n(3 + 2n + 1)}{2n} = n+2$，由等差数列的函数特

征知该数列是首项为 3，公差为 1 的等差数列。

所以数列 $\left\{ \dfrac{S_n}{n} \right\}$ 的前 10 项和为：$10 \times 3 + \dfrac{10 \times 9}{2} \times 1 = 75$

解法 2（函数法）：

由数列的函数特征可知数列 $\left\{ \dfrac{S_n}{n} \right\}$ 是一个新的等差数列，首项为 $a_1 = 3$，公差

为 $\dfrac{d}{2} = 1$

则数列 $\left\{ \dfrac{S_n}{n} \right\}$ 的前 10 项和为：$10 \times 3 + \dfrac{10 \times 9}{2} \times 1 = 75.$

7. 解法 1（公式法）：

设等差数列 $\{a_n\}$ 的公差为 d。

由 $S_{17} = S_9$，得 $25 \times 17 + \dfrac{17}{2} \times (17 - 1)d = 25 \times 9 + \dfrac{9}{2} \times (9 - 1)d$

解得 $d = -2.$

所以 $S_n = 25n + \dfrac{n}{2}(n-1) \times (-2) = -(n-13)^2 + 169$

由二次函数的性质，知当 $n = 13$ 时，S_n 有最大值 169。

解法 2（函数法）：

设等差数列 $\{a_n\}$ 的公差为 d。由 $S_{17} = S_9$，得

$$25 \times 17 + \dfrac{17}{2} \times (17 - 1)d = 25 \times 9 + \dfrac{9}{2} \times (9 - 1)d$$

解得 $d = -2$. 因为 $a_1 = 25 > 0$,

$$a_n = 25 - 2(n-1) \geqslant 0$$

所以 $n \leqslant \dfrac{27}{2}$

所以当 $n = 13$ 时,S_n 有最大值,

$$S_{13} = 13 \times 25 + \frac{13(13-1)}{2} \times (-2) = 169$$

8. 解法：

$\because a_n = m, a_m = n$

$\therefore d = \dfrac{a_n - a_m}{n - m} = \dfrac{m - n}{n - m} = -1$

则 $a_{n+m} = a_n + md = m - m = 0$

三角恒等变换

王俊

贵阳实验三中

【教学目标】

1. 知识与技能

(1) 掌握三角恒等变换的和、差、倍、半角公式并能熟练运用；

(2) 会利用配凑角、"1 的变换"等技巧解决三角恒等变换中求值问题。

2. 过程与方法

(1) 通过一题多解掌握基本解题方法；

(2) 在对问题的多角度探究中复习处理三角恒等变换的基本思路和方法。

3. 情感、态度价值观

(1) 培养学生学会分析问题、解决问题的能力；

(2) 在问题辨析中提高学生从多角度认识问题的水平。

【教学重点】

三角恒等变换的和、差、倍、半角公式。

【教学难点】

三角恒等变换公式的综合运用。

【教学流程】

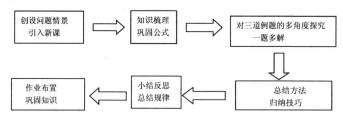

【教学实录】

（一）引入新课

师：请大家看看这道题？说说你的思路！

（教师展示题目：引例：求值：$\sin 10° \cdot \sin 30° \cdot \sin 50° \cdot \sin 70°$）

（学生思考不发声）

师：为了解决这类三角求值、三角变换问题，我们先来复习一下学过的三角变换公式！

（二）梳理知识结构

1. 知识梳理

师：那么关于三角恒等变换，我们学过哪些公式呢？

生：和角公式、差角公式、二倍角公式、半角公式、辅助角公式。

师：很好！能否具体说一说这些公式呢？

生：和差角公式：

$$\sin(\alpha \pm \beta) = \sin\alpha\cos\beta \pm \cos\alpha\sin\beta$$

$$\cos(\alpha \pm \beta) = \cos\alpha\cos\beta \mp \sin\alpha\sin\beta$$

$$\tan(\alpha \pm \beta) = \frac{\tan\alpha \pm \tan\beta}{1 \mp \tan\alpha\tan\beta}$$

倍角公式：

$$\sin(2\alpha) = 2\sin\alpha\cos\beta$$

$$\cos(2\alpha) = \cos^2\alpha - \sin^2\alpha = 2\cos^2\alpha - 1 = 1 - 2\sin^2\alpha$$

$$\tan2\alpha = \frac{2\tan\alpha}{1 - \tan^2\alpha}$$

（在学生说的过程中，教师根据学生所说板书在黑板上）

师：很好！这是我们教材上的基本公式，我们复习的第一步就是要做到这样！回归到教材中来，谁来说一说自己是怎样记忆这些公式的呢？

生 1：赛可加可赛；可可减赛赛；坦坦上互加；一减积下来。

师：哇！用上了口诀帮助记忆！很好！别的同学呢？

生 2：老师！我们也可以从知识的发生发展过程来看！首先，由向量的数量积得到 $C_{(\alpha-\beta)}$，用 $-\beta$ 代替其中的 β，得到公式 $C_{(\alpha+\beta)}$；以 $\frac{\pi}{2}-(\alpha+\beta)$ 代替 $\alpha+\beta$，得到公式 $S_{(\alpha+\beta)}$；再以 $-\beta$ 代替其中的 β，得到公式 $S_{(\alpha-\beta)}$；而 $T_{(\alpha-\beta)}=\dfrac{S_{(\alpha-\beta)}}{C_{(\alpha-\beta)}}$；$T_{(\alpha+\beta)}=\dfrac{S_{(\alpha+\beta)}}{C_{(\alpha+\beta)}}$。这样就可以记住和角公式与差角公式。

师：那二倍角公式呢？

生 2：在和角公式中，用 α 代替 β，就可以分别得到三个二倍角公式。运用同角关系 $\sin^2\alpha+\cos^2\alpha=1$，还可以得到：$\cos(2\alpha)=2\cos^2\alpha-1=1-2\sin^2\alpha$.

师：很好！从知识的发生发展过程来理解性地记忆，非常好！

2. 探究发现

师：下面我们来看看这个问题！

[**例 1**] $x\in\left(\dfrac{\pi}{4},\dfrac{\pi}{2}\right)$，$\sin\left(\dfrac{\pi}{4}-x\right)=-\dfrac{3}{5}$，求 $\cos 2x$.

教师巡视课堂，学生草稿纸演算。

师：好！我看见不少同学已经有了思路，谁愿意展示一下你的解法呢？

生 1：我是用差角公式直接展开已知式子，再利用同角平方关系、二倍角公式求得的。

师：请展示一下你的解法。

生 1 展示解法。

解：由 $\sin\left(\dfrac{\pi}{4}-x\right)=-\dfrac{3}{5}$，得

$$\sin x-\cos x=\frac{3\sqrt{2}}{2} \quad ①$$

对 ① 两边平方得，$2\sin x\cos x=\dfrac{7}{25}$，又 $x\in\left(\dfrac{\pi}{4},\dfrac{\pi}{2}\right)$，则 $\sin x>0$，$\cos x>0$，所以可得

$$\sin x+\cos x=\sqrt{(\sin x+\cos x)^2}=\sqrt{1+2\sin x\cos x}=\frac{4\sqrt{2}}{5} \quad ②$$

由 ①② 可得

$$\cos 2x = \cos^2 x - \sin^2 x = -(\sin x - \cos x)(\cos x + \sin x) = -\frac{24}{25}$$

师:很好!这当中应用了 1 的代换和平方差公式,做到了知识点的活学活用!还有其他方法吗?

生 2:老师!这里 x 和 $2x$ 是倍角关系!我是利用互余来换的?

师:来展示给大家看看!

生 2 展示做法。

由 $\cos\left(\dfrac{\pi}{4}+x\right)=\sin\left[\dfrac{\pi}{2}-\left(\dfrac{\pi}{4}+x\right)\right]=\sin\left(\dfrac{\pi}{4}-x\right)=-\dfrac{3}{5}$,$\dfrac{\pi}{2}<\dfrac{\pi}{4}+x<$

$\dfrac{3\pi}{4}$,可得 $\sin\left(\dfrac{\pi}{4}+x\right)=\dfrac{4}{5}$. 所以

$$\cos 2x = \cos\left[\left(\frac{\pi}{4}+x\right)-\left(\frac{\pi}{4}-x\right)\right]$$

$$= \cos\left(\frac{\pi}{4}+x\right)\cos\left(\frac{\pi}{4}-x\right)+\sin\left(\frac{\pi}{4}+x\right)\sin\left(\frac{\pi}{4}-x\right)$$

$$= -\frac{24}{25}$$

师:这里应用了配凑角的方法!这也是我们解三角变换的一种常见做法,这里需要大家学会观察、思考,找到可配凑的角!还有其他方法吗?

生 3:我用的也是二倍角公式,但用的是正弦的二倍角!

师:哦?让我们来看看!

生 3 展示解法。

解:由 $x\in\left(\dfrac{\pi}{4},\dfrac{\pi}{2}\right)$,$\sin\left(\dfrac{\pi}{4}-x\right)=-\dfrac{3}{5}$,可得 $-\dfrac{\pi}{4}<\dfrac{\pi}{4}-x<0$

所以 $\cos\left(\dfrac{\pi}{4}-x\right)=\dfrac{4}{5}$

所以:$\cos 2x = \cos\left[\dfrac{\pi}{2}-2\left(\dfrac{\pi}{4}-x\right)\right]$

$$= \sin 2\left(\frac{\pi}{4}-x\right)$$

$$= 2\sin\left(\frac{\pi}{4}-x\right)\cos\left(\frac{\pi}{4}-x\right)$$

$$= -\frac{24}{25}$$

师：太棒了！我们这里虽然没有明显的倍角关系，但是通过互余的变换，可以用到倍角关系！可见仔细观察探究的重要性！看来大家掌握得不错！

师：在三角变换中，变角一直是三角变换的难点！变角主要用到诱导公式、和差公式、倍角公式等。变角有时需向特殊角转化，有时需要把已知角转化为未知角。

师：我们再来看这道题！

[**例 2**] 求 $\sin^2 20° + \cos^2 80° + \sqrt{3}\sin 20°\cos 80°$ 的值。

教师巡视课堂、学生探究。

师：对这道题大家有何思路呢？哪位同学来展示一下？

生1：我把角都化成 20° 来看。

生1展示解法。

解：原式 $= \sin^2 20° + \cos^2(60° + 20°) + \sqrt{3}\sin 20°\cos(60° + 20°)$

$$= \sin^2 20° + \left(\frac{1}{2}\cos 20° - \frac{\sqrt{3}}{2}\sin 20°\right)^2 + \sqrt{3}\sin 20°\left(\frac{1}{2}\cos 20° - \frac{\sqrt{3}}{2}\sin 20°\right)$$

$$= \frac{1}{4}\sin^2 20° + \frac{1}{4}\cos^2 20°$$

$$= \frac{1}{4}$$

师：可见该同学从角入手，把角从 80° 转换为（60° + 20°）之后，非特殊角就只有一个，即为 20°，既然是求值题，一定能消掉！只要一直往前算就好！还有没有其他做法呢？

生2：我跟生1的思路其实是一样的，80° 可以利用互余关系转为 10° 的问题，而 20° 可以表示成 30° 与 10° 的差，同样使得这个所求式子中只含有一个非特殊角 10°！

师：请具体展示一下你的过程。

生2展示解法。

解：原式 $= \sin^2(30° - 10°) + \sin^2 10° + \sqrt{3}\sin(30° - 10°)\sin 10°$

$$= \sin\left(\frac{1}{2}\cos 10° - \frac{\sqrt{3}}{2}\sin 10°\right)^2 + \sqrt{3}\left(\frac{1}{2}\cos 10° - \frac{\sqrt{3}}{2}\sin 10°\right)\sin 10°$$

$$= \frac{1}{4}\sin^2 10° + \frac{1}{4}\cos^2 10°$$

$$= \frac{1}{4}$$

师:很好!这里利用互余化异角为同角!进行了合理的角度变换。把角统一到10°上面来进行化解得值。还有其他方法吗?

生 3:既然有同角平方和关系,我利用两个式子来解方程!

师:解方程?这种方法相信大家都很期待!展示一下你的做法!

生 3 展示解法。

解: 令

$$M = \sin^2 20° + \cos^2 80° + \sqrt{3}\sin 20°\cos 80°$$

$$N = \cos^2 20° + \sin^2 80° + \sqrt{3}\cos 20°\sin 80°$$

故

$$M + N = 2 + \sqrt{3}(\sin 20°\cos 80° + \cos 20°\sin 80°) = 2 + \sqrt{3}\sin 100° \quad ①$$

$$M - N = -\frac{3}{2} - \sqrt{3}\sin 100°$$

② 由①②可得 $M = \frac{1}{4}$

师:这个方法很巧妙。其实呀,在三角变换中,这位同学写的这个 M、N 两个式子中的角度恰好互余,在数学中叫这两个式子互为对偶式!在三角式子的化解、证明、求值中,如果能够合理构造出对偶式,灵活地运用对偶的思想,对两个对偶式进行和差角公式的化解,会使问题变得简单!

师:应该没有别的解法了吧?

生 4:老师,我通过构造三角形,利用正余弦定理解出来了?

师:哦!赶快给大家看看!

生 4 展示解法。

解: 构造三角形,使得 $A = 20°$,$B = 10°$,$C = 150°$,由正弦定理可得

$$a = 2R\sin 20°, b = 2R\sin 10°, c = 2R\sin 150° = R.$$

由余弦定理,$c^2 = a^2 + b^2 - 2ab\cos C$

$$\therefore R^2 = 4R^2\sin^2 20° + 4R^2\sin^2 10° - 8R^2\sin 20°\sin 10°\cos 150°$$

整理得 $\sin^2 20° + \cos^2 80° + \sqrt{3}\sin 20°\cos 80° = \dfrac{1}{4}$

师：非常好！这里通过构造三角形运用正、余弦定理刚好巧妙地求出值来，你是怎么想到的呢？

生4：这里问题中要求的式子跟余弦定理的形式上很像，我就想应该可以构造三角形然后通过正弦定理化角为边，再利用余弦定理。

师：对！对！善于观察、联想学过的知识点，综合运用很重要！通过这两道例题的探究，相信大家对三角变换有了一定的认识！那么，对于刚开始的这道引例！有没有什么思路方法呢？

[例3] 求 $\sin 10° \cdot \sin 30° \cdot \sin 50° \cdot \sin 70°$ 的值）

下面大家先思考一下如何解决，尝试一下！

教师巡视课堂，学生自主思考。

下面，我们看看大家如何解决这道题的，哪位同学愿意分享一下呢？

生1：特殊角 $\sin 30° = \dfrac{1}{2}$，我把其余三个角转化为余角后分别是：$80°,40°,20°$。

发现他们成倍数关系，于是联想到二倍角公式了！

师：那我们大家一起来看看能不能用你的思路来解决！

教师板书：原式 $= \dfrac{1}{2}\cos 20° \cdot \cos 40° \cdot \cos 80°$

师：你是打算用哪一个二倍角公式的？

生1：$\cos 2\alpha$ 这个公式，我想把 $\cos 80°$ 展开！但后续计算有问题，觉得越算越复杂！

生2：余弦不行，那我们正弦的二倍角公式呢？

生3：对！这里可以逆用公式，乘以 $\sin 20°$ 就可以把 $20°$ 变为 $40°$，同理，再把 $40°$ 变为 $80°$！

师：来，大胆展示你的做法！

生3展示解法。

解：原式 $= \dfrac{1}{2}\cos 20° \cdot \cos 40° \cdot \cos 80°$

$$= \frac{\sin 20° \cdot \cos 20° \cdot \cos 40° \cdot \cos 80°}{2\sin 20°}$$

$$= \frac{\sin20° \cdot \cos20° \cdot \cos40° \cdot \cos 80°}{2\sin20°}$$

$$= \frac{\sin40° \cdot \cos40° \cdot \cos 80°}{4\sin20°}$$

$$= \frac{\sin 80° \cdot \cos 80°}{8\sin20°} = \frac{\sin 160°}{16\sin20°} = \frac{1}{16}$$

师:非常好!这里我们得到了第一种解法,逆用二倍角公式来解决!还有没有不一样的解法呢?

生5:这里主要是求 $\sin 10° \cdot \sin 50° \cdot \sin 70°$ 的值,我是把正弦的二倍角公式变换一下,得到 $\sin\alpha = \frac{\sin2\alpha}{2\cos\alpha}$,把原式带入的,然后利用余角关系!

师:来展示一下你的做法!

生5展示做法。

解: $\sin10° \cdot \sin30° \cdot \sin50° \cdot \sin70°$

$$= \frac{1}{2} \cdot \frac{\sin20°}{2\cos 10°} \cdot \frac{\sin 100°}{2\cos 50°} \cdot \frac{\sin 140°}{2\cos 70°}$$

$$= \frac{1}{2} \cdot \frac{\cos 70°}{2\cos 10°} \cdot \frac{\cos 10°}{2\cos 50°} \cdot \frac{\cos 50°}{2\cos 70°}$$

$$= \frac{1}{16}$$

师:逆用二倍角公式,得到分式的形式,要约分,利用余角关系,全部约掉!观察到这一步,抓住主要特征是关键!

师:还有其他方法吗?让我们继续探究。

生6:老师!上面例题解法中有一种是利用对偶式来解决问题,联想到这里,我也找到所求式子的对偶式,利用他们的对偶关系,还发现一相乘又可以逆用公式了!

师:很好!具体怎么做的?

生6:通过换元来。

生6展示做法。

解: 令 $x = \sin10° \cdot \sin50° \cdot \sin70°, y = \cos10° \cdot \cos50° \cdot \cos70°$

则 $xy = (\sin 10° \cdot \cos 10°) \cdot (\sin 50° \cdot \cos 50°) \cdot (\sin 70° \cdot \cos 70°)$

$$= \frac{1}{2}\sin20° \cdot \frac{1}{2}\sin100° \cdot \frac{1}{2}\sin140°$$

$$= \frac{1}{8}\cos 70° \cdot \cos 10° \cdot \cos 50° = \frac{1}{8}y$$

$$\therefore x = \frac{1}{8}, 原式 = \frac{1}{16}$$

师:很好!通过找对偶式,整体思想换元,方程思想解决,很巧妙!

(三)知识总结

师:通过上面的三道题!相信大家对三角变换有了新的认识,那么我们来梳理一下本节对于三角变换我们有哪些思想方法呢?

生1:直接用公式。比如,第一道题中用到了差角公式、余弦的二倍角公式!

师:对!我们最基本的方法就是公式的运用,但这里我们只有直接正向代公式吗?

生1:在第三道那个引例中我们还逆用公式。

师:所以第一种方法怎么归纳?

生1:公式的变形与逆用。

师:还有吗?

生2:配凑角。我们有把几个角化成同一个非特殊角;有把未知角配凑成两个已知角的和与差,化未知为已知。

师:怎么做到呢?

生2:观察未知角和已知角的形式,看看他们之间有什么联系与区别,可以把几个未知角的和与差看成一个整体,利用整体的思想配凑角。

师:很好。很多题目中我们不能直接运用和角、差角、二倍角公式,这个时候需要先通过角的配凑变换、余角关系、整体思想才能利用公式。

师:其他同学呢?

生3:"1"的变换,利用正与弦的平方关系,在同一个角的正、余弦平方和等于一。

师:对!这个式子可以把相对复杂的式子变简单。看似复杂的平方和,实际上就等于常数一,体现了数学的简洁美。通过这个式子,还可以在完全平方和与完全平方差之间进行互换,解决求值问题。

生4:函数名称的变换,利用角的互余关系。

师:这节课我们用到了正余弦函数名的互换,其实就是"奇变偶不变,符号看

象限"的变换

生5：对偶式的运用。

师：怎么找的？

生5：通过互余。

师：这里我们知道正、余弦本身就是一对互为对偶的函数，当看到一个三角式子的时候，通过找对偶、利用对偶式间的关系，会起到事半功倍的效果，同时体现数学的对称美。

生6：整体代换的思想，在变换角的时候。

师：整体代换的思想在角的变换中使用频率比较高。除此之外还用了什么思想呢？

生7：换元、方程思想。

师：当我们把一个三角式子看成一个量的时候，换元可以减少变量，再看成方程解出未知数。

生8：还有构造法，构造满足题意的三角形，利用三角形中特有的性质，比如这里我们用到了正、余弦定理。

（四）课后作业

1. $-\dfrac{\pi}{2} < x < 0$，$\sin x + \cos x = \dfrac{1}{5}$，求 $\sin x - \cos x$ 的值。

2. 已知 $\dfrac{\pi}{2} < \beta < \alpha < \dfrac{3\pi}{4}$，$\cos(\alpha - \beta) = \dfrac{12}{13}$，$\sin(\alpha + \beta) = -\dfrac{3}{5}$，求 $\sin 2\alpha$ 的值。

3. 已知 $6\sin^2\alpha + \sin\alpha\cos\alpha - 2\cos^2\alpha = 0$，$\alpha \in \left[\dfrac{\pi}{2}, \pi\right]$，求 $\sin\left(2\alpha + \dfrac{\pi}{3}\right)$ 的值。

【教学反思】

（一）归纳

三角函数是高考的必考点之一，一直都是老师和学生关注的对象。在三角函数中，三角变换是基础和难点，三角变换因方法多样，形式灵活，长期以来都是学生比较头疼的知识点之一。那么，怎样在复习中帮助学生树立信心，掌握基本方法和思路，总结三角变换的"套路"成了老师们思考的课题之一。

在本节复习课的设计过程中，笔者的基本思路是通过一个让学生觉得解得出但实际操作起来可能会有点问题的题目作为引例，带着问题去梳理公式。对公式的梳理不是简单的记忆，应该是对知识的重构、对相关公式的重新理解和记忆。因此在这过程中要让学生自己去回忆和梳理,对学生来讲,公式多,难记,因此提问"你是怎样记忆这些公式的?"目的在于给学生提供一个讨论的平台,让学生互相体验公式,加深理解和记忆。为了让学生深度体验三角变换,本节课设计了三道可以一题多解的例题。例一比较常规,学生利用公式和角的变换就可以解出,不同的解法使得学生对三角变换有了深度认识。例二例三看似复杂,但通过学生的谈论与探究、尝试,把复杂的三角式子变换成简单形式,提高对三角变换的认识、消除对三角变换的恐惧!

对于三角变换,其实有很多的方法可以引导学生一起探究,但由于时间关系,课堂上没能及时呈现。课后笔者在思考三角变换究竟要变什么?怎么变?如何引导学生进行三角变换?下面是笔者对三角变换所做的一些归纳。

1. 变角

在三角变换中,常遇到多个不同的角,于是异角变同角成为了解题的关键。仔细观察条件和结论中的角的和、差、倍、补、余等关系,采用拆、拼、凑等手段来化异角为同角、把未知角用已知角来表示,再利用相关公式解题。常见的变角有:

$$15° = 45° - 30° = 60° - 45° = \frac{30°}{2};$$

$$\alpha = (\alpha + \beta) - \beta = (\alpha - \beta) + \beta = \left(\frac{\alpha}{2} + \beta\right) - \left(\beta - \frac{\alpha}{2}\right);$$

$$2\alpha = (\alpha + \beta) + (\alpha - \beta) = \left(\frac{\pi}{4} + \alpha\right) - \left(\frac{\pi}{4} - \alpha\right);$$

$$\frac{\pi}{4} + \alpha = \frac{\pi}{2} - \left(\frac{\pi}{4} - \alpha\right);$$

$$2\alpha + \beta = 2(\alpha + \beta) - \beta, 2\alpha - \beta = 2(\alpha - \beta) + \beta.$$

2. 变名

三角变换的主要目的在于"消除差异、化异为同",而题目中经常会出现不同名的三角函数,这就需要变"名",即化异名函数为同名函数,常用的方法有同角关系、诱导公式、切化弦、弦化切以及齐次弦化切等。

3. 变次

在三角变换中,在遇到低次幂,常做升幂变换;而对高次幂则常做降次变换。通过变次,为使用公式创造条件。常见的降次与升幂用到二倍角公式的变换。

4. 变数

三角变换中,有时将特殊角变为三角函数,尤其是数"1"的各种变形,是三角变换中常用的方法和技巧。能起到化腐朽为神奇的效果。一般地,常数"1"可以变成 $\sin^2\alpha + \cos^2\alpha$ 或 $2\cos^2\alpha - \cos2\alpha$ 或 $\tan\dfrac{\pi}{4}$ 等,但要具体题目具体分析,不可盲目地化。

5. 变结构

认真观察题目,挖掘题目隐含条件,把握题目的整体结构,有助于找到解题思路。如本节课的例三,直接求出它们的值是不可能的,认真观察题目,从把握题目的整体结构入手,联想类比找到二倍角公式。当然利用辅助角公式进行变形也是三角求值、三角函数中常见的方法。

6. 变思想方法

数学思想蕴含在数学知识的发生、发展和应用的过程中,主要有化归与转化思想、整体化思想、特殊与一般化思想等。

三角变换种类多,方法技巧灵活,但他们相互之间不是彼此孤立而是相互联系、相互应用的。在同一道题中,可能涉及多种变换类型,这充分体现了三角函数中"变为主线"的基本思想。

总之,三角变换的方法不拘泥,万变不离其宗,要注意灵活运用,努力做到"三看",即(1)看角,把角尽量往特殊角和已知角转化;(2)看名,尽量把不同名的三角函数化为同名或相近的名称;(3)看式,看式子是否满足三角函数公式,满足直接用,不满足就转化。

(二)总结

在本节课的设计中,运用了一题多解,其实关于复习课,我们可以一题多解和一题多变相结合,提升学生的解题水平。在数学教学中,让学生学会一题多解,有利于启迪思考,开阔视野,全方位思考问题,分析问题;有利于培养学生的发散思维能力和解题技巧。而采用一题多变的形式,可以训练学生积极思考,触类旁通。提高学生思维敏捷性、灵活性和深刻性。两者都有利于学生提高解决综合问题的能力,有利于培养学生的探索精神;有利于创新意识的形成和发展,是培养学生良好思维品质与创新精神的好方法。

一题多解、一题多变的作用任务主要有两点。

1. 一题多解，拓宽思路，培养思维的发散性

为了培养学生的创新意识和富有创造的思维变通能力，教学中适当精选一些一题多解的典型题目，尽可能地引导学生进行多向思维，把所学的各方面知识有机地联系起来，既能有效巩固基础知识，又能提高学生的思维能力和创新能力。一题多解的题目要具有代表性，能包容大部分所学知识点，不能过于复杂（难），但也不能流于简单。过难挫伤学生研究学习的积极性，过于简单学生没有兴趣，这一步对激发学生的学习研究兴趣很重要。

2. 一题多变，积极思维，培养思维的灵活性

在教学中，选择教材中的典型题，恰当地进行一题多变的教学，可使学生处在一种愉快的探索知识的过程中，可使学生所学知识纵向加深，横向沟通，从而充分调动学生的积极性，提高学生分析问题和解决问题的能力。运用一题多变方式教学，可使学生根据变化了的情况及时调整和改变原来的思维进程和方向，不受思维定式的消极影响，进行积极思索，迅速提出解决问题的方法，从而激发学生学习的热情，大大提高课堂教学的容量，有利于培养学生思维变通和创新意识能力。

一题多变，可以改变条件，保留结论；也可以保留条件，改变结论；又可以同时改变条件和结论；还可以将某项条件和结论互换。

众所周知，数学题是做不完的。我认为要使学生学好数学，还是要从提高学生的数学思维能力和学习数学的兴趣上下功夫。要利用书本上有限的例题和习题来提高学生的学习兴趣和能力。在数学教学过程中，通过利用一切有用条件，进行对比、联想，采取一题多解与一题多变的形式进行教学。这对培养学生思维的广阔性、深刻性、探索性、灵活性、独创性无疑是一条有效的途径。另外，能力提高的过程中，学生的成就感自然增强，并且在不断地变化和解决问题的不同途径中，兴趣油然而生。

【课后作业参考答案】

1. $-\dfrac{7}{5}$.

2. $-\dfrac{56}{65}$.

3. $-\dfrac{6}{13}+\dfrac{5}{26}\sqrt{3}$.

第三篇

03

数学习题课

数学习题课是为了巩固学过的数学概念，强化数学解题方法，以讲解习题为主要内容的数学课型。它是实现知识向技能转化的必要环节，通过习题课使学生更深刻地认识数学概念、定理和公式，总结解题方法，对知识方法的应用更加熟练，进而形成解决数学问题的能力，达到理解掌握知识的目的。

　　数学习题课的教学效果不在于讲授习题的多少，而在于教师的选题和对题目的深刻分析及学生的参与程度。

含多变量的最值问题

明洪波

贵阳市第二十五中学

【教学目标】

1. 知识与技能

利用已学知识和方法，探究求多变量最值的思想方法。

2. 过程与方法

通过经历求多变量最值的过程，体会利用不等式、数形结合、换元、消元等思想求最值的方法。

3. 情感态度与价值观

通过引导学生参与课堂学习，促进思辨和严谨思维习惯的养成，提升探究、概括、交流能力和数学建模意识。

【教学重点】

利用已有知识和方法探究和归纳求多变量最值的思想方法。

【教学难点】

如何进行观察、联想、转化及取得最值的条件。

【教学流程】

【教学实录】

(一) 引入新课

师:现实生活中,有很多实际问题。例如,在生产经营中,利润和成本经常会受很多因素的制约,随着制约条件的改变,利润和成本会随之改变。但很多时候我们关心的往往是在什么情况下,利润最大或成本最小问题? 这就涉及多变量求最值。我们通过学习,已经具备了一些知识,也研究过一些求最值的问题,请同学们把知道的求最值的知识和方法回忆梳理一下,相邻的同学可以讨论,2分钟后,请同学们进行分享交流。

(二) 梳理知识结构

师:现在,哪位同学把你整理的知识和方法展示出来和同学们分享?

生1:我来,我觉得用前面学的导数,用以前学的均值不等式,和用线性规划都可以求最值。

师:把你的结论写在黑板上。

学生写完后。

师:还有吗?

生1:其他的一时没有想起。

师:不错,请回去坐下,其他同学有补充的吗?

生2:我觉得还可以画图像,如二次函数,三角函数好像也能求最值问题。

师:好的,我把你补充的和他的写在一起,请坐,其他还有补充的吗?

学生齐答没有了。

师:同学们回忆和整理的解决最值问题的知识和方法在黑板上了。我们发现,除线性规划和基本不等式外,大多数都是用函数求最值,现阶段我们研究的函数是只有一个自变量的。所以只含一个变量的最值问题,可以用我们学过的函数办法解决,含两个变量的线性规划问题,我们也会解决,我们的问题是:如果不是只含一个变量的最值问题(除线性规划外)怎么解决呢?我们今天就在以前学习的基础上,以习题为载体,研究多变量求最值问题。

板书:含多变量的最值问题。

师:先一起来看一个简单的问题。

「例1」若 $x + y = 1$,求 $x^2 + y^2$ 的最小值。

师:同学先自己观察、分析,看是否可以独立解决,并在学案上写下你的解决思路和步骤。

教师巡视学生解决情况,偶尔单独指导。

生 3:老师,我求出来了。

师:很好,但请稍等一会儿,把你的过程写在学案上并再检查规范完善步骤,看看还有没有其他思路,再分享会更完美的,好吗?(目的是给其他同学多一些思考时间)

师:(1分钟后)同学,现在可以上来展示你的成果了,其他同学继续自己的思考。

生 3 上讲台在黑板上展示做法。

解 $\because x^2 + y^2 = x^2 + (1-x)^2 = 2x^2 - 2x + 1$;

$\therefore$ 当 $x = \dfrac{1}{2}$ 时,函数取到最小值 $\dfrac{1}{2}$.

生 3 写完打算走下讲台。

师:请稍等,你是如何想到?能把你的想法也和同学们分享一下吗?

生 3:我发现有两个未知数,但由已知 $x + y = 1$ 就可以得 $y = 1 - x$,把 $y = 1 - x$ 带入 $x^2 + y^2$ 中就得到只含一个变量 x 了,它是一个开口向上的二次函数,然后就可以用二次函数的知识,在它的对称轴时取到最值,就解决了。

师:同学们,他的思路你们听清楚了吗?

生:清楚了。

师:他的讲解怎么样?

生:很好。(掌声)

师:的确非常好,请回到座位上。还有其他不一样的解决办法吗?由于笔及黑板限制,其他同学的成果,我们用投影展示哈,直接把你们写在学案上的拿来投影就行。

生 4 展示做法。

解 $\because x + y = 1$,可得 $y = 1 - x$,

$\therefore x^2 + y^2 = x^2 + (1-x)^2 = 2x^2 - 2x + 1$

设 $f(x) = 2x^2 - 2x + 1 (x \in \mathbf{R})$

$\because f'(x) = 4x - 2$

故 $f(x)$ 在 $\left(-\infty, \dfrac{1}{2}\right)$ 是减函数,在 $\left(\dfrac{1}{2}, +\infty\right)$ 是增函数

∴ 函数 $f(x)$ 在 $x = \dfrac{1}{2}$ 时取到最小值 $\dfrac{1}{2}$，即当 $x + y = 1$ 时，$x^2 + y^2$ 的最小值为 $\dfrac{1}{2}$。

师：请讲一下你的思路。

生 4：变成函数后，我想到刚学的导数是可以求函数最值的。

师：是的，用初中二次函数方法和刚学的导数都可以解决。

生 5：因为 $(x + y)^2 = x^2 + y^2 + 2xy \leqslant x^2 + y^2 + x^2 + y^2$，所以 $x^2 + y^2 \geqslant \dfrac{(x + y)^2}{2} = \dfrac{1}{2}$（当且仅当 $x = y = \dfrac{1}{2}$ 时取"="），故当 $x + y = 1$ 时，$x^2 + y^2$ 的最小值为 $\dfrac{1}{2}$。

师：这位同学，你也讲一讲你是如何想到的？

生 5：我觉得 $x + y$ 与 $x^2 + y^2$ 之间应有联系，平方一下，发现相差一个 $2xy$，就想用不等式可以解决了。

师：还有吗？

生：没有了。

师：这三个同学说的都不错，我看同学们也都基本写出来了，有很多同学的方法和步骤和他们一样，一样的就不再展示了，好吗？

师：下面我们来把这三个同学的成果分析一下，可以发现第三位同学和第四位同学都把 y 用 x 表示了，从而使所求式子变成了关于 x 的函数，然后利用函数的知识（如二次函数、导数）进行解决，即把本来有两个变量的问题消去了一个变量，使之变成了只含一个变量的问题，进而用函数方法解决问题。这种转化思想非常好，我们给这种思想方法取个名字，就叫消元法吧，即利用已知条件，把所求问题的变量个数减少，使得问题变简单，进而利用已学知识和方法解决问题的办法。

当然，有时候用换元也可以实现消元的目的，例如，下面老师的做法。

解： $\because x + y = 1$，可设 $\begin{cases} x = \dfrac{1}{2} + t \\ y = \dfrac{1}{2} - t \end{cases}$ $(t \in \mathbf{R})$

故 $x^2 + y^2 = t^2 + \dfrac{1}{2} \geqslant \dfrac{1}{2}$，当且仅当 $t = 0$ 时取到最小值。

师：因为 x,y 两个数的和为 1，$\frac{1}{2}$ 是两个和为 1 的数 x,y 的算数平均数，所以这种换元法也叫均值换元法。由于 t 是引进的一个关于 x,y 的参数，所以也可叫参数法。这种方法也实现了变量的减少。

师：第五位同学的思路和方法与前两位就不一样了，他没有消元，他是用的什么方法呢？能取个名吗？

生：叫均值不等式法吧。

师：他用的是均值不等式吗？想一想。

生：不是。

师：那叫均值不等式法不太准确喔！

生：他用的是重要不等式，那叫重要不等式法。

师：的确用的是重要不等式，但有些时候可能又用基本不等式解决求最值问题，为了一般起见，我们就都叫它不等式法吧。

师：另外，同学们想一想，我们在解析几何中方程 $x+y=1$ 表示什么图形啊？x^2+y^2 又代表什呢？

生：解析几何中方程 $x+y=1$ 应该表示一条直线。x^2+y^2 像是圆。

师：画个坐标系看一看，我们发现，我们还可从几何图像的角度来研究这个问题，如下：

因为 $x+y=1$ 表示一条直线 l，设点 $P(x,y)$ 是直线 l 上任意一点。注意，x^2+y^2 不是表示圆，$x^2+y^2=r^2$ 要 r^2 不变才表示圆，现在这个问题中的 x^2+y^2 的结果会随 x，y 的改变而变化，那 x^2+y^2 究竟表示什么呢？想想 $\sqrt{x^2+y^2}$ 表示什么？

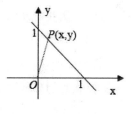

生：表示 OP 的长。

师：对了，由图可得 $x^2+y^2=|OP|^2$，所以 x^2+y^2 最小即表示 OP 最短，而 OP 表示直线上的点 P 与原点 O 的距离。那么，什么时候 OP 最短呢？

生：当 $OP\perp l$ 时，OP 取最小值。

师：当 $OP\perp l$ 时，OP 怎么计算呢？

生：当 $OP\perp l$ 时，OP 表示点 O 到直线的距离，用距离公式可以算。因为点 O 到

直线 l 的距离: $d = \dfrac{|0+0-1|}{\sqrt{1^2+1^2}} = \dfrac{1}{\sqrt{2}}$, 所以 $(x^2+y^2)_{\min} = |PO|^2_{\min} = \left(\dfrac{1}{\sqrt{2}}\right)^2$ $= \dfrac{1}{2}\left(当且仅当 x=y=\dfrac{1}{2} 时取到\right)$.

师: 明白了吗? 回味一下。

生: 理解了, 但这一开始没想到, 现在觉得很明显的。

师: 是的, 几何表示就是比较直观, 并且有时候解决问题比较快, 这也体现高中数学的一种重要数学思想——数形结合, 同学们要养成多去想一下代数式的几何表示, 多画图的习惯, 逐渐形成这种思维, 对我们学习数学有帮助。同样, 这种方法我们也给它取个名字叫: 几何法。

师: 我们发现, 从减少未知数个数的角度思考和解决问题我们用到了消元法, 从不等式的角度去思考和解决问题我们用到了不等式法, 从式子代表的几何图像的角度去思考和解决问题我们用到了几何法, 也可叫数学结合法。为此, 解决一个问题, 方法不一定是唯一的; 只要我们多联想, 多思考, 也许还会发现其他的解法, 这体现了数学各知识板块之间是有联系的。我们要多思多想, 就可能发现更多巧妙的解题思路和方法, 同时也会发现很多我们原来不知道的知识关系。

师: 下面我们思考, 如果把上述问题变换一下, 变成如下问题, 又如何解决呢?

变式 1: 若 $x^2+y^2=1$, 求 $x+y$ 的最小值?

师: 上例我们介绍了一些求最值的方法, 同学们思考, 这个问题是否也能用上述的那些方法解决呢? 同学们先独立思考几分钟。

教师巡视, 解疑。

师: 我看到有些同学已经找到了解决方法, 谁把自己的思路展示给大家看看。

生 6: 因为 $(x+y)^2 \leqslant 2(x^2+y^2)$, 即 $(x+y)^2 \leqslant 2$, 所以 $-\sqrt{2} \leqslant x+y \leqslant \sqrt{2}$, 故 $x+y$ 的最小值为 $-\sqrt{2}$。

师: 那你给同学们说一下, 你是怎样想到的?

生 6: 由刚才同学的解法中 $x^2+y^2 \geqslant \dfrac{(x+y)^2}{2}$ 的这个式子, 我发现变形可以得到 $(x+y)^2 \leqslant 2(x^2+y^2)$, 因为 $x^2+y^2=1$ 是已知的, 所以 $(x+Y)^2 \leqslant 2$ 就解决了。

师: 你能联系上同学的解法, 通过变形解决这个问题, 能学以致用, 很不错。

那请问:你还有需要补充的没有?

生 6:(检查了一下,发现没问题) 没有补充的了。

师:那请回座位吧,大家一起想一想,这个过程还需要补充什么吗?

生 7:应该说明什么时候取等号?

师:对,那究竟什么时候取到最小值 $-\sqrt{2}$ 呢?

生 6:喔,应该加上 $x = y$ 时取到最小值。

师:是吗?只加上 $x = y$ 够不够?再思考思考。

生 6:应该是 $x = y = -\dfrac{\sqrt{2}}{2}$ 时取到最小值,如果 $x = y = \dfrac{\sqrt{2}}{2}$ 就不行。

师:很好,这就要求同学以后遇到求最值时应该思考能不能取到这个最值,以及什么时候取得到。同学们有其他不同解决方法没有?

生 1:这个也可以用几何法。

师:把你的方法展示给大家看看,用投影吧。

生 1 解题展示过程。

解:因为 $x^2 + y^2 = 1$ 表示圆心在原点,半径为 1 的圆,

设 $x + y = b$

则 b 表示直线 $x + y = b$ 在 y 轴上的截距(如图)。由题意得直线与圆有公共点

故圆心 O 到直线的距离:$d = \dfrac{|0 + 0 - b|}{\sqrt{1^2 + 1^2}} \leqslant r = 1$

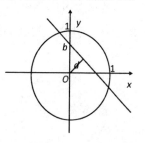

得 $|b| \leqslant \sqrt{2}$,即 $-\sqrt{2} \leqslant b \leqslant \sqrt{2}$

所以 $-\sqrt{2} \leqslant x + y \leqslant \sqrt{2}$

故 $x + y$ 的最小值为 $-\sqrt{2}$,当直线在第三象限与圆相切时取最小值。

师:刚才两位同学能应用到不等式法和几何法解决问题,并注意了能否取到最值,值得表扬。我看了一下同学们的思路,大多数和上面的方法差不多,但有一位同学好像与大家的方法不一样,同学,把你的想法投影出来和大家分享一下,好吗?

生 7:因为 $x^2 + y^2 = 1$,设 $\begin{cases} x = \sin\theta \\ y = \cos\theta \end{cases}$ $(\theta \in \mathbf{R})$,得 $x + y = \sin\theta + \cos\theta =$

$\sqrt{2}\sin\left(\theta+\dfrac{\pi}{4}\right)$，又因为 $\sin\left(\theta+\dfrac{\pi}{4}\right)$ 的最小值为 -1，所以 $x+y$ 的最小值为 $-\sqrt{2}$。

师：给大家讲讲你是怎样想到这种思路的？

生 7：因为 $x^2+y^2=1$，我想到刚好 $\sin^2\alpha+\cos^2\alpha$ 也等于 1，所以就用三角函数换 x,y 了。

师：不错，这位同学这种方法实际上用了三角函数换元法，从而利用三角函数求最值，那什么时候取到最小值呢？这需要说明清楚，同学们思考后把他加上。当然，除了同学们想到的这些方法外，还可以用向量办法来解决这个问题。

解：设点 $P(x,y)$ 是单位圆 $x^2+y^2=1$ 上任意一点。

设向量 OP 为 $\vec{a}=(x,y),\vec{b}=(1,1)$，向量 $\vec{a}$ 与 $\vec{b}$ 的夹角为 θ

则由向量夹角公式 $\cos\theta=\dfrac{\vec{a}\cdot\vec{b}}{|\vec{a}||\vec{b}|}=\dfrac{x+y}{\sqrt{x^2+y^2}\sqrt{2}}=\dfrac{x+y}{\sqrt{2}}$

变形得 $x+y=\sqrt{2}\cos\theta$，当 $\theta=180°$ 时，$x+y$ 取最小值为 $-\sqrt{2}$。

师：我们发现，用向量解决也比较简洁，只不过可能同学们用的少了，就不容易想起这一知识和方法，但向量也是链接数与形的纽带和重要工具，用好了会使很多问题极大的简化。这种方法我们叫他向量法吧。

师：更进一步，看看变成下面这个问题，又该如何解决？

变式 2：若 $x^2+y^2=1,a^2+b^2=1$，求 $ax+by$ 的最大值。

师：老规矩，先独立思考，解决了的同学把你的思路和过程整理好，再上台展示。

生 5 展示做法。

解：$\because ax\leqslant\dfrac{a^2+x^2}{2},by\leqslant\dfrac{b^2+y^2}{2}$

$\therefore ax+by\leqslant\dfrac{a^2+x^2+b^2+y^2}{2}=1$

当且仅当 $a=x,b=y$ 时取到最大值 1

因为 $x^2+y^2=1,a^2+b^2=1$

设 $\begin{cases} x=\cos\alpha \\ y=\sin\alpha \end{cases}(\alpha\in\mathbf{R}),\begin{cases} a=\cos\beta \\ b=\sin\beta \end{cases}(\beta\in\mathbf{R})$

则 $ax+by=\cos\alpha\cos\beta+\sin\alpha\sin\beta=\cos(\alpha-\beta)$

因为 $\cos(\alpha+\beta)$ 的最大值是 1

所以 $ax+by$ 的最大值为 1

当且仅当 $\alpha-\beta=2k\pi(k\in\mathbf{Z})$ 时取到最大值

即当且仅当 $\begin{cases} x=a=\cos\alpha \\ y=b=\sin\alpha \end{cases}(\alpha\in\mathbf{R})$ 时 $ax+by$ 取到最大值 1

师：请把你是怎样想到的,给同学们讲一讲。

生 5：我发现已知是两个数的平方和,而要解决的式子中是两个数的乘积,于是我想到了用均值不等式解决,就得到了这个过程。

师：没了?很好,那其他同学有没有疑问需要这位同学解答?

生 1：该同学用的不等式应该叫重要不等式,还有取最大值时,的确要 $a=x,b=y$,但是只要 $a=x,b=y$ 就能得到最大值 1 吗?例如,取 $a=x=1,b=y=2$ 好像就不行,那么他们究竟要等于多少才取到最大值?我觉得要算出来,写清楚才行。

师：同学们,能用不等式方法解得了最大值,也考虑了什么时候取到最值,是不错的,但能提出问题,更不错。这就再次提醒我们,求最值问题,一定要把什么时候取到最值具体确定,即说清楚当这些变量具体取什么值时,得到最值。为此,刚刚同学的过程,应再加上：$a=x=\cdots,b=y=\cdots$。

师：请同学们算出来加上。其他同学的过程中也要解决这个问题。

生 1：$a=x=b=y=\dfrac{\sqrt{2}}{2}$ 就行。

生 2：$a=x=0,b=y=1$ 也行。

生 5：好像很多情况都行,答案不唯一,老师这种该怎么写?

师：这是个问题,答案不唯一,就说明有很多情况都可以取到最值。如果遇到这种情况,我们要清楚,我们的目的是求最值,并且说明能取到这个最值就行。为此可以把过程这样写：

解：因为 $ax\leqslant\dfrac{a^2+x^2}{2},by\leqslant\dfrac{b^2+y^2}{2}$

所以 $ax+by\leqslant\dfrac{a^2+x^2+b^2+y^2}{2}=1$

且当 $a=x=0,b=y=1$ 时 $ax+by$ 可以取到最大值 1

故 $ax+by$ 的最大值为 1。

师：有同学用了三角函数换元法,也可以。

生1:我也用三角函数换元法,但和三角函数元法的方法不一样。

师:那请这位同学把他的展示出来看看,有什么不一样?

生9展示做法。

解:因为 $x^2 + y^2 = 1$

设 $\begin{cases} x = \cos\alpha \\ y = \sin\alpha \end{cases}$ $(\alpha \in \mathbf{R})$

则 $ax + by = a\cos\alpha + b\sin\alpha = \sqrt{a^2 + b^2}\sin(\alpha + \theta)$

因为 $\sin(\alpha + \theta)$ 的最大值为 1

所以 $\sqrt{a^2 + b^2}\sin(\alpha + \theta)$ 的最大值是 $\sqrt{a^2 + b^2}$

又因为 $a^2 + b^2 = 1$

所以所以 $ax + by$ 的最大值为 1

当且仅当 $\alpha + \theta = 2k\pi + \dfrac{\pi}{2}(k \in \mathbf{Z})$ 时取到最大值 1

生9:这个不好找各个变量的取值了。

师:的确有区别,只用换一次元就行了,不错。

生10:老师,这个也可以用向量法做。

师:那这位同学也把你的做法展示给同学们看看。

生10展示做法。

解:设 $\vec{m} = (x, y), \vec{n} = (a, b)$,向量 $\vec{m}$ 与 $\vec{n}$ 的夹角为 θ

则 $|\vec{m}| = |\vec{n}| = 1$,且 $\cos\theta = \dfrac{\vec{m} \cdot \vec{n}}{|\vec{m}||\vec{n}|} = ax + by$

即 $ax + by = \cos\theta$ 有最大值 1

当且仅当 $\vec{m} = \vec{n} =$ 单位向量时,取到最大值 1。

师:大家表现得太好了,刚才我们提到的方法同学们都用上了,你们能学以致用,我太开心了。虽然每个同学可能想到和用到的知识方法会不一样,但我们发现各种方法可以相互补充和解释,我们一起学习、分享,把大家的想法充分理解和整理,我们就会有更多的收获,我们会一起取到更多的进步。下面我们进一步来研究这个问题。

变式3:实数 a, b, c 满足 $a + b + c = 1$,求 $a^2 + b^2 + c^2$ 的最小值。

师:刚才变式2虽然有4个变量,但有两个已知条件,现在这个问题有3个变量,只有一个已知条件,我们如何解决呢?同学们先想一想。

教师巡视,了解学生思考情况,两分钟后,感觉学生有些困难。

师:同学们,我提示一下啊。大家可以思考 $a+b+c$ 与 $a^2+b^2+c^2$ 之间如何进行转化?也可以和上面的例子进行类比进行思考。

(又过了两分钟)。

生 11:(兴奋地)老师我做出来了。

教师走到该学生位置旁,看了一下他的解答,肯定了他的做法,继续巡视,又过了两分钟,做出答案的学生也较多了。

师:我看很多同学已经做出来了,这位同学最先做出来,下面请这位同学的做法展示给大家看一下。

生 11 展示做法。

解:因为 $a^2+b^2+c^2=(a+b+c)^2-(2ab+2ac+2bc)$

且 $2ab+2ac+2bc \leqslant (a^2+b^2)+(a^2+c^2)+(b^2+c^2)=2(a^2+b^2+c^2)$

所以 $a^2+b^2+c^2 \geqslant (a+b+c)^2-2(a^2+b^2+c^2)$

即是 $3(a^2+b^2+c^2) \geqslant (a+b+c)^2=1$

所以 $a^2+b^2+c^2 \geqslant \dfrac{1}{3}$

所以当且仅当 $a=b=c=\dfrac{1}{3}$ 时取到最小值 $\dfrac{1}{3}$。

师:这解法不错,用了不等式法,大家看看 K 同学的解法,对这个过程有没有不清楚的?

生:没有。

师:你们的解法和 K 同学一样吗,有没有不一样的解法?

没有学生回答。

师:那我再来讲一讲其他的一些思路。

师:类比第 1 个例子中的均值换元,这个问题我们也可以用均值换元,具体过程如下:

因为 $a,b,c \in \mathbf{R}$ 且 $a+b+c=1$

所以 a,b,c 的平均值是 $\dfrac{1}{3}$

$$设\begin{cases} a = \dfrac{1}{3} + x \\[2mm] b = \dfrac{1}{3} + y \\[2mm] c = \dfrac{1}{3} + z \end{cases}$$

师：那么首先要明确 x, y, z 满足什么条件？

生：$x, y, z \in \mathbf{R}$ 且 $x + y + z = 0$，但还是有三个变量。

师：是还有三个变量，但你们代入 $a^2 + b^2 + c^2$ 中看一看，能得到什么？

学生代入，进行运算。

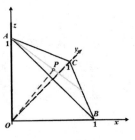

生：可以得到 $a^2 + b^2 + c^2 = \dfrac{1}{3} + \dfrac{2}{3}(x + y + z) + x^2 + y^2 + z^2$，得 $a^2 + b^2 + c^2 = \dfrac{1}{3} + x^2 + y^2 + z^2$.

师：那么这里 $x^2 + y^2 + z^2$ 的最小值是多少？

生：因为 $x, y, z \in \mathbf{R}$ 且 $x + y + z = 0$，所以当三个都为 0 时，最小值为 0。

师：所以 $a^2 + b^2 + c^2$ 的最小值为 $\dfrac{1}{3}$。同学们可以自己再整理一下思路和过程。

（1分钟后）同学们对这种解法和思路，明白了吗？明白了，我就再讲另外的思路了。

师：类比第 1 个例子中的几何法也可以，两个变量可以认为是在平面内，而三个变量可以认为是在空间中，设空间点 $P(a, b, c)$。由 $a, b, c \in \mathbf{R}$ 且 $a + b + c = 1$ 则点 P 表示平面 ABC 上的任一点（如图）。而 $a^2 + b^2 + c^2 = |OP|^2$ 表示点 P 到原点 O 的距离，当 OP 与平面 ABC 垂直时，OP 取最小值，此时 $a^2 + b^2 + c^2$ 则取到最小值。用等体积法即可以求得 O 点到平面 ABC 的距离为 $\dfrac{\sqrt{3}}{3}$，$a^2 + b^2 + c^2$ 的最小值为 $\dfrac{1}{3}$。当然，还有其他思路和解法，同学们可以课后继续研究。同时同学们也可以把它们进行变式后在课后去研究。

（三）知识总结

师：以上我们通过 4 个问题，发现解决多变量最值的方法很多，请同学们回顾总结一下，我们这节课究竟解决了哪些问题，用到哪些知识和方法？

生:这节课我们解决了 4 个求最值问题,其中用到了消元法、换元法、几何法、向量法等。我们知道了求出最值后,一定要说明在什么情况下取到最值。

师:是的,求最值问题,是我们学习中的一类重要问题,在实际生活和数学题目中都很多,而多变量求最值问题,有些比较复杂,有些思维要求比较高,知识涉及面也比较广,通过对这些问题的研究和探讨,我们可以把学过的代数、几何、三角、向量和不等式等相关知识和方法进行有效的链接,实现知识和方法的有效整合。

师:我们这节课只是通过一些例子,介绍了解决多变量求最值的一些方法,如果把所有求最值的问题放在一起,其实求最值的方法归纳起来主要就是:(1) 单变量求最值,可以用学过的函数图像、性质或求导解决;(2) 多变量求最值,若能用消元或换元转化成单变量,则变成单变量,再用函数方法解决;若不能或不好转化为单变量,可考虑用不等式、几何法(包含向量法)解决;若涉及区域(不等式组条件)可以用规划方法解决。所以转化是解决问题的关键,而对问题模型的判断,非常重要。要注意观察条件和问题的形式,根据具体形式选择不同的转化方法,这需要我们多做多练,并进行归纳总结和积累,形成所谓的"数感"。好了,这节课就讲到这里,同学课后完成下列作业,同时思考和研究相关问题的一些变式和推广问题。

(四)课后作业

1. 设 $x > 0, y > 0$,且 $2x + 8y = xy$,求 $x + y$ 的最小值。

2. 实数 a、b、c 满足 $a^2 + b^2 + c^2 = 1$,求 $a + b + c$ 的最大值。

3. 实数 a、b、c 满足 $a^2 + b^2 + c^2 = 1$,求 $ab + bc + ac$ 的最大值。

4. 实数 a、b、c 满足 $a^2 + b^2 + c^2 = 1$,求 $ab + bc$ 的最大值。

5. 已知 $a, b, c, d \in \mathbf{R}$,且 $ab = 1, c^2 + d^2 = 1$,求 $(a - c)^2 + (b - d)^2$ 的最小值。

【教学反思】

本节课是《含多变量的最值问题》习题课,含多变量的最值问题,在高考和一些数学竞赛题目中经常出现,但学生对这类问题的答题情况却不尽人意。于是在学习了函数求最值之后,我想把多变量求最值问题给同学们讲一讲,一方面是为了复习和总结求最值的一些知识和方法,另一方面是想让学生对多变量求最值问题有一定的了解。由于单变量函数求最值,前面已经学习过,所以这节课的教学重点是在总结前期学习的基础上,求多变量的最值。但是,多变量求最值问题非常多,有些也非常难,对学生层次要求比较高。鉴于学生情况和课时情况,明确学生学习这一内容的难点是对条件形式及问题模型的选择和判断,这对学生的模型意识要求较高,而建模能力一直是学生的弱项,所以在教学过程中我比较注重引导和启发。另外,要把多变量求最值问题的知识和方法全部讲完,是不现实的,对一些要求不高的学生,也没有全讲的必要(如多次放缩法等)。为此,我选择了从一些相对容易思考但又比较经典的问题出发,通过变式,使学生在学习中思考、归纳、整理,并对多变量求最值有一些应对的方法。

本节课从一道简单的高考题(若 $x+y=1$,求 x^2+y^2 的最小值)出发,通过引导,使学生从不同的角度、利用不同的知识和方法进行探究和解决。从而实现对学生已经学过的一些知识和方法进行链接和整合,达到简要复习和整理的目的。在本题的解决过程中,同学们有用消元和换元方法实现多变量向单变量转化的思路,也有找已知与未知间关系转化的思路,还有几何直观的数形结合转化的思路。学生们通过不同的方法,实现了代数与几何的链接。本题虽然简单,但的确是一个值得研究的好题。

此外,我还通过变式1(若 $x^2+y^2=1$,求 $x+y$ 的最小值),引导学生去思考:当一个问题解决后,它还可以进行怎样的改变?特别是逆向改变后,原来的思想方法还是否适用的问题?通过这样的处理,来训练学生解后反思的意识,以达到举一反三的目的。

在变式1的解决过程中,既可以类比例1的思想方法,但又有所区别和改变。例如,消元法可以用,但有些复杂,并且化为一元后,若要用函数的办法也比较复杂,所以在教学中学生没有用,我也没有介绍。但三角换元则容易解决。向量法更简洁,可由于学生对向量的应用较少,不易想到,故由老师引导完成。

在解决完变式1后,接着引出了变式2(若 $x^2+y^2=1$,$a^2+b^2=1$,求 $ax+by$ 的最大值) 的思考,这个问题是在变式1的基础上,增加了变量个数,但已知条件和变式1类似,所以又是一脉相承的,学生很容易类比地想到它的解决办法。但本问题的难点是什么时候取到最大值。因为其最优解是不唯一的,如何解决和表达这一问题,需要老师的适当引导。

解决完变式2后,进而引入变式3。这个问题涉及3个变量,虽然比变式2少一个变量,但也少了一个已知条件,所以思维层次相对比变式2的高一点。由于学生对公式 $(a+b+c)^2$ 不熟,所以我进行教学时做了适当提示,同时也提醒同学们类比例1的解决方法,因为变式3可以看成是例1从二维向三维的推广。事实上,由于学生对均值换元和空间解析几何知识的欠缺,这也的确需要在老师的引导才能完成。

解决完变式3,课便结束了,一个是时间原因,另一个则是难度原因。随着变量的增多,思维层次也会上升,有些学生可能会跟不上,为此,教学不再深入下去,但又要让有需求的学生进一步研究。为了兼顾。我在引导学生对知识方法进行小结后,提醒同学们课后进行变式和推广研究。课后问题的选择也进行了思考,题1选自高考题,题2、3是变式,题4、5来自数学竞赛。目的是满足不同层次的学生,提升他们的数学核心素养。

当然,对于多变量求最值的教学,一节课的实践明显是不够的,无法面面俱到。但对于普通学生来说,通过这样的教学,可以有较多的收获。学生的学习、方法、思维层面都会得到不同层次的提升,对数学知识间的联系与整合会有新的理解。

【课后作业参考答案】

1. 设 $x > 0, y > 0$,且 $2x + 8y = xy$,求 $x + y$ 的最小值。

解法 1:因为 $x > 0, y > 0$,且 $2x + 8y = xy$,所以 $\dfrac{8}{x} + \dfrac{2}{y} = 1$,

故 $x + y = (x + y)\left(\dfrac{8}{x} + \dfrac{2}{y}\right) = \dfrac{8y}{x} + \dfrac{2x}{y} + 10 \geqslant 2\sqrt{\dfrac{8y}{x} \cdot \dfrac{2x}{y}} + 10 = 8 + 10 = 18$

当且仅当 $\dfrac{8y}{x} = \dfrac{2x}{y} = 4$,即 $x = 2y = 12$ 时 $x + y$ 取得最小值 18.

解法 2:因为 $2x + 8y = xy$,所以 $y = \dfrac{2x}{x - 8}$,

故 $x + y = x + \dfrac{2x}{x - 8} = x + \dfrac{16}{x - 8} + 2$,又因为 $x > 0, y > 0$,故 $x > 8$,

令 $f(x) = x + \dfrac{16}{x - 8} + 2 (x > 8)$,可用基本不等式或导数求得当 $x = 12$ 时 $f(x)$ 取得最小值 18。

解法 3:因为 $2x + 8y = xy$ 在 $x > 0, y > 0$ 时表示双曲线的一支,如图。

设 $x + y = b$,由已知的直线与这支双曲线有公共点,于是联立:

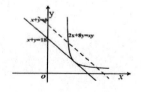

$\begin{cases} 2x + 8y = xy \\ x + y = b \end{cases}$ 得 $x^2 - (b+6)x + 8b = 0$ 有解。

故 $\Delta = (b+6)^2 - 32b \geqslant 0$,解得 $b \geqslant 18$. 故当 $x = 12$ 是 $x + y$ 取得最小值 18

2. 实数 a、b、c 满足 $a^2 + b^2 + c^2 = 1$,求 $a + b + c$ 的最大值。

解法 1:由变式 3 的 $3(a^2 + b^2 + c^2) \geqslant (a+b+c)^2$. 又因为 $a^2 + b^2 + c^2 = 1$.

所以得 $(a+b+c)^2 \leqslant 3$,即 $-\sqrt{3} \leqslant a + b + c \leqslant \sqrt{3}$.

当且仅当 $a = b = c = \dfrac{\sqrt{3}}{3}$,$a + b + c$ 取到最大值 $\sqrt{3}$.

解法 2:因为 $a^2 + b^2 + c^2 = 1$. 设 $\begin{cases} a = \cos\alpha \cdot \cos\beta \\ b = \cos\alpha \cdot \sin\beta \ (\alpha, \beta \in \mathbf{R}) \\ c = \sin\alpha \end{cases}$

则:$a + b + c = \cos\alpha(\sin\beta + \cos\beta) + \sin\alpha$.

$$= \sin\alpha + \sqrt{2}\sin\left(\beta + \frac{\pi}{4}\right)\cos\alpha$$

$$= \sqrt{1 + 2\sin^2\left(\beta + \frac{\pi}{4}\right)}\sin(\alpha + \varphi)(其中 \varphi 为辅助角)$$

因为 $\sin(\alpha + \varphi)$ 的最大值为 1. 所以 $a + b + c$ 的最大值为 $\sqrt{1 + 2\sin^2\left(\beta + \frac{\pi}{4}\right)}$.

又因为 $\sqrt{1 + 2\sin^2\left(\beta + \frac{\pi}{4}\right)}$ 的最大值为 $\sqrt{3}$.

所以,当 $\sin(\alpha + \varphi) = 1$ 且 $\sin\left(\beta + \frac{\pi}{4}\right) = 1$ 时 $a + b + c$ 取到最大值 $\sqrt{3}$.

解法 3:设 $Q(a,b,c)$,由 $a^2 + b^2 + c^2 = 1$,得点 P 在以空间原点为球心,

半径为 1 的球面上. 设 $a + b + c = t$,则表示在 x, y, z 轴上的截距均为 t 的平面 $x + y + z = t$ 过点 $Q(a,b,c)$。如图。

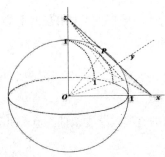

当且仅当平面 $x+y+z=t$ 与球相切于图中 P 点时, t 取最大值,

此时 t 为 $\sqrt{3}$. 所以 $a+b+c$ 的最大值为 $\sqrt{3}$.

3. 实数 a、b、c 满足 $a^2+b^2+c^2=1$, 求 $ab+bc+ac$ 的最大值。

解: 因为 $ab \leqslant \dfrac{a^2+b^2}{2}, bc \leqslant \dfrac{b^2+c^2}{2}, ac \leqslant \dfrac{a^2+c^2}{2}$.

所以 $ab+bc+ac \leqslant a^2+b^2+c^2=1$, 当且仅当 $a=b=c=\dfrac{\sqrt{3}}{3}$ 时,

$ab+bc+ac$ 取的最大值 1.

4. 实数 a、b、c 满足 $a^2+b^2+c^2=1$, 求 $ab+bc$ 的最大值。

解法 1: 因为 $1=a^2+b^2+c^2=a^2+\dfrac{b^2}{2}+\dfrac{b^2}{2}+c^2$

$$\geqslant 2a\dfrac{b}{\sqrt{2}}+2\dfrac{b}{\sqrt{2}}c=\sqrt{2}(ab+bc)$$

即 $ab+bc \leqslant \dfrac{\sqrt{2}}{2}$. 当 $a=b=\dfrac{1}{2}, b=\dfrac{\sqrt{2}}{2}$ 时, $ab+bc$ 取到最大值 $\dfrac{\sqrt{2}}{2}$.

解法 2: 因为 $a^2+b^2+c^2=1$. 设 $\begin{cases} a=\cos\alpha \cdot \cos\beta \\ c=\cos\alpha \cdot \sin\beta \\ b=\sin\alpha \end{cases}(\alpha,\beta \in \mathbf{R})$.

得 $ab+bc=\sin\alpha \cdot \cos\alpha(\sin\beta+\cos\beta)=\dfrac{\sqrt{2}}{2}\sin2\alpha \cdot \sin\left(\beta+\dfrac{\pi}{4}\right)$

故 $ab+bc \leqslant \dfrac{\sqrt{2}}{2}$. 当且仅当 $\sin2\alpha=1$ 且 $\sin\left(\beta+\dfrac{\pi}{4}\right)=1$ 时, $ab+bc$ 取到最大

值 $\dfrac{\sqrt{2}}{2}$.

5. 已知 $a,b,c,d \in \mathbf{R}$, 且 $ab=1, c^2+d^2=1$, 求 $(a-c)^2+(b-d)^2$ 的最小值.

解: 设点 $P(a,b), Q(c,d)$, 则点 $P(a,b)$ 在双曲线 $y=\dfrac{1}{x}$ 的图像上,

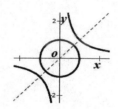

$Q(c,d)$ 在圆 $x^2 + y^2 = 1$ 上. 因为 $\sqrt{(a-c)^2 + (b-d)^2}$ 表示 PQ 的距离,由 $|PQ| = |OP| - 1$,所以只需 $|OP|$ 最小即可。

因为 $|OP| = \sqrt{x^2 + \dfrac{1}{x^2}} \geqslant \sqrt{2}$,所以 $|PQ|_{\min}^2 = (\sqrt{2} - 1)^2 = 3 - 2\sqrt{2}$,

故 $(a-c)^2 + (b-d)^2$ 的最小值为 $3 - 2\sqrt{2}$. 当 $a = b = 1, c = d = \dfrac{\sqrt{2}}{2}$ 时取得

最小值 $3 - 2\sqrt{2}.$

一阶线性递推数列由递推公式求通项公式

尚莹

贵阳实验三中

【教学目标】

1. 知识与技能

了解递推公式是给出数列的一种方法，了解一阶线性递推数列求通项公式的方法，理解并掌握五种构造法求数列。

2. 过程与能力

通过学习，培养学生观察、分析、归纳、推理的能力；并提高学生分析问题和解决问题的能力；通过阶梯性练习，培养学生的知识、方法的迁移能力。

3. 情感态度与价值观

培养学生主动探索、勇于发现的求知精神；养成细心观察、认真分析、善于总结的良好思维习惯。

【教学重点】

会利用构造法求数列通项，体会数学化归思想。

【教学难点】

根据一阶线性递推公式推通项公式的思路，能应用恰当的类型解决求数列通项问题。

教学流程

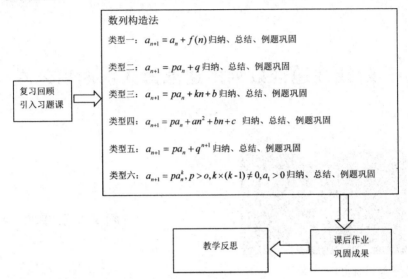

复习回顾
引入习题课

数列构造法

类型一：$a_{n+1} = a_n + f(n)$ 归纳、总结、例题巩固

类型二：$a_{n+1} = pa_n + q$ 归纳、总结、例题巩固

类型三：$a_{n+1} = pa_n + kn + b$ 归纳、总结、例题巩固

类型四：$a_{n+1} = pa_n + an^2 + bn + c$ 归纳、总结、例题巩固

类型五：$a_{n+1} = pa_n + q^{n+1}$ 归纳、总结、例题巩固

类型六：$a_{n+1} = pa_n^k, p > 0, k \times (k-1) \neq 0, a_1 > 0$ 归纳、总结、例题巩固

教学反思

课后作业
巩固成果

【教学实录】

（一）引入新课

师：通过前段时间的学习，我们了解了什么是数列，以及数列的通项公式和递推公式，并且掌握了等差数列和等比数列等两类常见的数列类型，以及它们的求和，本节课我们主要学习和讨论一阶线性递推数列。

师：其实等差数列和等比数列就是最特殊的一阶线性递推，回顾等差数列、等比数列的概念，我们是如何由递推公式推导出其通项公式的？

生：等差数列是后一项减前一项等于一个常数既 $a_{n+1} - a_n = d(d$ 为常数$)$，采用累加法。

$$a_n = a_1 + (a_2 - a_1) + (a_3 - a_2) + \cdots + (a_n - a_{n-1}) = a_1 + (n-1)d$$

等比数列是后一项比前一项等于一个常数既 $\dfrac{a_{n+1}}{a_n} = q(q$ 为常数$)$，采用累乘法

$$a_n = a_1 \times \frac{a_2}{a_1} \times \frac{a_3}{a_2} \times \cdots \times \frac{a_n}{a_{n-1}} = a_1 q^{n-1}.$$

师：下面我们根据一些典型例题来探索数列中的一阶线性递推，如何由递推公式推导通项公式。

（二）梳理知识结构

类型一：$a_{n+1} = a_n + f(n)$ 类

[**例1**](2007 北京高考理第 15 题) 数列 $\{a_n\}$ 中, $a_1 = 2$, $a_{n+1} = a_n + cn$(c 是常数,),且 a_1, a_2, a_3 成公比不为 1 的等比数列。

(1) 求 c 的值;

(2) 求 $\{a_n\}$ 的通项公式。

(1) **解**:由题知 $a_1 = 2$, $a_2 = 2 + c$, $a_3 = 2 + 3c$,

因为 a_1, a_2, a_3 成等比数列,

所以 $(2 + c)^2 = 2(2 + 3c)$,解得 $c = 0$ 或 $c = 2$

当 $c = 0$ 时, $a_1 = a_2 = a_3$,不符合题意舍去

故 $c = 2$。

师:本题是 $a_{n+1} - a_n = 2n$,和等差数列非常的相似,只不过等差数列的差为常数,本题的差是关于 n 的一个式子,那它们求通项公式的手段一样吗?我们不妨试试。

(2) **解**:由题意可得

$$a_n = a_1 + (a_2 - a_1) + (a_3 - a_2) + \cdots + (a_n - a_{n-1}) = 2 + 2 + 4 + \cdots 2(n-1)$$

$$= 2 + \frac{(n-1) \times (2 + 2n - 2)}{2} = n^2 - n + 2$$

师:我们发现形如 $a_{n+1} - a_n = f(n)$ 的递推公式,可以采用累加法,因为一正一负能够相互抵消。

师:接下来我们再看看一阶递推的其他类型。

类型二: $a_{n+1} = pa_n + q$(p, q 为常数) 类

[**例2**] 在数列 $\{a_n\}$ 中, $a_1 = 2$, $a_{n+1} = 3a_n + 2$

(1) 求证 $\{a_n + 1\}$ 是等比数列

(2) 求数列 $\{a_n\}$ 的通项公式

解:(1) 证明:∵ $a_{n+1} = 3a_n + 2$

∴ $a_{n+1} + 1 = 3(a_n + 1)$

又 ∵ $a_1 + 1 = 2 + 1 = 3$

∴ $\{a_n + 1\}$ 是以 3 为首项,3 为公比的等比数列

(2) 由(1)可知 $a_n + 1 = 3^n$,

∴ $a_n = 3^n - 1$

师:思考一下,为什么构造 $\{a_n + 1\}$,可以是构造 $\{a_n + x\}$,其中 x 是任意常

数吗?

生:不可以,如果 x 是不等于 1 的任意常数,则和原式不等价。

师:第二问与第一问是否有直接的联系?如果删除第一问,直接求解第二问应该如何解答?

生:还是要先构造 $\{a_n+1\}$ 是等比数列,方便用等比的通项公式求解。

师:那对于一般数列 $a_{n+1}=pa_n+q(p,q$ 为常数$)$ 能否构造出等比数列?

生:通过构造 $a_{n+1}+x=p(a_n+x)(x$ 为常数$)$,使构造的新数列 $\{a_n+x\}$ 是以 a_1+x 为首相,p 为公比的等比数列。

师:这里的常数 x 如何确定?

生:将 $a_{n+1}+x=p(a_n+x)$ 还原成 $a_{n+1}=pa_n+px-x$,则 $px-x=q$,$x=\dfrac{q}{p-1}$。

师:非常好,那我们试一试,看这样是否可操作。

问题:在数列 $\{a_n\}$ 中 $a_1=3$,$a_{n+1}-2a_n=3$,求数列 $\{a_n\}$ 的通项公式。

证明:设 $a_{n+1}+x=2(a_n+x)$,则 $a_{n+1}=2a_n+x$,既 $x=3$

所以,$a_{n+1}+3=2(a_n+3)$

所以数列 $\{a_n+3\}$ 是以 $a_1+3=6$ 为首项,3 为公比的等比数列

所以 $a_n+3=6\times3^{n-1}=2\times3^n$

$a_n=2\times3^n-3$

师:对于像 $a_{n+1}=pa_n+q(p,q$ 为常数$)$ 这样的一般数列,相信同学们已经掌握了如何由递推公式去求解它的通项公式。

师:那同学们是否思考过若 $a_{n+1}=pa_n+q$ 中的 p、q 不为常数,而是关于变量 n 的一个式子,我们又应该如何来解决问题。

类型三:$a_{n+1}=pa_n+kn+b(p,k,b$ 为常数$)$

[例3]已知数列 $\{a_n\}$ 满足 $a_1=\dfrac{3}{2}$,$2a_n-a_{n-1}=6n-3(n\geqslant2)$,求数列的通项公式。

师:该题目和上一道例题有什么区别和相同点?

生:都是递推公式,并且都是数列前一项与后一项之间的关系,区别在于上一道例题后面加的是常数,这一道例题后面加的是关于 n 的一个一次函数。

师：既然他们有相同的地方，形式上又比较相近，那我们是否可以用上面的构造法来解决本道例题？

生：我们试试。

生1：设 $a_n + n - x = \frac{1}{2}(a_{n-1} + n - 1 - x)$，构造等比数列。

师：但是可以将你构造的数列还原回题所给出的形式吗？

生：不行，n 的系数不合要求。

生2：设 $a_n + xn - y = \frac{1}{2}[a_{n-1} + x(n-1) - y]$ 构造新数列 $\{a_n + xn - y\}$ 为等比数列。

师：这种构造可行吗？x、y 分别是多少？

生：将 $a_n + xn - y = \frac{1}{2}[a_{n-1} + x(n-1) - y]$ 还原成 $a_n = \frac{1}{2}a_{n+1} - \frac{x}{2}n - \frac{x}{2}$ $+ \frac{y}{2}$，即 $\frac{-x}{2} = 3, \frac{-x}{2} + \frac{y}{2} = \frac{-3}{2}$，所以 $x = -6, y = -9$，所以 $a_n - 6n + 9 = \frac{1}{2}[a_{n-1}$ $- 6(n-1) + 9]$，所以 $\{a_n - 6n + 9\}$ 是以 $\frac{9}{2}$ 为首项，$\frac{1}{2}$ 为公比的等比数列，既 $a_n -$ $6n + 9 = \frac{9}{2} \times \frac{1}{2^{n-1}} = \frac{9}{2^n}, a_n = 6n + \frac{9}{2^n} - 9$。

师：同学们很棒。我们发现，就算所给递推公式后面所加不是常数，而是一个关于 n 的一次函数，但我们的想法还是根据已知递推公式，将其进行构造，构造成我们所熟悉的等比或是等差数列，从而可以求解其通项公式，这体现了我们数学中的化归思想。

知识总结：形如 $a_{n+1} = pa_n + kn + b$ 的数列，可以构造成等比数列 $a_{n+1} + xn + y = p[a_n + x(n-1) + y]$，既 $a_{n+1} = pa_n + (px - x)n + py - y$，所以 $px - x = k$，$py - y = b$，故 $x = \frac{k}{p-1}, y = \frac{b}{p-1}$。根据等比数列通项公式，求解构造的新数列的通项公式，从而求解出数列 $\{a_n\}$ 的通项公式。

问题：已知 $a_1 = 1, a_{n+1} = 2a_n + 3n - 1$，求 $\{a_n\}$ 的通项公式。

解：设 $a_{n+1} + xn + y = 2[a_n + x(n-1) + y]$

既 $a_{n+1} = 2a_n + xn - 2x + y$

所以 $\begin{cases} x = 3, \\ -2x + y = -1 \end{cases} \rightarrow \begin{cases} x = 3 \\ y = 5 \end{cases}$

既 $a_n + 3(n-1) + 5$ 是以 $a_1 + 5 = 6$ 为首项，2 为公比的等比数列

所以 $a_n + 3(n-1) + 5 = 6 \times 2^{n-1} = 3 \times 2^n$

所以 $a_n = 3 \times 2^n - 3n - 2$

师：同学们很不错，回顾前面两道题，我们归纳总结一下，这两道题目，有没有什么共同点？

生：其实两道题目，虽然有一定的区别，但是它的主体思路是一样的，都是把一般的数列构造成等比数列。

师：那在构造的过程中需要注意什么呢？

生：需要注意构造的式子和原式相等，构造过程中需要注意 n 的变化，构造出正确的后一项与前一项。

师：我们前面看见了两种形式的递推公式，一种是 $a_{n+1} = pa_n + q(p, q$ 为常数)，另一种是 $a_{n+1} = pa_n + kn + b(p、k、b$ 为常数)，后面加常数，加一次函数，那么加二次函数呢？

类型四：$a_{n+1} = pa_n + an^2 + bn + c(a、b、c$ 为常数) 类

[例 4] 已知 $a_1 = 2$，$a_{n+1} = 3a_n + 2n^2 + n$，求 $\{a_n\}$ 的通项公式。

师：和之前的递推公式区别在于什么？

生：这道例题后面加的是一个二次型函数，前面都是一次或是常数。

师：有思路进行解题吗？

生：应该还是要构造出我们熟悉的等比数列，才能求出数列的通项公式

师：那同学们试一试。

学生解题。

解：构造 $a_{n+1} + xn^2 + yn + z = 3[a_n + x(n-1)^2 + y(n-1) + z]$

$$a_{n+1} = 3a_n + 2xn^2 + (2y - 6x)n + 3x - 3y + 2z$$

所以 $\begin{cases} 2x = 2 \\ 2y - 6x = 1 \\ 3x - 3y + 2z = 0 \end{cases}$ $\longrightarrow$ $\begin{cases} x = 1 \\ y = \dfrac{7}{2} \\ z = \dfrac{15}{4} \end{cases}$

所以 $\{a_n + (n-1)^2 + \dfrac{7}{2}(n-1) + \dfrac{15}{4}\}$ 是以 $\dfrac{23}{4}$ 为首项，3 为公比的等比数列

既 $a_n + (n-1)^2 + \dfrac{7}{2}(n-1) + \dfrac{15}{4} = \dfrac{23}{4} \times 3^{n-1}$

所以 $a_n = \dfrac{23}{4} \times 3^{n-1} - n^2 - \dfrac{3}{2}n - \dfrac{5}{4}$

师：对于我们求解出的通项公式，可以对其正确性进行检验吗？

生：当然可以！

师：怎么检验呢？检验过程中需要注意什么？

生：可以根据递推公式求解出前几项的值，再利用所求的通项公式求前几项的值，看两种情况算出来的项是否一致，在检验过程中应该注意是第几项，尤其是递推公式涉及数列的后一项与前一项，并且要注意运算的准确性。

师：非常好。

师：现在我们来归纳总结一下形如 $a_{n+1} = pa_n + an^2 + bn + c$（$a$、$b$、$c$ 为常数）的递推公式怎么求其通项公式？

生：将数列 $a_{n+1} = pa_n + an^2 + bn + c$ 变形成 $a_{n+1} + xn^2 + yn + z = p[a_n + x(n-1)^2 + y(n-1) + z]$ 构造成以 p 为公比的等比数列。再将变形式子还原，然后对应项系数相等，从而求解出 x、y、z 的值，得出具体的所构造的等比数列，求出所构造数列的通项公式，所求 $\{a_n\}$ 得解。

师：同学们总结得很好，现在请把你的解题思路运用于实践中。

问题：设数列 $\{a_n\}$ 满足 $a_{n+1} = 2a_n + n^2 - 4n + 1$，$a_1 = 3$，求证：存在 $f(n) = an^2 + bn + c$（a、b、c 常数），使数列 $\{a_n + f(n)\}$ 是等比数列，并求出数列 $\{a_n\}$ 的通项公式。

生 1：设 $a_{n+1} + an^2 + bn + c = 2[a_n + a(n-1)^2 + b(n-1) + c]$.

师：大家一起看看这样的设法有问题吗？

生：没有问题，之前就是这样设的等比数列。

师：我们再回到题目里面看看，求证的是什么数列？第 n 项是什么？

生：第 n 项是 $\{a_n + f(n)\}$，而 $f(n) = an^2 + bn + c$，所以第 n 项，应该是 $a_n + an^2 + bn + c$。

师：前面的设法我们有要求吗？

生：没有固定要求，只要保证是后一项与前一项就好。

师：那这道题应该怎么设数列呢？

学生解题。

解:设 $a_{n+1} + an^2 + bn + c = 2[a_n + a(n-1)^2 + b(n-1) + c]$

$a_{n+1} + a(n+1)^2 + b(n+1) + c = 2(a_n + an^2 + bn + c)$

既 $a_{n+1} = 2a_n + an^2 + (b-2a)n + c - a - b$

所以 $a = 1, b - 2a = -4, c - a - b = 1$

既 $a = 1, b = -2, c = 0$

所以存在数列 $\{a_n + n^2 - 2n\}$ 是以 2 为首项,2 为公比的等比数列

既 $a_n + n^2 - 2n = 2^n$

$a_n = 2^n - n^2 + 2n$

师:我们前面掌握了三种由递推公式求通项公式的方法,我们称之为构造法,把一个一般数列,构造成熟悉的等比数列,不管是形如 $a_{n+1} = pa_n + q(p,q$ 为常数),还是形如 $a_{n+1} = pa_n + kn + b(p、k、b$ 为常数),还是形如 $a_{n+1} = pa_n + an^2 + bn + c(a、b、c$ 为常数),都可以构造。

师:后面加常数、一次函数、二次函数我们都可以构造新的等比数列,那如果后面加三次函数、四次函数呢?

生:应该是一样的,也是通过构造后一项、前一项成等比数列,便于我们用已有知识解决未知的问题。

师:不错,那通过这三种例题,你不仅仅学会的是数列的构造方法,还应该体会数学学习中的化归思想,将问题通过变化使之转化,进而解决问题,在学习过程中,我们要善于对所解决的问题进行变化转化。

类型五: $a_{n+1} = pa_n + q^{n+1}(p、q$ 为常数)

师:我们再来看看下面这道例题。

[**例 5**] 在数列 $\{a_n\}$ 中, $a_1 = 2, a_{n+1} = 2a_n + 2^{n+1}$,求 a_n。

师:本道例题和前面学的适用于构造法的数列有什么异同?如何去解决该类型的题目?

生:根据前面的解题思路,设 $a_{n+1} + x2^{n+1} + y = 2(a_n + 2^n + y)$

师:还原回去求一下 x、y。

生:还原回去以后,两边都有 $x2^{n+1}$ 约掉了。

师:那如果还利用之前的构造方法似乎不能解决本题,那还有其他思路吗?

师:我们构造法的目的在于什么?

生：把一般数列构造成我们熟悉的数列，等比数列或等差数列

师：对，这是我们构造法能成功的主要思想，之前的构造法都是在加减，还可以有其他运算去构造它吗？

生：还有乘除。

师：对，还有乘除，怎么去乘除呢？乘或除哪一个呢？观察式子，$a_1 = 2$，$a_{n+1} = 2a_n + 2^{n+1}$，能否同时除以某一个式子或常数，使得我们可以构造出等差或等比数列？

生 1：同时除以 2。

师：这样并不能构造成等差或等比数列。

师：等差数列是后一项减前一项为一个常数，等比数列是后一项比前一项等于一个常数，这里都是常数，那 2^{n+1} 是否不满足要求？能否将其变为常数？

生 1：不如两边同时除以 2^{n+1}。

生 2：不如两边同时除以 2^n。

师：好的，我们看看这两种处理方式可行吗？

生：可行，因为 $\dfrac{a_{n+1}}{2^{n+1}} = \dfrac{2a_n}{2^{n+1}} + \dfrac{2^{n+1}}{2^{n+1}}$，将 $\dfrac{a_n}{2^n}$ 看作新数列，则该数列是以 1 为首项，1 为公差的等差数列。若两边同时除以 2^n，则可将 $\dfrac{a_n}{2^{n-1}}$ 看作新数列，且该数列是以 2 为首项，2 为公差的等差数列，所以，两种构造方法都是可行的。因为 $\dfrac{a_{n+1}}{2^{n+1}} = \dfrac{2a_n}{2^{n+1}} + \dfrac{2^{n+1}}{2^{n+1}}$，令 $\dfrac{a_n}{2^n} = b_n$，则 $b_{n+1} = b_n + 1$，所以 $\{b_n\}$ 是以 1 为首相，1 为公差的等差数列，所以 $b_n = 1 + (n-1) = n$，$a_n = n \times 2^n$。

师：非常好。

师：这道题和之前的题目有什么区别？我们应该注意什么？

生：首先这道题的构造方法和前面例题的构造方法不太一样，而且前面我们在构造等比数列，这道题是构造了等差数列，不过这两种构造都可以达到最终的目的。

师：思考变式：在数列 $\{a_n\}$ 中，$a_1 = 2$，$a_{n+1} = 3a_n + 2^{n+1}$，求 a_n。

生：$\dfrac{a_{n+1}}{2^{n+1}} = \dfrac{3a_n}{2^{n+1}} + \dfrac{2^{n+1}}{2^{n+1}}$ 令 $\dfrac{a_n}{2^n} = b_n$，则 $b_{n+1} = \dfrac{3}{2}b_n + 1$。

师:这道题和上一道题有区别吗?它还是等差数列吗?

生:不是等差数列?

师:那现在又怎么处理?

生:还是要把它构造成等差或等比数列。

师:$b_{n+1} = \frac{3}{2}b_n + 1$ 这种形式的递推公式,我们学习过吗?

生:学习过,就是前面学习的 $a_{n+1} = pa_n + q(p,q$ 为常数)形式,所以我们需要再构造一次。

生:令 $b_{n+1} + x = \frac{3}{2}(b_n + x)$,则 $b_{n+1} = \frac{3}{2}b_n + \frac{1}{2}x$,所以 $x = 2$,则 $\{b_n + 2\}$ 是

以 3 为首项,$\frac{3}{2}$ 为公比的等比数列,$b_n + 2 = \frac{3^n}{2^{n-1}}$,$b_n = \frac{3^n}{2^{n-1}} - 2$,$\frac{a_n}{2^n} = \frac{3^n}{2^{n-1}} - 2$,所

以 $a_n = 2 \times 3^n - 2^{n+1}$。

师:这道题出现了几次构造?在解题过程中应该注意什么?

生:这道题出现了两次构造,在解题中应该注意构造以后要和原式等价,并且要注意计算。

师:很好,下面我们一起总结一下这类题型的解题思路和方法。

生:一般形如 $a_{n+1} = pa_n + q^{n+1}(p,q$ 为常数)的数列,我们可以等式两边同时

除以 q^{n+1},既构造数列 $\frac{a_{n+1}}{q^{n+1}} = \frac{p}{q}\frac{a_n}{q^n} + 1$,则数列变成 $b_{n+1} = mb_n + 1$,$(m,n$ 为常数)

的形式,再次构造成以 m 为公比的等比数列,求解出 b_n 的通项公式,从而求解出 a_n

的通项公式。

类型六:$a_{n+1} = pa_n^k$,$p > o$,$k \times (k-1) \neq 0$,$a_1 > 0$ 类

[例 6] 已知 $a_1 = 1$,$a_{n+1} = 4a_n^3$,求 $\{a_n\}$ 的通项公式。

生:这和我们前面遇见的都不一样,它的项不是一次幂,是三次幂,不知道如何入手。

师:由已知 $a_1 = 1$,$a_{n+1} = 4a_n^3$,我们可知道该数列每一项都是正数,而最大的问题在于能否把三次幂降为一次幂?在我们已掌握的知识中,有没有降幂的公式?

生:有对数的运算可以降幂,还有二倍角公式可以降幂。

师:那我们应该选取哪一种呢?

生:我们试试对数的运算,因为数列应该和三角函数没有多大关系。

生：若两边同取对数，则 $\lg a_{n+1} = \lg 4 + 3\lg a_n$，令 $b_n = \lg a_n$，则 $b_{n+1} = \lg 4 + 3b_n$ 转化为一阶线性递推数列。

$b_{n+1} + x = 3(b_n + x)$，既 $b_{n+1} = 3b_n + 2x$，所以 $x = \dfrac{\lg 4}{2} = \lg 2$，既 $\{b_n + \lg 2\}$ 是以 $\lg 2$ 为首项，3 为公比的等比数列，所以 $b_n + \lg 2 = (\lg 2) \times 3^{n-1}$，$\lg a_n = (\lg 2) \times 3^{n-1} - \lg 2$，可得 $a_n = 2^{3^{n-1}-1}$。

生：该数列的构造就会相对比较复杂，运用到了对数的运算性质来进行降幂，降幂以后再运用前面所学的 $a_{n+1} = pa_n + q(p, q$ 为常数$)$ 形式进行构造。

（三）课后作业

1.（2007 全国高考 1 理第 22 题）已知数列 $\{a_n\}$ 中 $a_1 = 2$，$a_{n+1} = (\sqrt{2}-1)(a_n + 2)$，求 $\{a_n\}$ 的通项公式。

2. 已知数列 $\{a_n\}$ 中，$a_1 = 10$，$a_n > 0$，且 $a_{n+1} = 10a_n^2$，求数列 $\{a_n\}$ 的通项公式。

3. 数列 $\{a_n\}$ 满足 $a_1 = 3$，$a_{n+1} = 2a_n + 3 \cdot 2^{n+1}$，求数列 $\{a_n\}$ 的通项公式。

4. 已知数列 $\{a_n\}$ 中 $a_1 = 1$，$a_{n+1} = 2a_n + an^2 + bn + c(n \in N^*)$。$a, b, c$ 为常数。

（Ⅰ）若 $a = b = 0$，$c = 1$，求数列 $\{a_n\}$ 的通项公式；

（Ⅱ）若 $a = -1$，$b = 3$，$c = 0$。

（1）是否存在常数 λ，μ 使得数列 $\{a_n + \lambda n^2 + \mu n\}$ 是等比数列，若存在，求出 λ，μ 的值，若不存在，请说明理由；

（2）设 $b_n = \dfrac{1}{a_n + n - 2^{n-1}}$，$S_n = b_1 + b_2 + b_3 + \cdots + b_n$，证明：$n \geqslant 2$ 时，$S_n < \dfrac{5}{3}$。

5. 拓展思考：（2006 山东高考题）已知 $a_1 = 2$，点 (a_n, a_{n+1}) 在函数 $f(x) = x^2 + x$ 的图像上，其中 $n = 1, 2, 3, \cdots\cdots$ 求数列 $\{a_n\}$ 的通项公式。

【教学反思】

近年来，递推数列问题成为高考命题和数学竞赛的热点题型，究其原因是递推数列问题对数学解题能力和解方程组能力要求较高，蕴涵着丰富的数学思想方法，是考查逻辑推理和化归转化能力的很好题材。而一阶线性递推数列又是考查的重点和主要形式，研究一阶线性递推数列的重点、难点是求通项公式，其方法很多且灵活。目前关于一阶线性递推数列通项公式的求法主要有：累加法、累乘法、换元法、待定系数法、归纳法、阶差法、迭代法、归纳法、差分法、常数变异法等。

本节课从线性递推式出发，探究求解数列通项公式的一般方法，并加以变形推广,希望对学生的学习有所帮助。

（一）一阶递推数列的概念

由首项 a_1 以及两个连续项间的递推关系式 $a_{n+1} = f(a_n)$ 给出的数列,就叫一阶递推数列。

求一阶递推数列的通项公式,通常应将递推关系式变形,转化为等差、等比、或其他能求通项的式子,从而求出其通项。本节课由简单的例题入手,逐步增加难度,具体讲解了六种形式的一阶构造:类型一:$a_{n+1} = a_n + f(n)$ 类、类型二:$a_{n+1} = pa_n + q(p,q$ 为常数$)$ 类、类型三:$a_{n+1} = pa_n + kn + b(p,k,b$ 为常数$)$、类型四:$a_{n+1} = pa_n + an^2 + bm + c(a,b,c$ 为常数$)$ 类、类型五:$a_{n+1} = pa_n + q^{n+1}(p,q$ 为常数$)$、类型六:$a_{n+1} = pa_n^k,p > o,k \times (k-1) \neq 0,a_1 > 0$。

研究问题解决的通法我们也可追溯到普通高中课程标准实验教科书《数学·必修5》(人民教育出版社 A 版 2007) 第 69 页的第 6 题:已知数列$\{a_n\}$ 中,$a_1 = 5$,$a_2 = 2,a_n = 2a_{n-1} + 3a_{n-2}(n \geq 3)$。对于这个数列的通项做一研究,能否写出它的通项公式?从中可以看出教材已经把求递推数列的通项作为探究性问题引入,要求学生通过思考和探究,寻找问题解决的方法,以培养学生的知识迁移能力和创新意识。这个问题的解决从高二学生当时阶段的认知状况来看可以通过在求前几项的过程中发现通项的规律,再探究它的证明,也可观察递推式的特点联想所学的等比数列,构造新数列来解决,以此可以培养学生的类比迁移能力和创新意识。因此在教学中如果能充分挖掘教材资源,发挥例题的示范功能,那么这类问题的解决就不再是无源之水、无本之木了。

以通性通法为基础,联想等差、等比数列、数学归纳法等基础知识和基本方法,应用化归思想来探究解决此类递推数列通项问题的思考策略。

1. 化归策略

化归策略应用化归策略求递推数列的通项就是从递推关系式出发,实施等价变换将其转化为常见类型的求通项问题,观察递推关系的结构特征进行类比联想是实施化归的关键,等差数列与等比数列是联想的基础。对于这类递推数列常常化为一阶线性递推数列,最终化为等比数列,这种方法是解决这类问题的通法。

2. 递推策略

递推策略就是利用递推关系式在迭代递推的过程中发现项与序号之间的变化规律,并将这种规律表示为一个新数列的和,将数列通项问题化为数列求和问题。关键在于要化成便于迭代的形式,还要善于从迭代中观察到变化规律。这也是解决这类问题的另一通法。

将问题化为一阶线性递推数列后,采用迭代方法,思路明了,过程简洁,密切联系教材内容,不偏不倚,运算量不大,是解决这类问题的一种很好的通法。

3. 归纳策略

迭代法是一种退位思考策略,而与之相对应的另一策略是进位思考策略,即归纳策略,也就是从前几项的计算中发现通项规律,进而用数学归纳法证明。归纳法是解决与自然有关的问题的常用方法,使用归纳推理计算前几项时要注意项的表示形式能够反映其规律性,便于发现通项,得到通项后未对通项求和,以避免证明过程中的讨论。

4. 求和策略

在等比数列中错位相消求前 n 项和的方法实际上就是应用了累加相消求和策略求得了前 n 项和的表示式,这也是在求递推数列通项时常用的一种策略,如能将递推关系实施恰当变形,构造累加求和的形式则可得出通项的表示式。

通过取倒数变换构造新数列,可发现由新数列产生的差分数列具有等比数列这一特征,因而通过求和来求得新数列的通项,进而求得原数列的通项。

5. 累积策略

与累加策略相对应的另一策略就是累积策略,应用这一方教学法,由等比数列的定义经过累积求得等比数列的通项公式。对于递推数列如能从递推关系出发构造出能够累积的形式,往往就能较快获得其通项。

有关数列通项问题一直是高考热点问题,对学生来说也是难点问题,要解决该问题要求基础知识扎实、思维灵活、方法熟练,能融合数学思想于分析问题和解决问题当中。

学生对此类问题的解决普遍感觉困难大,思路不顺畅,难以找到解决问题的有效途径。但从上述对问题的解决思考策略来看,倘若在平时的学习中只要认真落实好基础知识,重视基本方法和解题规律的总结归纳,对于创新问题,能善于使用数学思想方法来指导分析问题,使知识、方法、能力融会贯通,则能破茧成蝶,不难找到问题解决的可行思路。

（二）递推数列通项问题的教学取向

1. 厘清课标领会教材重视通性通法

在课程标准中,数列这一部分建议教学课时数为12课时,其重点是等差、等比数列及应用,其中没有提到数列的递推关系。在教材中指出递推关系数列是一种给出数列的方法,并让学生能够根据递推关系写出前几项,对于规律比较明显的递推数列还能根据前几项写其通项公式,使学生体会到可利用递推关系确定数列。在普通高中课程标准实验教科书《数学·必修5》(人民教育出版社 A 版 2007)第 59 页的阅读与思考中,由九连环问题引出了一阶线性递推数列 $k(1) = 1, k(n) = 2k(n-1)+1$,并给出了解决此类问题的通法,即应用递推思想由后往前反复代入,最后化为等比数列求和的问题加以解决。学生在也可写出前几项的过程中,可以看出若每项加 1 则所得数列为等比数列,这就启发学生在递推关系中两边加 1 构造等比数列,因此构造等比数列也为解决这一问题的另一通法。如前面问题溯源中所述,教材中出现的二元线性递推和线性分式递推数列的通项都以一阶线性递推为基础,解决问题的通法是递推求解或化归为一阶线性递推关系,最终都化为等差、等比数列问题,或用归纳思想。由此可见,教材的处理方式是通过递推关系的通项公式的探究,让学生能够灵活应用等差、等比数列的通项及求和公式去解决有关问题,并培养学生的创新意识,而不背离课程标准。所以在教学中,要注重通性通法,不追求技巧化。

2. 研究高考注重化归控制训练难度

由于高考试题中求数列通项问题经常出现,以 2011 年为例,有十多份试卷涉及数列通项问题,其中有六份试卷为递推数列的通项问题,因此在高三复习教学中就要予以关注,适当重视,但要控制其难度。课标已经限制了高考中数列通项问题必为可化归用等差、等比两种数列模型有关知识可以加以解决,所以新课标试卷大多注意考查的度,尤其是在递推数列的通项问题上,命题的立意大都旨在考查高中数学基础知识,即等差与等比数列通项与求和;高中数学的基本思想方法,即化归思想、递推思想、归纳思想。我们可以预见,随着新课标的全面实施,新课改的深入开展,高考命题会更加符合新课标的要求。因此这一问题的教学重点就必然落在化归的方法上,在教学中应以教材中出现的线性递推问题为基础,立足通性通法,适度变式,引导学生应用或化归为高中数学所学的等差、等比数列的通项及求和加以解决,探究总结一些解题的基本方法,并在这一过程中不断引导学生领悟问题解决的数学意识,即化归意识、递推意识、差分意识、归纳意识等,但不能去探究那些技巧性过强,没有通法的非线性问题递推问题的通项公式,否则会背离课标,不能使学生很好地理解所学的数列内容,降低学习的效率,挫伤学生学习的积极性。

3. 课外培优适度拓展揭示本质规律

由于求递推数列的通项公式大多有一定难度,而数列部分的教学课时数又少,加之这一内容又不为课标所要求,所以在课堂教学中只能对最简单线性递推关系的情形可展开探究,以培养学生应用等差、等比数列有关的知识与方法去分析和解决数学问题的能力。在数学第二课堂教学中,可适度地拓展对线性递推数列通项的探究,以教材中出现的线性递推问题为基础,在注意控制难度的情况下在系数中增加参数,引导学生进行探究,让学生在类比联想的基础上实施知识的迁移,发现问题中所隐藏的规律和寻找解决问题的一般方法,让学生领会并掌握解决这类问题常用的数学思想:化归思想、递推思想、归纳思想。这有利于提高学生的运算能力和理解能力,增强学生思维的灵活性、广阔性和深刻性,培养创新意识。

递推数列是由递推公式所确定,利用递推公式求其通项通常要转化为特殊数列(如等差数列或等比数列)的通项或求和问题加以解决,基于通性通法来探究递推数列通项问题的解决策略有助力于学生在问题解决中增强对等差数列、等比数列、归纳类比推理等知识的理解与应用,让学生领会化归思想、递推思想、差分思想、归纳思想,能培养学生的探究精神和创新意识,对于训练学生的数学思维,提高运算能力和推理能力都大有裨益。解决这类问题的入口宽阔、方法灵活、创新意识强,也是近年高考的热点。对递推数列教学取向的探讨则有助于更好地理解新课程标准,把握课堂教学,提高教学的有效性。

(三)习题课

习题课是常规课型之一,主要特征是在教师的指导下,发挥学生的主体功能,在习题课教学中,师生通过对一些典型例题的分析讨论,使学生对所学过的基本概念、公式、定理及其运用有进一步的理解,以达到夯实基础的目的。在对例题解题策略的思考和解题方法的探求中,要启迪学生的思维,培养学生的品质,提高学生的能力一学生正确认识习题课。

习题课是以学生独立练习为主要内容的课型,它是新授课的补充和延续。心理学认为,练习是学习者对学习任务的重复接触或重复反应,是学生在心智技能和动作技能形成的基本途径。练习是学生在教师指导下独立运用知识、解决问题、发展智能的教学活动,是学生学习过程中的重要实践活动,具有"巩固技能、反馈评价、形成策略、解决问题、拓展思维"的功能。因此老师与学生都要重视习题课。

1. 正确面对习题(试卷)

做完习题不代表结束,应对每一选项认真分析并列出知识点,对于错误的题目分析其原因。我要求做完题(试卷)必须分析每一道题每一个选项,讲题之前进行检查。

2. 课前认真备课

首先老师认真分析试题,列举考试知识点,指出重难点。再是根据学生答题情况指出优点及不足,第三要求学生认真"备课",学生做完题后先自查,找不足整理思路,总结解题方法,然后分组讨论,在组长带领下解决自己不会的问题。给学生充分的思考探索的空间,激励他们多方面多角度思考问题。

3. 课中高效上课

通过分组讨论及自查,达到会儿不讲,学生普遍存在问题进行讲解,这样节省时间。周考月考试卷讲评一般一到两节课讲完。总结方法及知识点,整理解题方法,并设置类型题训练,达到巩固知识,应用知识的目的。这样不仅提高学习效率,而且避免学生中出现常考常错的现象。

4. 课后认真总结

课后总结非常重要,是对知识的提升,我要求学生改掉以往将错题挪到改错本上的方式,应将题考查知识点列举出,并写出出错原因,总结解题方法。

传统习题课教学的最大弊端便在于"一言堂",把学生当作知识灌输的对象,严重压抑了学生的自由个性和探索欲望,为此在教学中要充分体现学生的主体性。学生的学习不能一味地依赖教师的"教",更多的应是自己"体验"和"悟"的过程。教学中给学生充分的思考空间,使学生自主学习,从而提高课堂效率,达到事半功倍的效果。

【课后作业参考答案】

1. $a_n = \sqrt{2}\left[\left(\sqrt{2}-1\right)^n + 1\right]$

2. $a_n = 10^{2^{n-1}}$.

3. $a_n = (6n - 3) \times 2^{n-1}$

4. (Ⅰ)$a_n = 2^n - 1$

(Ⅱ)(1) 所以存在常数 $\lambda = -1, \mu = 1$,使得 $a_n = n^2 - n + 2^{n-1}$

(2)$b_n = \dfrac{1}{a_n + n - 2^{n-1}} = \dfrac{1}{n^2}$,又因为 $\dfrac{1}{n^2} < \dfrac{1}{n^2 - \dfrac{1}{4}} = \dfrac{1}{n - \dfrac{1}{2}} - \dfrac{1}{n + \dfrac{1}{2}}$

$n \geqslant 2$ 时,

$$S_n = b_1 + b_2 + b_3 + \cdots + b_n = 1 + \left(\dfrac{1}{\dfrac{3}{2}} - \dfrac{1}{\dfrac{5}{3}} \right) + \left(\dfrac{1}{\dfrac{5}{2}} - \dfrac{1}{\dfrac{7}{2}} \right)$$

$$+ \cdots + \left(\dfrac{1}{n - \dfrac{1}{2}} - \dfrac{1}{n + \dfrac{1}{2}} \right) = 1 + \dfrac{2}{3} - \dfrac{1}{n + \dfrac{1}{2}} < \dfrac{5}{3}$$

6. $a_n = 3^{2^{n-1}} - 1$

第四篇

04

数学阅读课

阅读是人们从文字、图像、符号中提取信息的认知过程，数学阅读就是人们从数学文字、数学符号、数学图像中提取信息的认知过程。数学阅读与语文、英语阅读的区别是，它不仅有文字语言，还有符号语言、图形语言。所谓数学阅读就是多种语言的相互转换。

　　现在许多中学生数学学科学不好，其实主要在于数学语言读不懂，所以造成学生学得苦，教师教得累。因此，要提高数学教学效率，必须从提高学生的数学阅读能力开始。数学阅读课是以指导学生开展数学阅读、教会学生读懂数学为目标的重要课型。通过数学阅读课我们要教会学生如何进行数学语言的相互转换，如何理解、分析和应用数学语言分析和解决数学问题。

　　数学阅读课的效果取决于教师的精心选题、耐心引导、教学策略的使用和学生的参与程度。

正弦定理

葛磊
贵阳市第十中学

【教学目标】

1. 知识与技能

让学生从已有的知识经验出发，通过对特殊三角形边角间数量关系的探求，发现正弦定理。

2. 过程与方法

由特殊到一般，从定性到定量，探究在任意三角形中，边与其对角的关系，引导学生通过观察，猜想，比较，推导正弦定理，由此培养学生合情推理探索数学规律的数学思考能力。

3. 情感态度与价值观

培养学生联想与引申的能力，探索的精神与创新的意识，同时通过三角函数、向量与正弦定理等知识间的联系来帮助学生初步树立事物之间的普遍联系与辩证统一的唯物主义观点。

【教学重点】

正弦定理的探索、证明及其基本应用。

【教学难点】

正弦定理应用中"已知两边和其中一边的对角解三角形，判断解的个数"，以及阅读与表达能力的培养。

【教学流程】

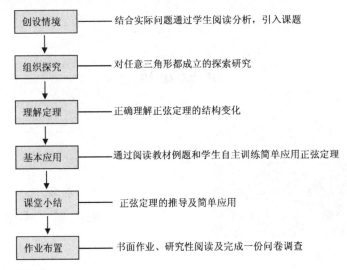

【教学实录】

（一）引入新课

师：上课。

生：起立。

师：同学们好！

生：老师好！

师：同学们请坐！

师：同学们，今天，我们开始学习人教 A 版必修 5 第一章《解三角形》的内容，这节课我们将学习《正弦定理》。下面，请大家先翻到教材本章的引言部分，认真阅读引言部分的内容。

引言：在我国古代就有嫦娥奔月的神话故事。明月高悬，我们仰望夜空，会有无限遐想，不禁会问，遥不可及的月亮离地球究竟有多远呢？

1671 年，两个法国天文学家测出了地球与月球之间的距离大约为385400km。他们是怎样测出两者之间距离的呢？

在数学发展历史上，受到天文测量、航海测量和地理测量等方面实践活动的推动，解三角形的理论得到不断发展，并被用于解决许多测量问题。

在初中，我们已经能够借助于锐角三角函数解决有关直角三角形的一些测

量问题。在实际工作中我们还会遇到许多其他的测量问题,这些问题仅用锐角三角函数就不够了,如:

1. 怎样在航行途中测出海上两个岛屿之间的距离?

2. 怎样测量底部不可到达的建筑物的高度?

3. 怎样在水平飞行的飞机上测量飞机下方山顶的海拔高度?

4. 怎样测出海上航行的轮船的航速和航向?

这些问题的解决需要我们进一步学习任意三角形中边与角关系的有关知识。

在本章中我们要学习正弦定理和余弦定理,并学习应用这两个定理解三角形,并解决实际测量中的一些问题.

师:同学们,今天我们就选择刚才大家阅读中所碰到的其中一个问题进行探究。

师:(播放 PPT)如右图所示,船从港口 B 航行到港口 C,测得 BC 的距离为 6km,船在港口 C 卸货后继续向港口 A 航行,由于船员的疏忽没有测得 CA 距离,如果船上有测角仪,请问:我们能否计算出 A,B 两点的距离?

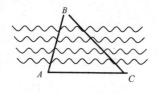

师:请大家仔细阅读题目,请同学们在练习本上写出题目有哪些已知条件?求什么?

生:已知,在 $\triangle ABC$ 中,$BC = 6$,还能通过测角仪测出 $\angle A$,$\angle C$ 的大小,求 AB 的大小?

师:假如现在已知测得 $\angle BAC = 75°$,$\angle ACB = 45°$,要计算两地的距离,大家有什么办法解决?请同学们把现在的已知条件和求解问题重新在练习本上规范一下,就是将实际问题转化为数学问题?

生:在 $\triangle ABC$ 中,角所对应的边分别为 a,b,c,已知 $BC = 6$,$\angle BAC = 75°$,$\angle ACB = 45°$,求边 AB 的值。

师:大家都写得非常好!题目相当于知道了三角形的两个角的大小和其中一个角所对的边,要求另外一个角所对的边?

师:同学们,在初中,我们学过解直角三角形,大家还记得吗?我们一起来回忆一下解直角三角形。

生:(1)直角三角形中,已知两边,可以求第三边及两个角;(2)直角三角形中,已知一边和一角,可以求另两边及第三个角。

(二)梳理知识结构

1. 组织探究

师:同学们,但是我们所给的 △ABC 不是直角三角形,而是斜三角形,那我们能否将它转化为直角三角形,然后再计算出 AB 的长度呢?请同学们先思考?

学生思考、交流,得出过 A 作 AD⊥BC 于 D 如下图所示,把 △ABC 分为两个直角三角形。

解:过 A 作 AD⊥BC 于 D

在 $Rt\triangle ACD$ 中,$\sin\angle ACB = \dfrac{AD}{AC}$

$$\therefore AD = AC \cdot \sin\angle ACB = 6 \times \frac{\sqrt{2}}{2} = 3\sqrt{2}$$

$$\because \angle ACB = 45°, \angle BAC = 75°$$

$$\therefore \angle ABC = 180° - \angle ACB - \angle ACB = 60°$$

$$\therefore AB = \frac{AD}{\sin\angle ABC} = \frac{3\sqrt{2}}{\frac{\sqrt{3}}{2}} = 2\sqrt{6}$$

师:同学们表现得非常好!请同学们注意阅读和观察我在黑板上书写的内容,若 $AC = b$,$AB = c$,怎样表示出 B、b、C、c 四者之间的关系呢?

生:在 $Rt\triangle ACD$ 中,$\sin\angle ACB = \dfrac{AD}{AC}$,则 $\sin C = \dfrac{AD}{b}$,在 $Rt\triangle ABD$ 中,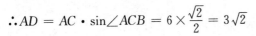$\sin\angle ABC = \dfrac{AD}{AB}$,则 $\sin B = \dfrac{AD}{c}$,所以 $AD = b\sin C = c\sin B$,即 $\dfrac{c}{\sin C} = \dfrac{b}{\sin B}$

师:请同学们认真阅读和体会 $c\sin B = b\sin C$ 这个等式,它所表示的几何意义是什么?

生:它所表示的几何意义是三角形同一边上的高不变。

师:非常好!现在,我要将问题转换一下,若同学们是过 C 作 AB 边的高 CD,那我们又如何表示出 A、a、B、b 四者之间的关系呢?

生:可以得到 $\dfrac{a}{\sin A} = \dfrac{b}{\sin B}$

师:那我们是过 B 作 AC 边上的高 BD 呢?

生：可以得到 $\dfrac{c}{\sin C} = \dfrac{a}{\sin A}$

师：很好很好！在刚才的推理过程中，同学们有什么发现？

生：根据 $\dfrac{c}{\sin C} = \dfrac{b}{\sin B}$，$\dfrac{c}{\sin C} = \dfrac{a}{\sin A}$，$\dfrac{a}{\sin A} = \dfrac{b}{\sin B}$，因此我们可以发现 $\dfrac{a}{\sin A} = \dfrac{b}{\sin B} = \dfrac{c}{\sin C}$

师：刚才我们是在锐角三角形中进行推理，同学们思考一下，这个结论是否任意三角形都有这种边角关系呢？请同学们翻到教材，认真从第2页阅读到第3页中间的探究部分的内容，然后回答我的问题？

师：当 $\triangle ABC$ 是直角三角形时，我们很容易得到 $\dfrac{a}{\sin A} = \dfrac{b}{\sin B} = \dfrac{c}{\sin C}$ 这个结论。请一个同学上黑板板书一下，其余同学关上书将证明过程写在自己的练习本上。

学生解题。

解：如图所示，在 $Rt\triangle ABC$ 中，设 $BC = a$，$AC = b$，$AB = c$

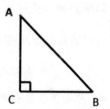

则有 $\sin A\ \dfrac{a}{c}$，$\sin B = \dfrac{b}{c}$

又 $\sin C = 1 = \dfrac{c}{c}$

则 $\dfrac{a}{\sin A} = \dfrac{b}{\sin B} = \dfrac{c}{\sin C} = c$

所以在 $Rt\triangle ABC$ 中，有 $\dfrac{a}{\sin A} = \dfrac{b}{\sin B} = \dfrac{c}{\sin C}$ 成立

师：刚才大家阅读教材时，第三页的探究：当 $\triangle ABC$ 是钝角三角形时，以上表达式 $\dfrac{a}{\sin A} = \dfrac{b}{\sin B} = \dfrac{c}{\sin C}$ 成立吗？请同学们进行推导，一会儿我请同学进行展示。

学生展示。

解：在钝角三角形中，如图所示，设 $\angle C$ 为钝角，$BC = a$，$CA = b$，$AB = c$
作 $AD \perp BC$ 交 BC 的延长线于 D

在中 $Rt\triangle ABC$ 中，$\sin B = \dfrac{AD}{AB}$

$$\therefore AD = AB \cdot \sin B = c \cdot \sin B$$

在 $Rt \triangle ADC$ 中，$\sin \angle ACD = \dfrac{AD}{AC}$

$$\therefore AD = AC \cdot \sin \angle ACD = b \cdot \sin \angle ACB$$

$$\therefore c \cdot \sin B = b \cdot \sin \angle ACB$$

$$\therefore \dfrac{c}{\sin \angle ACB} = \dfrac{b}{\sin B}$$

同锐角三角形证明可知 $\dfrac{a}{\sin A} = \dfrac{c}{\sin C}$

$$\therefore \dfrac{a}{\sin A} = \dfrac{b}{\sin B} = \dfrac{c}{\sin \angle ACB}$$

2. 定理理解

师：通过刚才同学们的证明，我们在锐角三角形中、直角三角形中和钝角三角形中都有 $\dfrac{a}{\sin A} = \dfrac{b}{\sin B} = \dfrac{c}{\sin C}$ 成立。那我们就把这条性质称为正弦定理。下面，请同学们翻到教材第3页，认真阅读倒数第二、三段话：在一个三角形中，各边和它所对角的正弦的比相等，即 $\dfrac{a}{\sin A} = \dfrac{b}{\sin B} = \dfrac{c}{\sin C}$

师：正弦定理指出了任意三角形中三条边与对应角的正弦之间的一个关系式。由正弦函数在区间上的单调性可知，正弦定理非常好地描述了任意三角形中边与角的一种数量关系。请同学们阅读后认真思考和总结：定理结构上有什么特征？有哪些变形式？有哪些基本作用？先看结构？

生：从结构看，三个式子是连等形式，各边与其对角的正弦严格对应，成正比例。

师：那有哪些变形形式呢？

生：变形形式有 $\dfrac{c}{\sin C} = \dfrac{b}{\sin B}$，$\dfrac{c}{\sin C} = \dfrac{a}{\sin A}$，$\dfrac{a}{\sin A} = \dfrac{b}{\sin B}$

生：变形形式还有 $a = \dfrac{b \sin A}{\sin B}$，$\sin A = \dfrac{a}{b} \sin B$ 等。

师：同学们都总结得非常好！那从方程的角度看，有哪些基本作用呢？

生：从方程的观点看，每个方程含有四个量，知三求一。从而知正弦定理的基本作用为：(1)已知三角形的任意两角与，求其他两边和另一角；(2)已知三角形的两边与其中一边的对角,另一边的对角,进而计算出其他的边和角。

师:非常好!请同学阅读教材第 3 页最后一段话:一般地,把三角形的三个角 A,B,C 所对应的边分别为 a,b,c 叫作三角形的元素,已知三角形的几个元素求其他元素的过程叫作解三角形。

3. 基本应用

师:下面,请同学们认真阅读教材第 4 页的例 1、例 2 后,要认真回答老师提出的问题。

师:关于例 1 在 $\triangle ABC$ 中,已知 $A = 32.0°,B = 81.8°,a = 42.9\text{cm}$,解三角形。请同学口述一下这道题怎样解答。

生:这道题是定理的直接应用。已知两个角和其中一个角所对的边,求第三个角和另外两边。首先已知两个角和其中一个角所对的边,根据正弦定理可求出另一角所对的边,又知两个角,可求出第三个角,再根据正弦定理,又可以求出第三边了。

师:分析得非常到位,就是计算要复杂一点,大家可以使用计算器进行计算。

师:对于例 2:在 $\triangle ABC$ 中,已知 $a = 20\text{cm},b = 28\text{cm},A = 40°$,解三角形(角度精确到 $1°$,边长精确到 1cm)。请同学分析一下应注意些什么。

生:应注意已知两边和其中一边的对角解三角形时,可能有两解的情形。在得到 $\sin B = 0.8999$ 后应该指出,在 $0°$ 到 $180°$ 之间,$\sin B = 0.8999$ 的角有两个,一个是锐角 $64°$,一个是钝角 $116°$。

师:那这两个角是否都符合条件呢?大家该怎么判断?

生:可以根据"三角形中大边对大角"来进行判断,因为 $b > a$,所以 $A = 40°$,可知求出的 B 的两个值都符合题意,即本题有两个解。

师:同学们理解得很到位,要更深入理解这个问题,请大家在课后认真阅读教材第 9 页的探究与发现:"关于解三角形的进一步讨论",请同学们认真阅读后在课后思考:已知三角形的两边一角,这个三角形能唯一确定吗?为什么?下面,我们对今天的课进行小结。

(三)知识总结

师:本节课我们从实际问题出发,通过阅读、体验、归纳思维方法等,最后发现了正弦定理。本节课,我们研究问题的突出特点是通过学生阅读、自主学习,然后从特殊到一般,对正弦定理进行了探究与证明。

师：下面，我将请一名同学叙述一遍正弦定理。

生：在一个三角形中，各边和它所对角的正弦的比相等，即 $\dfrac{a}{\sin A} = \dfrac{b}{\sin B}$ $= \dfrac{c}{\sin C}$。

师：利用正弦定理可以解决哪两类三角形问题？

生：(1)已知三角形的任意两角与，求其他两边和另一角；(2)已知三角形的两边与其中一边的对角，另一边的对角，进而计算出其他的边和角。

师：正弦定理反映了边与其对角正弦成正比的规律，在正弦定理的发现及其证明中，蕴涵了哪一种我们常见的思想方法？

生：由特殊到一般的归纳思想。

师：回答得非常好！下面是今天的作业。

（四）课后作业

1. 在钝角三角形中探求证明定理的不同方法。

2. 在 $\triangle ABC$ 中，$\dfrac{a}{\sin A} = \dfrac{b}{\sin B} = \dfrac{c}{\sin C} = k$，研究 k 的几何意义。

3. 阅读材料：正弦定理发展简史与定理推广。

历史上，正弦定理的几何推导方法丰富多彩。根据其思路特征，主要可以分为两种：

第一种方法可以称为"同径法"，最早为 13 世纪阿拉伯数学家、天文学家纳绥尔丁和 15 世纪德国数学家雷格蒙塔努斯所采用。"同径法"是将三角形两个内角的正弦看作半径相同的圆中的正弦线（16 世纪以前，三角函数被视为线段而非比值），利用相似三角形性质得出两者之比等于角的对边之比。纳绥尔丁同时延长两个内角的对边，构造半径同时大于两边的圆。雷格蒙塔努斯将纳绥尔丁的方法进行简化，只延长两边中的较短边，构造半径等于较长边的圆。17—18 世纪，中国数学家、天文学家梅文鼎和英国数学家辛普森各自独立地简化了"同径法"。

18 世纪初，"同径法"又演化为"直角三角形法"，这种方法不需要选择并做出圆的半径，只需要做出三角形的高线，利用直角三角形的边角关系，即可得出正弦定理。19 世纪，英国数学家伍德豪斯开始统一取 R ＝ 1，相当于用比值来表示三角函数，得到今天普遍采用的"作高法"。

第二种方法为"外接圆法"，最早为 16 世纪法国数学家韦达所采用。韦达没有讨论钝角三角形的情形，后世数学家对此做了补充。

正弦定理可以做如下变形。

$\triangle ABC$ 中，若角 A,B,C 所对应的边分别为 a,b,c，三角形外接圆半径为 R，直径为 D，正弦定理进行变形有：

1. $\dfrac{a}{\sin A} = \dfrac{b}{\sin B} = \dfrac{c}{\sin C} = 2R$（$R$ 为 $\triangle ABC$ 外接圆的半径）

2. $a = 2R\sin A, b = 2R\sin B, c = 2R\sin C$

3. $a\sin B = b\sin A,$

   $b\sin C = c\sin B,$

   $a\sin C = c\sin A.$

4. $a:b:c = \sin A:\sin B:\sin C$

5. $\dfrac{a}{\sin A} = \dfrac{a+b}{\sin A + \sin B} = \dfrac{a+b+c}{\sin A + \sin B + \sin C}$

6. $S = \dfrac{1}{2}ab\sin C = \dfrac{1}{2}ac\sin B = \dfrac{1}{2}bc\sin A = \dfrac{abc}{4R}$（三角形面积公式）

【教学反思】

（1）本节课以问题解决为中心，通过学生的阅读与表达，采用自主探究、自主学习的学习方式，重点放在定理的形成与证明的探究上，努力挖掘定理教学中蕴涵的思维价值，培养学生的阅读能力、表达能力及解决问题的能力。

（2）教材中关键词、关键点的处理尤为重要，尽管教材中对本课知识方法的要求并不高，只介绍了通过作高将一般三角形变换为直角三角形，再将三角比变换得到等式的化归方法，但教学过程中，需要师生共同阅读和分析教材，将教材进行有机裁剪阅读，并融入个性见解的过程。本课设计充分预设各种课堂生成，尽量满足不同思维层次学生的需求。

（3）突出正弦定理解决数学问题的核心。正弦定理的核心内容是"定量地描写三角形边角之间的关系"，是"大角对大边，小角对小边"的定量化。但量、算、猜不能代替数学思考与逻辑证明，课堂教学中处理这一部分时稍显弱了一点，还是应该让学生自主学习并进行必要的演算，学生在这一部分完全受控，是本节课今后需要注意和完善的地方。

平面向量数量积数学阅读课

郭健

贵阳市民族中学

【教学目标】

1. 知识与技能

掌握平面向量数量积的性质及其运算方法，理解平面向量数量积与其他知识的内在联系，掌握数学阅读的方法。

2. 过程与方法

通过阅读方法的学习过程，体会文字，符号，图形等语言相互转化的重要性，学会运用相关知识解决向量问题的方法。

3. 情感态度与价值观

引导学生发现问题，鼓励学生大胆质疑，培养学生的辩证思维以及分析问题解决问题的能力。

【教学重点】

1. 数学阅读的方法与语言转换的技巧

2. 平面向量数量积的运算方法与性质

【教学难点】

1. 数学阅读的方法与语言转换的技巧

2. 平面向量数量积与其他数学知识的内在联系

128

【教学流程】

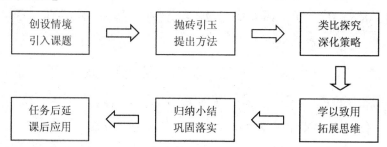

【教学实录】

（一）引入新课

师：数学阅读不同于普通的阅读，数学语言中往往用一个符号、一个图表、一个公式来表示，虽看似简单，却隐含了大量信息，需认真分析、字斟句酌才能正确理解其本意。更改一个数据或者一个符号其原本的含义就会完全改变。数学语言是一种较自然语言更为高级的语言，无论其抽象性、概括性、精确性还是其严密的逻辑性，都要求在数学阅读时要比语文阅读更加聚精会神，更加认真仔细，更加字斟句酌，才能达到理解的目的。

师：请大家谈谈平常你对数学阅读的认识和理解。

生：平常没有关注过数学阅读。

生：感觉应该和普通阅读没有什么区别，仔细认真就行了。

生：觉得没有什么区别，细心一点多读几遍就可以了。

师：看来大家原来对数学阅读都没有什么认识，普遍觉得数学阅读和普通阅读没有什么大的区别，那么今天我们就来上一节关于平面向量数量积计算的阅读课。

（二）梳理知识结构

师：首先我们来看一道浙江高考题。

[例1]（浙江高考）如图，在矩形 $ABCD$ 中，$AB=\sqrt{2}$，$BC=2$，点 E 为 BC 中点，点 F 在 CD 上，若 $\overrightarrow{AB} \cdot \overrightarrow{AF} = \sqrt{2}$，则 $\overrightarrow{AE} \cdot \overrightarrow{BF}$ = _____。

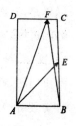

师：请同学们先考虑一下这道题如何解答。

师：有哪位同学说一下你的解答思想和过程。

生：我是借助基底的思想。

解 $\overrightarrow{AF} = \overrightarrow{AD} + \overrightarrow{DF}, \overrightarrow{AB} \cdot \overrightarrow{AF} = \overrightarrow{AB} \cdot (\overrightarrow{AD} + \overrightarrow{DF}) = \overrightarrow{AB} \cdot \overrightarrow{AD} + \overrightarrow{AB} \cdot \overrightarrow{DF} = \overrightarrow{AB} \cdot \overrightarrow{DF} = \sqrt{2} \mid \overrightarrow{DF} \mid = \sqrt{2}$

$\mid \overrightarrow{DF} \mid = 1, \mid \overrightarrow{CF} \mid = \sqrt{2} - 1, \overrightarrow{AE} = \overrightarrow{AB} + \overrightarrow{BE}, \overrightarrow{BF} = \overrightarrow{BC} + \overrightarrow{CF} \Rightarrow \overrightarrow{AE} \cdot \overrightarrow{BF} = (\overrightarrow{AB} + \overrightarrow{BE}) \cdot (\overrightarrow{BC} + \overrightarrow{CF}) = \overrightarrow{AB} \cdot \overrightarrow{CF} + \overrightarrow{BE} \cdot \overrightarrow{BC} = -\sqrt{2}(\sqrt{2} - 1) + 1 \times 2 = \sqrt{2}$

师：这位同学做得很好，巧妙地利用了基底，通过基底辅助计算数量积。

师：现在我请问一下同学们，这个方法你想到没有，这个题的解答过程中受到什么阻碍。

生：我一开始觉得这道题的关键是找到 $\overrightarrow{AF}$ 的长度，还有 $\overrightarrow{AB}$ 与 $\overrightarrow{AF}$ 的夹角，但是没有找到。

师：刚才那个同学的解法你能想到吗？

生：可以理解但是自己想不到。

师：好的，下面请同学来说一下刚才你是怎么阅读这道题目的。

生：读题后，把条件勾出来。我是把题目读一遍后，把重要的信息提炼出来，看看缺什么条件。有的题可能读一遍题没有什么思路，要多读几遍题，才有可能找到解题的思路。

师：大家说的都很好。首先，很多时候数学阅读不单单指一次阅读，它应该是粗读、精读、解读三个过程的有机结合。

师：第一次进行的粗读是进行整体的认知，对题目条件获得的各种语言得到初步的认知，留下总体的印象，对于一些疑难条件可以暂时跳过。第二次进行精度读是深入重点分析，对于粗读时的疑难信息进行认真细致地分析、转化理解，把握概念主要含义及其内在联系。第三次进行解读是真正体会到考查知识的本质，它能检验精读阶段的认知，并能修正和深化粗读时所形成的初步印象，从而形成解题思路。其次，阅读的过程不只是读，它应该是一个读、写、算的过程，更是一个记忆的过程。写可以加强我们对条件的记忆。最后，也是最关键的，数学阅读的过程中，文字、符号、图形语言转换频繁，我们一定要灵活地进行转化，找到恰当的方式解决问题。现在请同学们再次阅读题目，考虑一下刚才这道题还有没有更简便、更容易理解的解法。

生：我觉得这道题可以用坐标处理，建立坐标系，找到坐标后完成。

师:很好,你是通过什么想到本题可以转换成坐标运算的。

生:图形是规则的矩形,并且邻边的长度都知道,正好可以将所知转换成坐标形式进行运算,而且坐标运算比较简单,更容易想到,更容易理解。

师:好的,现在请一位同学在黑板上用坐标形式完成题目的解答。

学生解答。

解:如图建立坐标系,$A(0,0)$,$B(\sqrt{2},0)$,$E(\sqrt{2},1)$,

设 $F(x,2)$

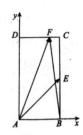

$\overrightarrow{AB}=(\sqrt{2},0)$,$\overrightarrow{AE}=(\sqrt{2},1)$,$\overrightarrow{AF}=(x,2)$

$\overrightarrow{AB}\cdot\overrightarrow{AF}=\sqrt{2}\Rightarrow x=1\Rightarrow\overrightarrow{BF}=(1-\sqrt{2},2)$

$\overrightarrow{AE}\cdot\overrightarrow{BF}=\sqrt{2}(1-\sqrt{2})+1\times2=\sqrt{2}$

师:那现在大家对阅读有什么新的认识?

生:阅读要分三个层次,学会粗读、精度、解读。

生:阅读不单单只是读,是一个读、写、算的过程,也是一个记忆的过程,写能帮助我们更好,更有效的记忆。

生:阅读的关键是,一定要灵活转化数学语言,用恰当的方式解决问题。

师:回答得很好!阅读的方法包括:(1) 粗读、精度、解读;(2) 读、写、算的结合过程;(3) 灵活转化数学语言,恰当选择合适语言。

师:数学阅读的重点就是数学语言间的相互转换,难点是通过转换找到合适的语言重现题目信息,从而找到更恰当的解题方式,接下来我们就进一步的训练数学语言间的合理转换。

师:接下来,我们来看一道辽宁高考题。

[例2](辽宁高考) 若 $\vec{a},\vec{b},\vec{c}$ 均为单位向量,且 $\vec{a}$ 与 $\vec{b}$ 数量积为零,$(\vec{a}-\vec{c})\cdot(\vec{b}-\vec{c})\leqslant0$,则 $|\vec{a}+\vec{b}-\vec{c}|$ 的最大值为_____。

师:请同学们谈谈对这道题的看法。

生1:感觉不知道怎么去处理题干的条件。

生2:觉得应该用线性运算三角形加减法画图来处理。

师:这道题对我们的阅读提出了更高的要求,我们需要用你自己读得懂的语言来阐述题目的问题。大家觉得这道题更适合用什么语言来表示。

生3:应该用向量三角形加减法,也就是线性运算画图的方法。

师:除了线性运算画图,还有哪些语言可以转换为图形语言,哪些条件可以恰当地转换成适当的数学语言帮助我们解决这道题。

生:$\vec{a},\vec{b}$ 为单位向量,且 $\vec{a}$ 与 $\vec{b}$ 数量积为零,可以转换成图形语言来更恰当地表示。

师:如何转换?

生:以平面直角坐标系的原点 O 为起点,在 x 轴取单位向量 $\overrightarrow{OA}=\vec{a}$,在 y 轴取单位向量 $\overrightarrow{OB}=\vec{b}$。$\vec{a}=(1,0),\vec{b}=(0,1)$。

师:很好,通过条件的特点,将向量转换为更容易接受的坐标形式,以及更容易观察的图形形式。也就是恰当将文字、符号语言转化为图形语言,这样可以用更清楚、恰当的语言形式表示题目信息。

师:那么向量 $\vec{c}$ 如何处理,怎么转换?

生:设 $\vec{c}=(x,y)$ 且 $x^2+y^2=1$。

师:这只是转换成了坐标,在图形里有什么更具体的体现。

生:其实就是以原点 O 为起点,C 为终点为向量 $\overrightarrow{OC}=\vec{c}$,并且点 C 是原点 O 为起点,1 为半径的圆周上的点。

师:很好,这样就把三个向量都转化成了图形语言。那么条件 $(\vec{a}-\vec{c})\cdot(\vec{b}-\vec{c})\leqslant 0$ 又应该怎么取处理,怎么转换成更恰当的形式?

生:将三个向量的坐标代入条件,得 $\left(x-\dfrac{1}{2}\right)^2+\left(y-\dfrac{1}{2}\right)^2\leqslant\dfrac{1}{2}$.

师:这个条件转换成图形语言又代表了什么?

生:代表以 $\left(\dfrac{1}{2},\dfrac{1}{2}\right)$ 为圆心,$\dfrac{1}{2}$ 为半径的圆的内部及圆周。

师:那接下来问题 $|\vec{a}+\vec{b}-\vec{c}|$ 怎么在图形上得到恰当的体现?

生:先用平行四边形加法做出 $\vec{a}+\vec{b}$,再用三角形减法做出 $\vec{a}+\vec{b}-\vec{c}$。

师:现在请一位同学到黑板上,根据我们刚才进行的数学语言转换,再结合向量的坐标和图形语言将题解答出来。

生:结合三角形加减法,向量 $\vec{c}$ 在如图所示的圆弧 $\overset{\frown}{AB}$ 上运动,$\overrightarrow{CD}=\vec{a}+\vec{b}-\vec{c}$,又向量 $\overrightarrow{OD}=\vec{a}+\vec{b}=(1,1)$,可以发现当点 C 与 A 或 B 重合时 $|\vec{a}+\vec{b}-\vec{c}|$ 最大,最大值为 1。

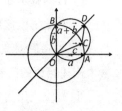

师:非常好!通过这道题大家对数学阅读有什么新的

认识。

生1:阅读是有方法的,而且需要加以训练。

生2:数学阅读的关键是合理地将各种语言进行转换。

生3:上一道题就是将各种语言转换为图形语言,利用数形结合的思想。

师:下面我们再来看一道安徽高考题。

[例3](安徽高考)在平面直角坐标系 xOy 中,已知向量 $\vec{a},\vec{b}$,$|\vec{a}| = |\vec{b}| = 1$,$\vec{a} \cdot \vec{b} = 0$,点 Q 满足 $\overrightarrow{OQ} = \sqrt{2}(\vec{a} + \vec{b})$。曲线 $C = \{P \mid \overrightarrow{OP} = \vec{a}\cos\theta + \vec{b}\sin\theta, 0 \leqslant \theta < 2\pi\}$,区域 $\Omega = \{P \mid 0 < r \leqslant |\overrightarrow{PQ}| \leqslant R, r < R\}$。若 $C \bigcap \Omega$ 为两端分离的曲线,则( )。

A.$1 < r < R < 3$ B.$1 < r < 3 \leqslant R$ C.$r \leqslant 1 < R < 3$ D.$1 < r < 3 < R$

师:请同学们考虑这道题,看看怎么恰当的转换其中的数学语言。

生:可以借鉴上一道题的方法,将条件转换为图形语言。

师:具体怎么转换呢?

生:因为向量 $\vec{a},\vec{b}$ 满足,$|\vec{a}| = |\vec{b}| = 1$,$\vec{a} \cdot \vec{b} = 0$,所以可以类似的在平面直角坐标系里以原点 O 为起点,在 x 轴取单位向量 $\overrightarrow{OA} = \vec{a}$,在 y 轴取单位向量 $\overrightarrow{OB} = \vec{b}$,$\vec{a} = (1,0)$,$\vec{b} = (0,1)$。

师:很好,但是请同学们考虑一下是不是非要放到平面直角坐标系里,能不能将本道题脱离平面直角坐标系的束缚。

生:题目的条件和结论都和相对位置有关,和绝对位置无关,所以可以不考虑直角坐标系 xOy。

师:脱离平面直角坐标系了,具体如何转换呢。

生:可以在平面取长度均为1的有向线段 $\overrightarrow{OA} \perp \overrightarrow{OB}$,分别代表 $\vec{a}$ 和 $\vec{b}$。可以得 $\overrightarrow{OQ}$ 在 $\angle AOB$ 的平分线上,与 $\overrightarrow{OA}$ 和 $\overrightarrow{OB}$ 夹角均为 $45°$,且根据条件的关系可以得向量 $\overrightarrow{OQ}$ 的长度,$|\overrightarrow{OQ}| = 2$。

师:对于曲线 C 具体的含义是什么,又如何去转换数学语言。

生:首先可以借助平面向量坐标的定义,$\overrightarrow{OP} = \vec{a}\cos\theta + \vec{b}\sin\theta \Rightarrow \overrightarrow{OP} = (\cos\theta, \sin\theta)$。

师:很好,现将其转换为坐标,接下来这个坐标再转换成图形语言,又具体代表了什么?

生:这么转换以后,曲线 C 具体表示的就是,以 O 圆心,1 为半径的单位圆(如图）。

师：那 θ 角在哪里？

生：其中 θ 是以 $\overrightarrow{OA}$ 为始边，$\overrightarrow{OP}$ 为终边的角。

师：很好，我们又应该如何来理解区域 Ω？

生：区域 Ω 是以 Q 为圆心，外圆半径为 R，内圆半径为 r 的圆环内部，包括内外边界。

师：$C \bigcap \Omega$ 如何去理解？

生：以 $C \bigcap \Omega$ 表示的为圆 O 被 Ω 表示的圆环所截的部分。

师：最后，这道题如何解答。

生：为了保证 $C \bigcap \Omega$ 为两段分离的曲线，需要圆环的内圆和外圆均与圆 O 相交，所以 $1 < r < R < 3$。

（三）知识总结

师：今天阅读课的学习中，你们有什么体验？我们在数学阅读中需要注意什么，有什么方法和技巧？

生：阅读要分三个层次，粗读、精度、解读。

生：数学阅读不单单是读，更需要灵活转换各种语言，灵活使用数形结合思想。

生：灵活使用数形结合思想，将文字，符号等语言转化为图形语言，更直观的解答问题。

师：除了上述阅读的方法，还希望大家在掌握本节阅读策略的基础上，学会发现问题、提出问题、解决问题的思想，并应用到以后的数学解题中。

（四）课后作业

1. $\vec{a}, \vec{b}$ 是互相垂直的单位向量，$\sqrt{3}\vec{a} - \vec{b}$ 与 $\vec{a} + \lambda\vec{b}$ 的夹角为 $\dfrac{\pi}{3}$，则实数 λ 的值是_____.

2. 对于任意的平面向量 $\vec{a} = (x_1, y_1), \vec{b} = (x_2, y_2)$，定义新运算 $\odot$：$\vec{a} \odot \vec{b} = (x_1 + x_2, y_1 y_2)$. 若 $\vec{a}, \vec{b}, \vec{c}$ 为平面向量，$k \in \mathbf{R}$，则下列运算性质一定成立的所有序号是_____.

①$\vec{a} \odot \vec{b} = \vec{b} \odot \vec{a}$；

②$k\vec{a} \odot \vec{b} = \vec{a} \odot k\vec{b}$；

③$(\vec{a} \odot \vec{b}) \odot \vec{c} = \vec{a} \odot (\vec{b} \odot \vec{c})$;

④$\vec{a} \odot (\vec{b} + \vec{c}) = \vec{a} \odot \vec{b} + \vec{a} \odot \vec{c}.$

3. 已知在等腰梯形 $ABCD$ 中,已知 $AB // CD$, $AB = 2$, $BC = 1$, $\angle ABC = 60°$. 动点 E 和 F 分别在线段 BC 和 DC 上,且 $\overrightarrow{BE} = \lambda \overrightarrow{BC}$, $\overrightarrow{DF} = \dfrac{1}{9\lambda} \overrightarrow{DC}$,则 $\overrightarrow{AE} \cdot \overrightarrow{AF}$ 的最小值为＿＿＿＿.

4. 设向量 $\overrightarrow{a_k} = \left(\cos \dfrac{k\pi}{6}, \sin \dfrac{k\pi}{6} + \cos \dfrac{k\pi}{6} \right)$ $(k = 0, 1, 2, \cdots, 12)$,则 $\displaystyle\sum_{k=0}^{11} (\overrightarrow{a_k} \cdot \overrightarrow{a_{k+1}})$ 的值为＿＿＿＿.

【教学反思】

1. 数学阅读课背景及意义

数学阅读指学生个体根据已有的知识和经验,通过阅读数学材料建构数学意义和方法的学习活动,是学生主动获取信息、汲取知识,发展数学思维,学习数学语言的重要途径。数学阅读就是在阅读的过程中不断进行将文字、符号、图形语言转换的一种能力。从心理学的角度看,数学阅读就是将材料中的数学语言转化为心理活动的表现,他不仅仅包括感知和理解能力,而是包含几乎所有的心理活动,使一个人的感觉、知觉、言语、记忆等都处在积极的活动状态之中。数学阅读的过程是一个完整的心理活动过程,包含语言符号(文字、数学符号、术语、公式、图表等)的感知和认读、新概念的同化和顺应、阅读材料的理解和记忆等各种心理活动因素。同时,它还是一个不断假设、证明、想象、推理的积极能动的认知过程。

2. 国内外数学阅读研究现状

纵观国内外的相关文献,可以发现,古今中外的学者都非常重视阅读,只是将阅读作为专门的学问加以研究,还是从最近这些年开始的。从 20 世纪 70 年代开始,在信息加工思想的引导下,现代认知心理学得以迅猛发展,人们逐渐认识到阅读能力的培养和提高是有规律可循的,国内外学者对阅读的研究也逐渐深入。不少的专家、学者都取得了珍贵的研究成果。例如,哈伯在《阅读内容的讲解》一书中写,学生阅读能力的培养,应在教学中有计划地进行,而不是在杂乱无章的方法中学习;美国学者贝尔在《中学数学的教与学》一书中,提出了阅读的方法、数学阅读的特点以及数学阅读的过程,并提出了一种新型的评价学生阅读能力的方法,即用填空程序来进行评价;日本的"三读教学法"将阅读分为通读、精读、选读三个层次,日本的公文式教学从实质上说,就是阅读教学。这些研究成果及其采用的实验措施为数学阅读的研究指明了方向,同时提供很好的理论基础。我国的阅读研究也逐渐开展起来。总结国内学者对于数学阅读的相关研究,主要涉及数学阅读的教育价值、数学阅读的心理层面、数学阅读能力的培养策略等方面内容。

3. 高中数学学生阅读现状

缺乏阅读习惯,学生对阅读的理解仅仅停留在解题层面上。即便我们的学生审题能力依旧较差,他们往往缺乏审题意识,我们的学生审题能力依旧较差,他们往往缺乏审题意识,因为片面审题,审题慢,答题快带来诸多失误和丢分。很多学生学不好数学的本质原因就是片面阅读,不会阅读,怕阅读。这导致学生的成绩很不理想,老师教授也很吃力。

4. 高中数学阅读教学现状

目前高中数学阅读的教学现状是,基本没有开展什么有针对性的,专门的提高学生阅读的课程,数学阅读的教学往往只停留在简单的教会学生如何审题这个层次。前苏联数学教育家斯托利亚尔说:"数学教学也就是数学语言的教学"。而语言的学习离不开阅读。数学语言发展水平低的学生,课堂上对数学语言信息的敏感性差,思维转换慢,从而造成知识接受质差量少。教学实践也表明,数学语言发展水平低的学生的数学理解力也差,理解问题时常发生困难和错误。因此,重视数学阅读教学,丰富数学语言教学系统,提高数学语言水平有着重要而现实的教育意义。阅读能力就是通过学生自己学习,独立或合作获取知识、掌握知识和形成技能的能力。而数学阅读能力则是以数学思维能力为核心的多方面、多因素的一种综合能力,它主要包括学生独立获取知识的能力,系统掌握数学知识的能力,科学地应用所学的数学知识解决实际问题的能力。

5. 培养学生阅读能力的策略

(1)将阅读纳入正常的教学环节,教师编好阅读提纲导读。

粗读 —— 进行整体认知,对获得的各种语言和信息进行初步转化和认知,留下总体的印象,对于一些疑难概念可以暂时跳过;

精读 —— 深入重点分析,对于粗读时的疑难信息进行认真细致地分析、转化理解,把握概念主要含义及其内在联系;

解读 —— 领会知识本质,它能检验精读阶段对知识的认知,并能修正或深化粗读时所形成的初步印象,形成概念的本质。

（2）数学阅读的重点在于合理有效的转换各种语言。

教会学生掌握阅读基本技巧，能够准确进行文字语言、符号语言、图形语言等的有效互译，弄明白概念的内涵和外延；分清定理的条件和结论，分析比较，掌握应用；明白公式的特征，注意应用条件，理解内在联系。

（3）加强学生的审题训练。

耐心仔细审题，把握关键词，从中获取更多有利信息，审视条件，挖掘隐藏信息，然后区分信息、概括信息、推理信息、激活知识经验，沟通已知与未知，寻求解题思路。

6. 改变教学重视阅读

数学阅读不论是在做题过程中还是日常的数学学习中都是至关重要的，良好的数学阅读能力可以使学生在解题过程中很好地理解题意，挖掘信息。很多同学对知识的掌握情况非常好，做题时思维条理清晰，但在最后结果上不尽人意，这样的问题往往是在开始阅读的过程便出现了纰漏。在教学中，老师要善于改变自己的教学方式，从而使学生所学到的知识更加具有实用性。通过阅读、引导、转换、提炼、探究这五个方面培养学生的数学学习能力和数学解题能力，能够使学生在学习过程中养成良好的解题习惯和思维习惯。

【课后作业参考答案】

1. $|\vec{a}| = |\vec{b}| = 1$ 且 $\vec{a} \cdot \vec{b} = 0$，$(\sqrt{3}\vec{a} - \vec{b}) \cdot (\vec{a} + \lambda\vec{b}) = |\sqrt{3}\vec{a} - \vec{b}| \cdot |\vec{a} + \lambda\vec{b}| \cdot \cos 60°$，即 $\sqrt{3}(\vec{a})^2 + (\sqrt{3}\lambda - 1)\vec{a} \cdot \vec{b} - (\vec{b})^2 = \sqrt{3(\vec{a})^2 - 2\sqrt{3}\vec{a} \cdot \vec{b} + (\vec{b})^2} \cdot \sqrt{(\vec{a})^2 - 2\lambda\vec{a} \cdot \vec{b} + \lambda^2(\vec{b})^2} \cdot \frac{1}{2}$，化简得 $\sqrt{3} - \lambda = \sqrt{3 \times 1} \cdot \sqrt{1 + \lambda^2} \cdot \frac{1}{2}$，解得 $\lambda = \frac{\sqrt{3}}{3}$。

2. 易判断 ① 正确；$k\vec{a} \odot \vec{b} = (kx_1 + x_2, ky_1y_2)$，$\vec{a} \odot k\vec{b} = (x_1 + kx_2, y_1ky_2)$，② 不正确；设 $\vec{c} = (x_3, y_3)$，$(\vec{a} \odot \vec{b}) \odot \vec{c} = (x_1 + x_2 + x_3, y_1y_2y_3) = \vec{a} \odot (\vec{b} \odot \vec{c})$，③ 正确；$\vec{a} \odot \vec{b} + \vec{a} \odot \vec{c} = (2x_1 + x_2 + x_3, y_1y_2 + y_1y_3)$，④ 不正确. 所以一定成立的序号为 ①③.

3. 以 A 为原点，AB 所在直线为 x 轴建立直角坐标系，则 $B(2,0)$，$C\left(\frac{3}{2}, \frac{\sqrt{3}}{2}\right)$，

$D\left(\dfrac{1}{2}, \dfrac{\sqrt{3}}{2}\right)$, 由 $\overrightarrow{BE} = \lambda \overrightarrow{BC}$ 得 $E\left(2 - \dfrac{\lambda}{2}, \dfrac{\sqrt{3}}{2}\lambda\right)$, 由 $\overrightarrow{DF} = \dfrac{1}{9\lambda} \overrightarrow{DC}$ 得 $F\left(\dfrac{1}{2} + \dfrac{1}{9\lambda}, \dfrac{\sqrt{3}}{2}\right)$,

从而由 $\overrightarrow{AE} \cdot \overrightarrow{AF} = \dfrac{17}{18} + \dfrac{2}{9\lambda} + \dfrac{\lambda}{2} \geqslant \dfrac{17}{18} + 2\sqrt{\dfrac{1}{9}} = \dfrac{29}{18}$ (当且仅当 $\lambda = \dfrac{2}{3}$ 时, 取等号).

所以 $\overrightarrow{AE} \cdot \overrightarrow{AF}$ 的最小值为 $\dfrac{29}{18}$.

$$4. \ \overrightarrow{a_k} \cdot \overrightarrow{a_{k+1}} = \cos\frac{k\pi}{6}\cos\frac{(k+1)\pi}{6}$$

$$+ \left(\sin\frac{k\pi}{6} + \cos\frac{k\pi}{6}\right)\left(\sin\frac{(k+1)\pi}{6} + \cos\frac{(k+1)\pi}{6}\right)$$

$$= \cos\frac{\pi}{6} + \sin\frac{(2k+1)\pi}{6} + \frac{1}{2}\left[\cos\frac{(2k+1)\pi}{6} + \cos\frac{\pi}{6}\right]$$

$$= \frac{3\sqrt{3}}{4} + \sin\frac{(2k+1)\pi}{6} + \frac{1}{2}\cos\frac{(2k+1)\pi}{6},$$

$$\sum_{k=0}^{11} (\overrightarrow{a_k} \cdot \overrightarrow{a_{k+1}}) = 9\sqrt{3} + 0 + 0 = 9\sqrt{3}.$$

第五篇 **05**

| 数学活动课 |

数学活动课是结合具体可操作的活动来实施数学课堂教学，是以培养学生探究能力和创新精神为目的，由数学教师精心设计的一种特殊的课型。

　　数学活动课要培养学生的动手实践能力和应用意识，因此对于不同年级、不同层次的学生有不同的教学方法。例如，让学生在玩中学，在动手探究中去领悟；把数学概念、数学思维和数学方法设计到让学生动手活动的问题中，特别是在具体的应用问题中。

　　数学活动课的目的在于激发学生的学习热情，把数学知识教活，把学生教聪明。数学活动课的教学效果取决于教师的教学理念、教学智慧和对学生、对数学知识的驾驭能力。

基于数学活动课的一类问题的解题方法探究

马小兰

贵阳市第三实验中学

【教学目标】

1. 知识与技能

学会通过数形结合解决问题。

2. 过程与方法

在数学活动的过程中，体会数形结合的方法在解决问题中的巧妙之处。

3. 情感态度与价值观

通过数学活动，培养学生的团队合作意识；在用相同的方法解决不同问题的过程中，体会知识间的联系和方法的通用性。

【教学重点】

通过数学活动解决数学问题。

【教学难点】

学生的有效合作，正确作图。

【教学流程】

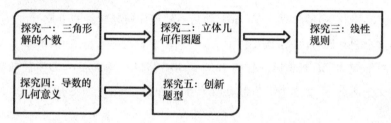

【教学实录】

(一) 引入新课

师：数学是研究空间形式和数量关系的学科。在我们平时的学习和问题的解决中，对数量关系研究得比较多。但有很多问题是对形的研究，这一类问题，不只是同学们所谓的几何题，也有代数和几何的综合题，今天我们就一起来看看这些问题的解决方法。

师：请大家看看探究一的问题（1），思考如何解决此类问题，并试着寻找其中的简单方法。

(二) 梳理知识结构

探究一：三角形解的个数

问题：

(1) 已知 $A = 30°, b = 4, a = 2$，判断三角形解的个数。

学生解答。

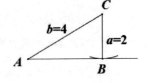

解：由正弦定理得 $\dfrac{a}{\sin A} = \dfrac{b}{\sin B}$

即 $\sin B = \dfrac{b\sin A}{a} = \dfrac{4\sin 30°}{2} = 1$

$\therefore B = 90°, c = 2\sqrt{3}$

所以三角形只有一个解。

师：我看到大部分同学都解出来了，这个三角形刚好是个直角三角形，请没有画图的同学把图画出来。

(2) 已知 $A = 30°, b = 4, a = 3$，判断三角形解的个数。

解：由正弦定理得 $\dfrac{a}{\sin A} = \dfrac{b}{\sin B}$

即 $\sin B = \dfrac{b\sin A}{a} = \dfrac{4\sin 30°}{3} = \dfrac{2}{3}$

师：我看到很多同学求出了 $\sin B$，然后不知道如何判断解的个数了。

那这个题有没有快速的解法？

学生解答：作图，根据第一题的图，$2 < 3 < 4$，以 C 为圆心，3 为半径画圆与 C 的对边交于两点，因此这个三角形有两个解。

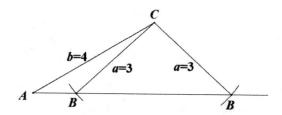

师：这个方法很不错，简单快捷，请大家以前后桌为一组，讨论理解以上方法，并用以解决后面的 3 个小题。

（3）已知 $A = 30°, b = 4, a = 4$，判断三角形解的个数。

学生解答。

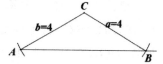

解：由图可知，以 C 为圆心，4 为半径画圆与 C 的对边交于两点，其中一点为 A，因此只有一个解。

（4）已知 $A = 30°, b = 4, a = 6$，判断三角形解的个数。

学生解答。

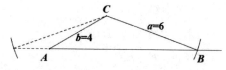

解：由图可知，以 C 为圆心，6 为半径画圆与 C 的对边交于一点，只有一个解。

（5）已知 $A = 30°, b = 4, a = 1$，判断三角形解的个数。

学生解答。

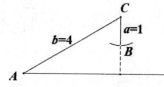

解：由图可知，以 C 为圆心，1 为半径画圆与 C 的对边无交点，因此此题无解。

师：思考一下，如何根据以上条件，快速判断三角形解的个数？

生：可以通过作图快速判断，三角形解的情况。

师：你能否根据已知 $A = 30°, b = 4, a = x$，当三角形无解，有一解，有两解时计算 x 的取值范围？此问题请同学们课下去解决。

探究二：立体几何作图题

师：在立体几何问题的解决中，有一类典型的作图题，该题型不止出现在课本上，还出现在高考题中，下面我们一起来看看。

问题：

如右图所示的一块木料中，棱 BC 平行于面 $A'C'$.

(1) 要经过面 $A'C'$ 内的一点 P 和棱 BC 将木料锯开,应怎样画线?

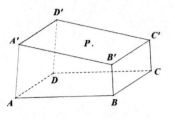

(2) 所画的线与平面 AC 是什么位置关系?

分析:经过木料表面 $A'C'$ 内的一点 P 和棱 BC 将木料锯开,实际上是经过 BC 及 BC 外一点作截面,也就是找出平面与平面的交线。我们可以由直线与平面平行的性质定理和公理 4、公理 2 做出。

解:(1) 如右图,在平面 $A'C'$ 内,过点 P 作直线 EF,使 $EF//B'C'$,并分别交棱 $A'B'$,$C'D'$ 于点 E,F。连接 BE,CF,则 EF,BE,CF 就是应画的线。

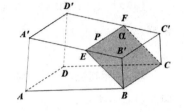

(2) 因为棱 BC 平行于平面 $A'C'$

平面 BC' 与平面 $A'C'$ 交于 $B'C'$

所以 $BC//B'C'$

由(1) 知 $EF//B'C'$

所以 $EF//BC$

因此

$$\left. \begin{array}{l} EF//BC \\ EF \not\subset 平面\ AC \\ BC \subset 平面\ AC \end{array} \right\} \Rightarrow EF//\ 平面\ AC$$

BE,CF 显然都与平面 AC 相交。

问题:

(2015年理科全国2卷) 如图,长方体 $ABCD-A_1B_1C_1D_1$ 中,$AB=16$,$BC=10$,$AA_1=8$,点 E,F 分别在 A_1B_1,D_1C_1

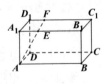

上,$A_1E=D_1F=4$,过点 E,F 的平面 α 与此长方体的面相交,交线围成一个正方形。

(1) 在图中画出这个正方形(不必说明画法和理由)。

师:根据刚刚课本例题的分析求解,大家试试这个高考题如何解决?

生:独立完成(交线围成的正方形 $EHGF$ 如下图)。

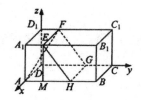

师:除了以上直接通过作图解决的问题,很多的几何问题的解决关键都是做出图像,比如,三视图的还原问题,球有关的问题,等等。由于时间关系,这部分题,留作课后作业,请同学们课后去完成。

探究三:线性规划

师:除了以上的问题,我们的学习中,线性规划问题也是一类重要的作图题,该类问题的解题关键是,能否正确的做出可行域,以及目标函数。下面我们一起来看看。请大家做第一题。

问题:(2013 年高考湖南卷) 若变量 x,y 满足约束条件 $\begin{cases} y \leqslant 2x \\ x + y \leqslant 1 \\ y \geqslant -1 \end{cases}$,则 $x + 2y$

的最大值是( )

A. $-\dfrac{5}{2}$ B. 0 C. $\dfrac{5}{3}$ D. $\dfrac{5}{2}$

生 1:约束条件表示的可行域为如图阴影部分. 令 $x + 2y = d$,即 $y = -\dfrac{1}{2}x + \dfrac{d}{2}$,由线性规划知识可得最优

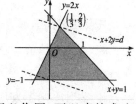

点为 $\left(\dfrac{1}{3}, \dfrac{2}{3}\right)$,所以 $d_{\max} = \dfrac{1}{3} + \dfrac{4}{3} = \dfrac{5}{3}$,故选 C.

生 2:三条直线围城的区域是一个三角形区域,所以不必作图,可以直接求出三个交点坐标,带入目标函数,哪个值最大就是哪个答案。比作图方便快捷得多。

师:刚刚这位同学的观点,大家是否认可?

绝大多数同学都表示很赞同。

师:那我们一起来看看下面的问题,再做评价如何?

生:好。

师:我们请左边两组同学,用通法也就是作图平移获取答案,另外两组同学用三个交点代入法。

问题:(2015高考天津,理2)设变量 x,y 满足约束条件 $\begin{cases} x+2 \geqslant 0 \\ x-y+3 \geqslant 0 \\ 2x+y-3 \leqslant 0 \end{cases}$,则目

标函数 $z = x+6y$ 的最大值为( )

A. 3   B. 4   C. 18   D. 40

左边两组同学解答。

解:不等式 $\begin{cases} x+2 \geqslant 0 \\ x-y+3 \geqslant 0 \\ 2x+y-3 \leqslant 0 \end{cases}$ 所表示的平面区域如下图所示,当 $z = x+6y$ 所

表示的直线经过点 $B(0,3)$ 时,z 有最大值18。

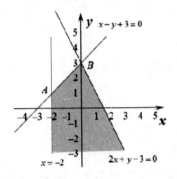

其余两组同学解答。

解:三条直线的交点分别为 $A(-2,1)$、$B(0,3)$、$C(-2,7)$,把三点带入目标函数,得 $4,18,40$,所以最大值为 40。

师:为什么两个方法的答案不一样呢?我们不妨来看看图像。

生:C 点不在可行域中。

师:那以后我们能否不画图直接带点?

生:不能。

师:刚刚我们一起探讨的线性规划问题,是截距模型的,那还有哪些模型呢?

生:含参数、斜率、距离的。

师:很好,这三类问题在大家的作业中也有,大家课后去完成。

探究四:导数的几何意义

师:接下来我们一起来讨论一下今天的第四个模型,导数的几何意义。首先请

大家说一下,导数的几何意义是什么?

生:函数在某一点的导数就是函数图像在该点的切线的斜率,也是瞬时变化率。

师:在 $S(t)$ 图中,导数的几何意义是什么?

生:表示该时刻的瞬时速度。

师:那在 $V(t)$ 图中呢?

生:瞬时加速度。

师:非常不错哦,那请大家试试下面这道题吧。

问题:某堆雪在融化过程中,其体积 V(单位:$\mathrm{m^3}$) 与融化时间 t(单位:h)近似满足函数关系:$V(t) = H$ $(10 - \frac{1}{10}t)^3$(H 为常数),其图像如图所示。记此堆雪从融化开始到结束的平均融化速度为 $\bar{v}(\mathrm{m^3/h})$。那么瞬时融化速度等于 $\bar{v}(\mathrm{m^3/h})$ 的时刻是图中的(　　)

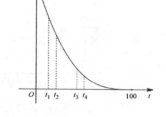

A. t_1　　　　　　B. t_2　　　　　　C. t_3　　　　　　D. t_4

师:根据题目信息,此题没有任何数据可以用,只有什么有作用?

生:图像。

师:那我们如何从图像去解决此问题呢?大家试试吧,可以与同桌讨论,然后我们请同学来说说他的想法。

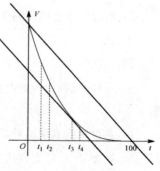

生:因为此堆雪从融化开始到结束的平均融化速度为 $\bar{v}(\mathrm{m^3/h})$。为图中连接起点到终点的直线的斜率。把它平移,得到 t_3 时刻的瞬时速度等于 $\bar{v}(\mathrm{m^3/h})$。所以答案是 C。

师:分析得很到位。由此题目可以看出,该问题的解决,是在理解导数的几何意义的基础上,不通过计算,完全靠动手作图解答。

探究五:创新题型

师:近年来,创新题型层出不穷,这些题目的考查内容不只是课本上的知识的简单运用,更多的是考查学生的阅读能力,分析、解决问题的能力。我们一起来看看。

[例1] (2015北京文14) 高三年级267位学生参加期末考试, 某班37位学生的语文成绩, 数学成绩与总成绩在全年级中的排名情况如图所示, 甲、乙、丙为该班三位学生。从这次考试成绩看, 在甲、乙两人中, 其语文成绩名次比其总成绩名次靠前的学生是_____; 在语文和数学两个科目中, 丙同学的成绩名次更靠前的科目是_____。

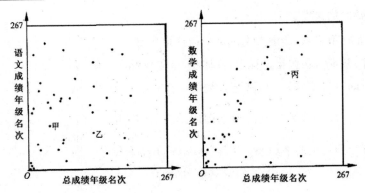

师: 从图中分析, 那些同学的语文成绩和总成绩排名一样呢?

生: 直线 $y = x$ 上的点, 语文成绩和总成绩一样。

师: 那哪些同学语文成绩比总成绩好呢?

生: 直线 $y = x$ 下方的部分

师: 所以甲和乙那个同学的语文成绩比总成绩好?

生: 乙。

师: 你能否判断丙同学的总成绩排名?

生: 可以, 过丙作横轴的垂线, 垂线后边的同学只有4个, 所以丙同学排名倒数第5。

师: 那如何找到丙的数学排名呢?

生: 在图2中, 过点丙作纵轴的垂线, 垂线上面的同学有10个, 所以他数学倒数11名。

师: 那语文呢?

生: 先在图1中找到丙。

师: 如何找?

生: 从左往右第5个。

148

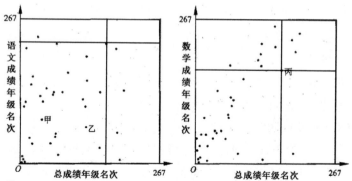

师：为什么？

生：总排名倒数第 5。

师：很好，接下来我们过该点作横轴和纵轴的垂线，发现丙的语文成绩，倒数第三或第二，由此看出，丙的数学成绩更靠前。

师：从这个题可以看出，我们在解题的过程中，并不需要我所学的太多数学知识，只需要简单的作图，就可以解决。下面还有一个很好的题在大家的学案上，同样，该问题留给大家课下解决。

[**例题**]（2012 年福建文科数学）某地图规划道路建设，考虑道路铺设方案，方案设计图中，求表示城市，两点之间连线表示两城市间可铺设道路，连线上数据表示两城市间铺设道路的费用，要求从任一城市都能到达其余各城市，并且铺设道路的总费用最小。例如：在三个城市道路设计中，若城市间可铺设道路的路线图如图 1，则最优设计方案如图 2，此时铺设道路的最小总费用为 10。现给出该地区可铺设道路的线图图如图 3，则铺设道路的最小总费用为_____。

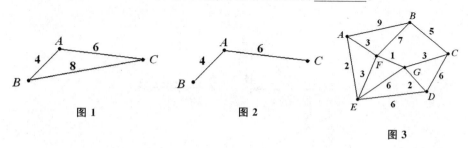

图 1　　图 2　　图 3

【解析】根据题意先选择中间最优线路，中间有三条，分别是 $A \to F \to G \to D$，$E \to F \to B$，$E \to F \to C$，费用最低的是 $A \to F \to G \to D$ 为 $3 + 1 + 2 = 6$；再选择 $A \to F \to G \to D$ 线路到点 E 的最低费用线路是：$A \to E$ 费用为 2；再选择 $A \to F$

$\rightarrow G \rightarrow D$ 到 CB 的最低费用,则选择:$G \rightarrow C \rightarrow B$,费用最低为 $3+5=8$,所以铺设道路的最小费用为:$6+2+8=16$。

（三）知识总结

师:通过这节课的学习,你们学到了什么?或者有什么想法?有什么感悟?

生:我们学会了通过作图解决问题。

师:解决了哪些问题?

生:(1)解三角形中,已知两边及一边的对角讨论三角形解的个数;(2)立体几何中的题;(3)线性规划问题;(4)导数的几何意义;(5)创新题型。

师:很好,说得比较全面。有没有同学体会到解决这些问题的方法?

生:作图。

师:也就是说,在这些问题的解决过程中,我们是通过作图这样一种数学活动,在动手作图加简单的分析的前提下解答问题的。

师:今天的课就上到这里,言有尽而意无穷,希望大家根据本节课的学习,认真思考,并保质保量完成学案中余下的作业,在作业的完成中,整合本节课的思想方法。下课!

生:老师再见!

师:同学们再见!

（四）课后作业

1. 你能否根据已知 $A=30°,b=4,a=x$,当三角形无解,有一解,有两解,时计算 x 的取值范围?

2.(2015 高考北京）某三棱锥的三视图如图所示,则该三棱锥的表面积是（   ）

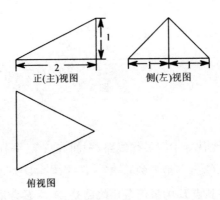

正(主)视图   侧(左)视图

俯视图

A. $2+\sqrt{5}$ B. $4+\sqrt{5}$ C. $2+2\sqrt{5}$ D. 5

3.(2015 高考新课标 2)已知 A,B 是球 O 的球面上两点,$\angle AOB = 90°,C$ 为该球面上的动点,若三棱锥 $O-ABC$ 体积的最大值为 36,则球 O 的表面积为(   )

A. 36π B. 64π C. 144π D. 256π

4.(2013 年普通高等学校招生统一考试新课标 Ⅱ 卷数学)已知 $a > 0$,x,y 满足约束条件 $\begin{cases} x \geqslant 1 \\ x+y \leqslant 3 \\ y \geqslant a(x-3) \end{cases}$,若 $z = 2x+y$ 的最小值为 1,则 $a = $(   )

A. $\dfrac{1}{4}$ B. $\dfrac{1}{2}$ C. 1   D. 2

5.(2013 年普通高等学校招生统一考试山东数学试题)在平面直角坐标系 xoy $\begin{cases} 2x-y-2 \geqslant 0, \\ x+2y-1 \geqslant 0, \\ 3x+y-8 \leqslant 0, \end{cases}$ 中,M 为不等式组所表示的区域上一动点,则直线 OM 斜率的最小值为(   )

A. 2   B. 1   C. $-\dfrac{1}{3}$ D. $-\dfrac{1}{2}$

6.(2015 高考新课标 1)若 x,y 满足约束条件 $\begin{cases} x-1 \geqslant 0 \\ x-y \leqslant 0 \\ x+y-4 \leqslant 0 \end{cases}$,则 $\dfrac{y}{x}$ 的最大值为_____.

7.(2015 高考浙江)若实数 x,y 满足 $x^2+y^2 \leqslant 1$,则 $|2x+y-2|+|6-x-3y|$ 的最小值是_____.

8. 设 $A = \{(x,y) \mid (x+3\sin\alpha)^2 + (y+3\cos\alpha)^2 = 1, \alpha \in \mathbf{R}\}$,$B = \{(x,y) \mid 3x+4y+10 = 0\}$,记 $P = A \bigcap B$,则点 P 所表示的轨迹长度为_____.

【课后作业参考答案】

1.【解析】由图可知,当 $a < b\sin A = 4\sin 30° = 2$ 时,无解

当 $a = 2$ 时,有一个解

当 $2 < a < 4$ 时,有两个解

当 $a \geqslant 4$ 时,有一个解。

所以,当 $x < 2$ 时无解,当 $x = 2$ 时,有一个解,当 $2 < x < 4$,有两个解,当 $x \geqslant 4$ 时,有一个解。

2. C

3. C

4. B

5. C

6. 3

7. 3

8.【解析】A 集合为以坐标原点为圆心,半径在 2 到 4 之间的圆环区域。如图所示。

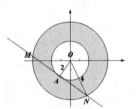

集合 B 为一条与小圆相切的直线,所以 P 的轨迹为图中线段 MN.

通过图形易得 $MN = 2\sqrt{4^2 - 2^2} = 4\sqrt{3}$.

【教学反思】

1. 数学活动课的意义

在原始社会,教育主要是在生活中进行的。正如美国教育家杜威的教育思想"教育即生活",中国教育家陶行知的教育思想"生活即教育"。在 2017 年的新课标也指出"高中数学教学活动的关键是启发学生学会数学思考,引导学生会学数学、会用数学。那什么是数学活动呢?数学活动就是学生在教师指导下开展的以实物、模型、数学语言、数学思想方法为操作工具,以完成某种数学任务为目标,以观、听、说、做、思等形式全面参与的学习数学、应用数学的行为活动、思维活动以及情感活动的活动集合体。

数学活动课没有严格的定义,并且内容广泛,形式多样。数学活动课有几大特点:一是开放性,二是趣味性,三是自主性,多样性。另外,组织方式也有很多,比如,数学游戏、数学竞赛、动手操作;比如,讲线面、面面的位置关系的时候,让学生以笔为线,书或者课桌面为平面,动手移动书或笔获得线面与面面的位置关系;再比如,作图。在教学中能够体现学生的主体地位,并让学生从数学活动中,体会学习数学的乐趣,以及抽象问题具体化的过程。

三角形解的个数的判定相对来说是一个比较独立的题型,也是正弦定理解三角形问题中一个比较难的问题。知道三角形的两边及一边对角时,用正弦定理解三角形,可能会发生多解或无解或一解的情况。若一个选择题每个选项都用正弦定理来解答,虽可解,但步骤繁杂。本节课在用正弦定理解答问题之后,引导学生用数学活动的方式自己探索,通过尺规作图,学生自己动手操作,用几何法巧妙快速的判断三角形解的个数。

2. 本节课的教学优点和不足

本节活动课的设计本应是是高三的复习课,课时为两课时。但由于我任教的年级是高一,且前三部分为高一的内容,因此,我仅对前三部分在教学中实施。探究一:三角形解的个数。在高一下学期复习时,学生已经忘记相关知识点,但稍加提示并可解决。在学案中留一个难度稍有提高的问题,学生亦可解决。探究二:立体几何作图问题。在高考中出现过的作图题,源于课本高于课本,两个题的对比分析,让学生在动手操作的过程中,体会高考题的命题特点,并从中学会一种新的方法。该部分知识的课后作业的设计,如三视图、球的有关问题,解题的关键皆是正确的做出直观图。探究三:线性规划问题。这是一类重要而典型的作图问题,问题能否正确解决,取决于学生作图的能力。该部分知识的作业,只在课上两个问题的基础上的延伸,学生在作业的完成中,能够系统地复习该部分知识。在本节课的教学中,通过几类典型的作图题,让学生在思考中动手操作,在动手操作的过程中思考,在学中玩,在玩中学。如此,不仅提高了学生的解题能力,更提高了学生通过数学活动获取知识的能力,以及团队合作的能力。通过一节活动课,引导学生有意识地对题型进行归类,对方法进行归类,这对高三学生的复习有很大的帮助。通过本节课的学习,学生好像突然意识到,原来有一类问题可以这样解决,带给学生一种新的视角。本节课的教学中,我发现很多学生可能会作图,但作图速度太慢,这对解题并不利,究其原因可能是平时这方面的能力培养不够。

总之,数学活动课能充分体现学生的主体地位,让学生在玩中学,在学中玩,能提高学生的学习积极性,并且印象深刻。在本节课中,数学问题的解决,需要具备基本的数学知识,才能够有所思考,做出图形,从而解决问题。所以这节课能否成功的关键还取决于学生的基础知识储备。

如何赢得与海盗的博弈

杨鑫

贵阳一中新世界国际学校

【教学目标】

1. 知识与技能

了解并掌握十进制和二进制表示数的方法。

2. 过程与方法

运用十进制与二进制之间相互转化的方法答题。

3. 情感态度与价值观

让学生感受数学与生活的联系，在游戏中体验数学感受数学计算数学，并激发学生探索数学真理的兴趣。

【教学重点】

二进制与十进制之间相互转化的方法。

【教学难点】

除 K 取余法的理解。

【教学流程】

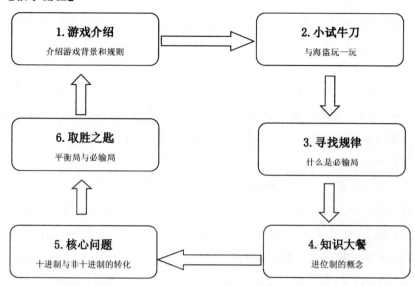

【教学实录】

（一）引入新课

师：上课！

生：起立！

生：老师好！

师：同学们好！请坐！

师：今天我们一起来上一节数学活动课。今天的活动是玩一种名字叫"取珍珠"的游戏。

生：好。

学生鼓掌。

师：从同学们的掌声中可以听得出来大家对玩游戏的热情很高涨啊。那么我先说一下这款游戏的背景。

教师打开网页。

师：大家可以看到这个人长得不太和善哈。这是一个海盗，假设你已经被海盗抓住啦，但他没有立即杀害你，而是要求与你玩一局游戏，你输了就会被扔进海里喂鲨鱼，所以你只有赢得这局游戏才能保住一命。

生：那不玩了。

师：（笑）这是数学课玩游戏嘛，我们教室里又没有鲨鱼。再说了，我们又不是一定会输，对不？所以今天我们这堂课的名称就叫《如何赢得与海盗的博弈》。

生：那还是可以来一局的。

师：那好，我先解释一下游戏的规则，一共有三排珍珠，每排依次有 3 颗、4 颗、5 颗珍珠，每次只能取走同一排的珍珠，一次想取几颗就取几颗，谁取到最后一颗珍珠则谁输掉了游戏。清楚游戏规则了吗？

生：不太清楚。

师：也就是说每一次只能取同一排的珍珠，但一次取几颗可以自己决定。如果你想取第一排的珍珠，但第一排一共有 3 颗珍珠，那么你可以在第一排中取 1 颗、取 2 颗、取 3 颗共三种选择。当然你也可以取第二排的珍珠，但是不可以第一排和第二排各取一颗。现在清楚了吗？

生：清楚了。

师：那我们和海盗玩一玩哈。

生：好。

师：那谁先来试一下？

生：李维初。

师：那李维初同学来试一下。

李：在第三排中取走三颗珍珠。

师：好的，假如我们把原始的局面用数字表示成 3－4－5，那么在李维初同学取走第三排的其中三颗珍珠之后，此时局面就变成了 2－3－4。

生：是的。

师：李维初同学确定了就不能反悔了哈？

李：确定。

师：好的，那我们操作一下。在游戏中取走第三排的其中三颗珍珠，点击确定。这时我们发现，海盗取走了第二排的其中三颗珍珠。此时我们发现局面就变成了什么？

生：变成了 1－2－3。

师：那么李维初同学，下一步你想怎么取？

李：第一排取走一颗。

师：好的，那么现在局面变成了 1－2－2 了。我们发现海盗取走了第二排的一颗。此时就只剩下两排珍珠了，局面变成 2－2 了。

李：我认输了。

师：已经输了吗？还没到最后一颗啊？

李：但是接下来怎么下都会输的。假如我决定取第一排中的珍珠，我只有两种取法，如果我只取一颗，那么海盗就会取走第二排的两颗，我就输了；如果我取走全部的两颗，海盗就会取走第二排中的一颗，那么我还是输了。

课堂响起掌声。

师：很好哈，虽然你输了，但同学们还是给了你掌声。同学们，为什么呢？

生：因为他分析得很好啊。

师：很好。因为你认真思考分析问题，所以即使输掉了游戏，还是会得到大家的认可。那么我们在平时的学习中也是这样，要敢于思考勇于去想，即使错了也没有关系，在这个过程中我们的思维得到了锻炼，我们就会变得越来越厉害。所以李维初能在之前的月考中囊括我们班的全部第一名也不是没有原因的嘛！

师：好的，上课之前我在每张桌子上放了两张 A4 纸，那么接下来大家将A4 纸拿出来，并在上面画上圆圈表示珍珠，同桌之间玩一玩。开始。

同学们开心地迅速开始了游戏（游戏时间五分钟）。

师：其实玩游戏就是图一个乐一乐哈，"玩"本身是很重要的，努力争胜，但结局并不能强求，生活亦是如此。游戏如此、学习也如此。我们最重要的是去刻苦学习，考试成绩只是你努力之后自然而然的副产品，考得好不要忘乎所以，考得不理想也不能妄自菲薄。所以我们就是要享受玩一玩这个过程！

生：（笑）好，但我先下。

师：好！给你这个机会。那我们玩一把 5－7－8 的局。

教师边说边在黑板上画出三排圆圈，每排依次有 5 个、7 个、8 个圆圈。

师：画好了，你先下的话可以开始了。

生：说好的 3－4－5 呢？

师：世事如棋，变化莫测啊！

生：那我不玩了。

师：取珍珠游戏呢不一定恰好是三排，也不一定非得要求第一排 3 颗珍珠，第二排 4 颗，第三排 5 颗，我们可以增加或减少任意一排的珍珠数量，甚至增加或减少珍珠的排数，以此来调节游戏的难度。

生：哦。

师：所以这个游戏还有一个闯关版本，也就是说即使你赢了海盗，他也不会放了你，而是在第二天继续找你玩游戏。

生：咦？

师：我们知道玩游戏都是有规则的，这和学数学是一样的。数学也可以理解为建立在公理和定义的基础之上，并运用逻辑思维进行推理的游戏。当我们有了公理，当我们有了定义，然后运用逻辑推理得到一些定理、推论和公式，最后又用于计算和解决实际问题。那么，我们本节课的这个取珍珠游戏的规则是什么呢？这个规则有没有什么规律，使得我们总是能赢下任何一局游戏呢？

生：有。

（二）梳理知识结构

师：我猜同学们刚刚在玩 3－4－5 的游戏局面时应该也发现了些什么！不然怎么会有同学来挑战杨老师呢？而且他还要求他必须先下，是不是先下就一定能赢呢？

生：是！

师：大家都发现了啊！那假设现在一共就只有一颗珍珠，你先下吗？

师：那假设现在是三排珍珠，但每一排都只有一颗珍珠呢？

生：您先下！

师：那假设是两排珍珠，每排都是两颗珍珠呢？

生：还是您先下！

师：那么大家为什么都让我先下呢？

生：因为先取珍珠的人所有选择最终都会输掉游戏。

师：你怎么发现的呢？

生：列举出接下来会发生的所有情况。

师：那么对于 2－2 来说，所有的情况有几种呢？

生：两种！在其中一排取一颗珍珠或者取两颗珍珠，但是都会输。

师：对！但是我们应该有这样一个前提，那就是对手不会故意输掉游戏！我们得假设游戏双方都具有竞争精神。

生：必须呀！

师：那么也就是说在保证对手不会故意输掉游戏的前提下，有一些局面是无论如何也会输的。那么通过刚刚大家玩了 5 分钟的游戏，像这样的局面你们还知道哪些呢？

生：3－3，4－4，5－5。

师：很好！为什么这些相同的都会输呢？

生：只要跟着对手下就行了？

师：完全跟着对手下吗？

学生有两种答案。

生：是的。

生：不是。

师：那为什么是？或者为什么不是？

生：前面跟着对手取，但是如果对手只剩一颗了，我就应该把另外一排取完。也就是说当对手在其中一排取走珍珠后只剩下一颗的情况下，我就不能跟着也只剩一颗，而是要取完另外一排。不然就会出现 1－1 的情况，这样我就会输掉大好局面！

师：回答得非常好，具有学数学的严谨的气质哈！那也就是说在只剩两排的情况下所有的 n－n 都会输掉游戏，除了 1－1 例外。

生：是的。

师：三排的呢？

生：1－1－1，1－2－3，1－4－5。

师：很好！这些也的确是必然会输掉的局面，我们不妨叫他们"必输局"。那么接下来我们看看为什么刚刚有同学要和我玩 3－4－5 的时候要求他先开始了哈。我们一起来分析一下。首先现在的局面是 3－4－5，那么先取的人应该怎么取呢？

生：第一排取两颗。

师：好。第一排取两颗，那就变成了 1－4－5. 我们刚刚说这是一个必输局对不对？

生：对！

师：很好！我们列举一下 1－4－5 为什么是必输局呢？此时对手有第一种

选择，第一排取一颗，于是局面变为 4－5。

生：那么我就让它变为 4－4，对手就输了。

师：很好。第二种选择，如果对手在第二排取一颗，此时局面会变为 1－3－5。

生：让局面变为 1－3－2。

师：第三种选择，对手如果在第二排取两颗，此时局面变为 1－2－5。

生：让局面变为 1－2－3。

师：第四种选择，对手如果在第二排取三颗，此时局面变为 1－1－5。

生：让局面变为 1－1－1。

师：第五种选择，对手如果在第二排取四颗，此时只剩两排，局面为 1－5。

生：只剩第一排的一颗。

师：第六种选择，对手如果在第三排取一颗，此时局面变为 1－4－4。

生：让局面变为 4－4。

师：第七种选择，对手如果在第三排取两颗，此时局面变为 1－4－3。

生：让局面变为 1－2－3。

师：第八种选择，对手如果在第三排取三颗，此时局面变为 1－4－2。

生：让局面变为 1－3－2。

师：第九种选择，对手如果在第三排取四颗，此时局面变为 1－4－1。

生：让局面变为 1－1－1。

师：第十种选择，对手如果把第三排取完，此时又只剩两排，局面为 1－4。

生：只剩第一排的一颗。

师：很好，这样我们就用列举法证明了对于 3－4－5 的局面我们要先开始取珍珠才能赢下游戏，同时也证明了 1－4－5 是一个必输局。只要我们不断地让对手面临必输局我们就能赢下游戏！于是这个所谓的"必输局"就是我们取珍珠游戏取胜的关键！

生：明白了。只要记住必输局就可以稳赢了！

师：很好！那你们能记住所有的必输局吗？再问一下，总共有多少的必输局呢？

生：无数多个。

师：为什么呢？

生：我们还可以增加珍珠的排数和每一排珍珠的颗数！

师：对呀！遗憾的是我们不能用有限的生命取记忆无限的必输局啊！就是只是记住一万个，为了玩一个游戏好像也不太明智哈？

生：肯定还有别的方法！

师：你们怎么这么聪明？

师：的确还有别的方法赢得游戏，赢下海盗！那个别的方法是什么呢？那我们需要学习一些"进位制"的相关知识。首先，什么是进位制？——进位制就是一种计数系统，"满 K 进一，我们称之为 K－进制"。比如，我们已经了解过的有哪些？

生：十进制、二进制。

师：什么是十进制？

合：满十进一就是十进制。

师：我们现在就普遍采用的是十进制，从 0 输到 9 都是一位数，但是 10 却是两位数，这就往前进了一位。当一直数到 99 之后再加一，就又需要进位了，变成了一个三位数 100。那么二进制呢？

生：满二进一。

师：哪里采用二进制？

生：计算机！

师：二进制的数是什么样的呢？

生：全是 101010 这样的数，不会出现 2，因为满二就会进一位。

师：完全正确！还知道别的什么进制吗？

生：十二进制，十二个月就是一年，还有十二生肖！

师：非常好。请继续。

生：六十进制，一个小时六十分钟，一分钟六十秒。

师：很好，大家应该知道天干地支也是六十年一个轮回。还有吗？

学生沉默，进行思考。

师：大家都熟知一个成语叫"半斤八两"，它是什么意思啊？

生：形容两个人差不多，一样"厉害"。

师：那我就有疑问了。半斤才五两，很明显比八两少很多啊？

生：因为古时候是十六两一斤，所以半斤就是八两，于是才是一样"厉害"。

师：这个知识储备很广哈，很厉害！那么这里是不是说中国古代还采用过十六进制啊？

生：是的。因为满十六两进为一斤。

师：这些大致就是我们比较熟悉的进位制了。那么采用不同的进位制时如何表示一个数呢？

生：就写出来就行了啊。

师：那么十进制里的一零零和二进制里的一零零是不是同一个数呢？

生：不是。

师：很显然不是哈。但是它们两个数都写成 100 这个样子啊，我们怎么加以区分呢？为了解决这个问题呢，我们除了十进制以外的数都在这个数的右下角打个括号注明一下它是一个几进制的数，如 $100_{(2)}$ 就表示一个二进制的数，那这个二进制的一零零到底表示多大呢？

生：4。

师：这个 4 是怎么得来的呢？

生：数出来的。1 就是 1，满二进一，那么，2 就是 10，3 就是 11，4 就是 100。

师：很好！可以一个一个的数哈。但是如果这个数很大，比如，1001001 会是多少呢？

学生思考。

师：那么我们知道一个十进制的 3721 表示的是 3 个 1000 加上 7 个 100 再加上 2 个 10 再加上 1 个 1。我们用数学符号语言表示成 $3721 = 3 \times 10^3 + 7 \times 10^2 + 2 \times 10^1 + 1 \times 10^0$. 那么 1001001 就应该表示成 $1101_{(2)} = 1 \times 2^3 + 1 \times 2^2 + 0 \times 2^1 + 1 \times 2^0$. 当然，这里的 0 乘以任何数都等于 0，可以省略不写。这样我们就可以表示任意十以内的进位制的数了，如八进制或者六进制。

生：十二进制怎么办呢？要满十二才进一位，那十和十一不也是两位吗？

师：非常好的问题！这个如何表示十和十一这两个数呢？

生：用字母代替，如用 A 表示十，用 B 表示十一。

师：你把我的台词说了，我只能给你掌声了。

师：那么这样我们就可以表示任意的进位制了哈！如果是六十进制怎么办？

连大写的英文字母都不够用了？

生：那就用小写字母，再不够就用希腊字母，再不够就用中文！

师：那就听你们的！接下来的问题是不同的进位制之间可以相互转化吗？

生：当然可以啊！刚刚不久转化了吗？

师：刚刚？什么时候？

生：二进制的 1101 写出来就是十进制的 13 啊！

师：太棒了！直接用二进制的数的内涵就可以实现将一个二进制的数转化为一个十进制的数了！

生：可是反过来怎么做呢？

师：这是一个问题哈！那么这个问题呢我们介绍一种新的方法来解决，它的名字就叫作除 K 取余法！顾名思义，就是讲一个十进制的数拿来除以 2，然后取余数。比如，我们可以算一算全班 40 个同学，用二进制来表示应该师多少个同学呢？

生：那就用除 2 取余法！

师：对，那我们采用以前学过的短除法的形式来实现这个过程。40 除以 2 商 20 余 0，接着用 20 除以 2 商 10 余 0，接着用 10 除以 2 商 5 余 0，接着用 5 除以 2 商 2 余 1，接着用 2 除以 2 商 1 余 0，接着用 1 除以 2 商 0 余 1. 直到我们已经商 0 的时候，接着我们结束运算，把刚刚产生的六个余数倒序排列为 $101000_{(2)}$，这个数就是我们的最终结果。

生：需要验证吗？

师：不是必须验证，但是不妨一试！验证的方法是什么呢？

生：反推回去。将二进制的数 101000 转化为十进制的数，验证它的确是 40 就可以了。

师：那我们再黑板上演示一下。$101000_{(2)}=1\times2^5+1\times2^3=32+8=40$，中间的 0 就省略不写了，验证后发现的确是 40，没有任何问题。

生：那也有除 8 取余法，除 6 取余法。

师：完全正确！那么到此为止呢，我们以十进制和二进制为例，学习了多个不同的进位制，以及非十进制余十进制之间的转化方法。从非十进制转化为十进制只需要将每一个数位 n 上的数乘以该进制的数的 n－1 次方再全部相加即可，从十进制转化为非十进制则需要采用除 K 取余法。以上这些就是今天的主要的新知识的学习了，接下来应该运用这些知识去解决问题，解决什么问题？

生：取珍珠游戏！

师：赢得取珍珠游戏的关键是什么？

生：让对手面临必输局。

师：必输局有什么特点？

生：应该和二进制有关吧？不然讲这个干吗呢？

师：很聪明哈哈。那我们不妨将必输局全部用二进制表示除来看看有什么特点？前后桌的四个同学一组讨论看看。

学生进行小组讨论。

（三）知识总结

师：有哪一组要来说说你们的伟大发现吗？

生：我们发现 2−2 是 10−10，3−3 是 11−11，4−4 是 100−100，1−2−3 是 1−10−101，1−4−5 是 1−100−101。

师：很好，将我们之前所列出来的几个必输局转化成了二进制。那么你们小组的结论呢？

生：没有。

师：好的还不错。提示一下，假如我们把每一个必输局的二进制的数都竖着排列，并且右边对齐，我们再看看有有什么发现吗？

生：每一个必输局的竖列上都有两个1。

师：所有的都满足吗？

生：4−4 和 1−4−5 不满足。

师：在这个基础上我们稍微改改，每一个必输局的竖列上都有偶数多个 1，0个1或者2个1或者更多4个1、8个1.像这样的局面我们称之为平衡局！也即是说，二进制里所有数位上的数要么是0要么是1，而每个竖列上加起来共有偶数多个1我们就称之为平衡局。

生：平衡局就是必输局！

师：一定是这样吗？大家看看 1−1−1 呢？

生：是必输局但不是平衡局。

师：假如你如果只剩一个1，这个平衡吗？这个不平衡，但却是必输局，这是一个美丽的意外。

师：两个 1 你是赢了还是输了？

生：两个 1 就赢了

师：那这是平衡吗？

生：平衡！平衡却输了。

师：接下来你再加一个 1 不平衡，但却赢了；再加一个一平衡，但你却输了。也就是说在每一排都是一个珍珠的时候，平衡局你反而赢了，那么在其他情况下你只要让对手面临平衡局你就赢了，能理解吗？

生：能。

师：那么除了这个每排都是 1 的美丽的意外之外，其他的平衡局就和我们之前所说的必输局是一样的了。所以说平衡局就是必输局，你认可吗？

生：（笑）当然认可。

师：那么假如我们把每一排的珍珠数增多，排数也增多那就更难玩了。

师：现在我们来玩一个 3－5－6 的取珍珠游戏，这个时候你选择先取还是后取？

生：先下。

师：为什么？

生：先下才能赢。

师：那就来试一下。

师：你先来。

生：第一排取一个。

师：想清楚了吗？

生：想清楚了，该你了。

师：那我在第二排取一个。

生：我不玩了。

师：这就不玩了呀？

生：嗯。

师：有没有人替他接着往下玩。

生：已经输了不玩了。

师：那么这个时候你可不可以选择后下呢？

生：那老师您先下吧。

165

师：那我第三排取走 4 颗珍珠。

生：在第二排取走 4 颗。

师：哇，那就变成了 1－2－3 型的了，所以老师就面临着必输局了。所以千万不要给对手机会。那么我们如何知道有没有给对手这种机会，或者说我们有没有知道对方已经处于必输局面了，这个时候我们必须步步紧逼，置之死地绝不留情。这个时候我们如果使用草稿纸来算一算，第一排 3 颗珍珠那么 3 就是 11，5 就是 101，6 就是 110，那么这是必输局吗？

生：是平衡局。

师：是的，我们可以看到个位有两个 1，十位有两个 1，百位也有两个 1，所以它是一个平衡局。也就是 3－5－6 是一个必输局。那么这个时候你选择先下还是后下。

生：后下。

师：这都是必输局了，你当然选择后下。让对手面临这个必输局。于是当你在面临着任何一个局面的时候，你应该思考一下，你要先下还是后下。那我们要思考些什么呢？

生：思考它是否是一个平衡局。

师：所以我们在玩这个游戏的时候，首先要判断当前的局面是不是一个平衡局，既而决定自己是先下还是后下。二进制是不是可以用来帮助我们解决如何胜利的问题。那么什么叫二进制呢？

生：满二进一就是二进制。

师：同样的道理，满二进一就是二进制，满八进一就是八进制。满十进一就是十进制，满 K 进一就是 K 进制。那么我们在玩这个游戏的时候，给你的是 3 个球，5 个球，6 个球，你的 3－5－6 是几进制呢？

生：十进制。

师：那么我们需要把 3－5－6 这些十进制的数转化为什么？

生：二进制的数。

师：把十进制的数转化为二进制的数用什么方法？

生：除 2 取余法。

师：非常好。这就是取胜的关键啊！那么你来设计这个游戏局面的时候你会怎么设计呢？假如现在 A 同学和 B 同学下一局。A 同学出题，他该怎么出呢？他可以问 B 同学先下还是后下。如果 B 同学要先下，那么 A 同学应该怎么设计题目？

生：设计一个平衡局。

师：那么举一个例子。

生：第一排这一个二进制的数 1111，第二排是 1001，第三排是 110。

师：非常好，那么你设计出来的就是一个平衡局。

师：那么你接下来该干什么？

生：把这三个数转化为十进制的数。

师：那么应该是哪三个数呢？

生：第一个数是 15，第二个数是 9，第三个数是 6。

师：那么你应如何摆放珍珠呢？

生：第一排摆 15 颗珍珠，第二排摆 9 颗珍珠，第三排摆 6 颗珍珠。

师：那这样就形成了 15－9－6 的局面了，由于每次可以取任意一排的珍珠，所以也可以写成 6－9－15 的局面，并且这是一个平衡局，也即是一个必输局。那 A 同学就可以告诉 B 同学：开始取吧！

师：假如 B 同学在第一排取掉一颗珍珠，十进制局面变为 15－8－6，二进制局面变成 1111－1000－110，想要达到平衡 A 同学只需要怎么办？

生：在第一排取走一颗珍珠，那么十进制局面就变为 14－8－6，二进制局面变为 1110－1000－110，这个局面又重归于平衡状态了。

师：那 B 同学不想慢慢磨蹭了，直接在第二排中取走了 7 颗珍珠，使得第二排只剩下一颗珍珠，接下来该如何分析？

生：此时十进制局面是 14－1－6，二进制局面是 1110－1－110，为了再次达到平衡，我们需要将 1110 变为 111，也就是从 14 变为 7，需要在第一排取走 7 颗珍珠。

师：很好，此时局面就是 7－1－6 了。我们知道这个时候 B 同学肯定不能取第二排和第三排，原因是什么呢？

生：考虑他取第二排，A 同学就会让局面变为 6－6 了。考虑他取第三排，如果他取一颗或者两颗，你就让局面变为 1－4－5；如果他取三颗或者四颗，你就让局面变为 1－2－3；如果他要取五颗，你就让局面变为 1－1－1；如果他要取完，你就只给他保留第二排的唯一一颗。无论如何，B 同学必然会输掉比赛！

师：如果 B 同学取第一排也用类似的方法一分析就可以发现，无论怎样都是徒劳。那么这样呢我们就完全掌握了取胜的钥匙，它的关键就是找到二进制下的平衡局。当然，如果对手想要后取，我们就应该设计一个非平衡局。由于每次只能在同一排中取任意的球，所以每一次面临平衡局时先取的人总是会打破平衡，而后取的人总是可以再次恢复平衡。同学都会玩了吗？

生：会了，很有意思的游戏。

师：那好。下课！

生：谢谢老师！

（四）课后作业

1. 完成下列进位制之间的转化：

(1) $10212_{(2)} = $ _____ $_{(10)}$ ；

(2) $412_{(5)} = $ _____ $_{(7)}$ ；

(3) $2376_{(8)} = $ _____ $_{(10)}$ ；

(4) $119_{(10)} = $ _____ $_{(6)}$.

2. 与同桌合作，相互给对方出三个取珍珠游戏的局面，写下这六个局面并回答对方是否愿意先开始。

【教学反思】

这堂课是基于人教 A 版高中数学必修三第一章《算法初步》第三节《算法举例》的第三课时。整个第三节是以 3 个典型案例为载体，使学生通过探索、模仿、操作，经历算法设计的全过程，帮助学生进一步体会算法的基本思想，感受算法在解决实际问题中的重要作用。第一个案例是辗转相除法与更相减损术，第二个案例是秦九韶算法，第三个案例就是本节课的进位制。本课时为本节内容的第三课时，知识点就是进位制，其中与进位制有关的算法是计算机科学中普遍使用的算法。与之前介绍的算法相比，这 3 个算法较为复杂，其中蕴含的数学思想更为深刻，也更能体现算法的重要性。

本堂课选材于教材，但并没有遵循教材内容的传统上法，而是别出心裁，以进位制为背景知识，结合学生爱好游戏的特点，通过取珍珠这样一个益智游戏为载体，给学生上了一堂数学活动课。所以本节课在教学过程中更注重进位制的知识而非算法的知识，更注重知识的趣味性而非实用性，更注重学生的探索而非知识的传递。因为课型是活动课，所以学生参与度会比一般课型多。

数学活动课是结合具体可操作的活动来实施数学课堂教学的，是以培养学生探究能力和创新精神为目的的一种课型。数学活动课要激发学生的学习热情，要培养学生的动手实践能力和应用意识，让学生在玩中学，在动手探究中去领悟。教师要承担起把数学知识教活，把学生教聪明的责任，要实现课堂教学的"三教"。

本节课主要遵循的教育原理来自贵州师范大学吕传汉教授，他主张使用"三教"＋"情景－问题"来教学培育学生的核心素养。"三教"理论即教思考、教体验、教表达，就是要学生会思考、会体验、会表达。

课堂的流程是结合了取珍珠游戏这一具体情境，不断设问，层层推进，先教体验、再教思考、后教表达。

所以课堂一开始，教师就介绍了取珍珠游戏的游戏规则，然后让学生进行实际操作，与电脑上的海盗进行博弈。可以预计一开始学生总是会输掉游戏，当然，实际情况也是如此。在保证每个人都会玩游戏之后，就让学生利用白纸进行两人对弈。这样使得全体学生都参与了课堂，保证了学生的主体性，激起了学生的探索欲。在玩的过程中，学生自然会逐渐找到一些规律，发现在一些特定的局面下必然会输掉比赛。教师适时地点明了"必输局"的存在，引导学生寻找更多的必输局，以及必输局的内在本质。

学生发现了一些规律之后就总是想得到更多，但是却不能再向前挺进哪怕一步了。于是，学生自然明白需要学习新的知识来解决新的问题了，也让学生意识到这是一堂数学课，而不仅仅是玩游戏的课。于是，引入新知——进位制。从大家数学的进位制如 60 分钟是 1 小时，60 秒钟是 1 分钟谈起，让学生不至于感觉新知识太遥远而是很贴近生活的。这里带领学生不断思考不断获得新的知识，既体现了学生的主体性，也体现了教师的主导性。再层层递进的思维活动中介绍了不同进位制的概念和表示，也学会了非十进制与十进制之间的转化方法。同时建立起二进制中的平衡局与取珍珠游戏中的必输局的联系。

学会了新知识，就得运用新知识去解决问题。这个时候给予学生的表达的空间就打了很多，学生可以逐渐理清思路、用合适的语言去表达如何赢得游戏，如何设计游戏。

当然，学生的体验、思考和表达并不是完全分离的，反而是浑然一体相辅相成的，只是在不同的环节有所侧重而已。四十分钟的一堂课，全体学生都参与进来，通过活动学习了新的知识，在玩中学。学生表现非常优秀，注意力集中，精力充沛，积极思考，善于表达。本堂课让教师和学生都感觉轻松和愉悦。

第六篇 06

数学试卷讲评课

试卷讲评课是教师进行数学测试后对学生考试情况进行分析、纠错的重要课型。试卷讲评课的基本要求是强化概念，纠正学生学习中的问题，补充完善解题方法。

试卷讲评课具有几个特征。

1. 教学目标的双重性

试卷讲评课的教学目标重点是对试卷中学生失分率较高的题目进行分析以及出现错误的原因改正的方法等。分析的内容包括该题所涉及的知识点、解题思路和解题技巧。通过对这种类型题目的分析，能够清楚地找出学生失分的原因，包括知识水平的不足。解题方法的不优，以及心态问题造成的失误。同时，对表现优秀的同学进行表扬、鼓励。要体现对知识的查漏补缺及拓展补充，要体现对数学能力的发展提升，还要突出对数学方法的归纳总结。

2. 授课内容的广泛性

由于试卷出错情况不同，面对全班学生多种多样的问题进行试卷讲评，这决定了试卷讲评内容的广泛性。

3. 授课方式的多样性

试卷讲评的授课方式需要根据学生层次，出错原因灵活采取多样形式进行，如自纠错、小组讨论，教师或学生讲解等。

4. 教学对象的复杂性

由于学生数学学习水平参差不齐，出现错因不尽相同，导致教学对象的复杂性。

根据上述特征，试卷讲评课必须具有针对性、深刻性、全面性。试卷讲评课的教学质量取决于教师对考试试题的把握和对学生考试情况分析的程度及教师的教学智慧。

一节理想的试卷讲评课应该是既照顾到全体学生，又能针对个别学生的典型问题进行分析，既有宏观的剖析又有个别的指导，既有老师的总结又有学生的个人反思。

试卷讲评课

冯柱

贵阳实验三中

【教学目标】

1. 知识与技能

通过对基本题型的分析、讲解，从而提高数学综合素质。

2. 过程与方法

通过反馈测试评价的结果，让学生分析错题，找出错因，解决学习中存在的问题，完善认知结构，深化常见题型的答题技巧。

3. 情感态度与价值感

引导学生正确看待考试分数，以良好的心态面对考试开阔解题思路，优选解题方法，提高学生分析问题、解决问题的能力。

【教学重点】

1. 查漏补缺，发现不足

2. 进一步加强各类题型的解题方法指导

【教学难点】

试卷中出现的基本概念的本质剖析，易错易混知识点分类辨析与变式训练。

【教学流程】

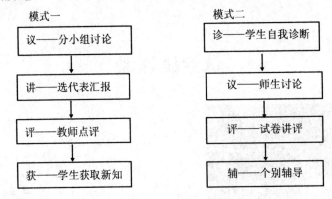

【教学实录】

（一）选择题、填空题的讲评模式

首先指出本小题的考查目标，然后是答卷分析，最后是讲评和变式训练。

试题：贵阳市 2018 年适应性考试(二) 在 $\triangle ABC$ 中，角 A、B、C 所对的边分别为 a、b、c，$\sin B = 2\sin A$，$c = 3$，则 $\triangle ABC$ 面积的最大值为_____.

1. 考查能力要求

学生对解三角形与不等式、最值和范围问题综合应用的能力，及运用数学结合解决问题的能力。

2. 答题情况分析

本题全班仅两名同学做对，了解下来，做错的原因很多，大多数同学是因为读完题目后，不知从何下手，也就是分析题目的能力欠缺，不知如何运用已经条件去进行求解；一小部分同学则是因为计算粗心、条件用错等原因致错。

3. 课堂讲解过程实录

采用试卷讲评模式一，即分小组在讲课前一天进行讨论，讨论期间教师指导，然后总结，分析考点、易错点、考察能力及思想，并寻找相关类型的题目加以记忆；最好借助多媒体技术。

师：通过昨天小组的交流、讨论及研究，相信每个小组对试题已经有了不同的见解和看法，下面请课代表布置一下本节课的展示任务，现在开始展示。

课代表：根据昨天小组提交的汇报结果来看，每个小组对这道题都有不同的看法，下面先请第三组的同学代表展示他们组的研究成果，大家欢迎。

王一钦：本题主要考查了解三角形中的正弦定理、余弦定理及三角形的面积公式与不等式、最值的一个综合问题,考查了解三角形知识求解问题的能力;而这道题同学们的得分并不高,什么原因呢?

王一钦:我们组认为:(1) 思维定式;(2) 没能很好地从题目的角度去分析问题、处理问题,最后也就没能很好地解决问题;(3) 解决综合性题目的能力不足。接下来,我们一起来看题目。在 $\triangle ABC$ 中,题目已知 $\sin B = 2\sin A$,由正弦定理可知 $b = 2a$。因为要研究面积的最值问题,因此,我们从三角形的面积公式出发。根据条件,我们选择了 $S = \dfrac{1}{2}ab\sin C$。原因很简单,可把公式中的 b 换成 $2a$,由此表达式中就只有两个变量。根据减元思想,再想办法把 $\sin C$ 化为 a。由此我们想到了利用余弦定理求得 $\cos C = \dfrac{5a^2 - 9}{4a^2}$,$\sin C = \dfrac{3}{4a^2}\sqrt{-a^4 + 10a^2 - 9}$,所以 $S = \dfrac{1}{2}ab\sin C = \dfrac{1}{2}a \times 2a \times \dfrac{3}{4a^2}\sqrt{-a^4 + 10a^2 - 9} = \dfrac{3}{4}\sqrt{-(a^2 - 5)^2 + 16}$。所以当 $a^2 = 5$,即 $a = \sqrt{5}$ 时,S 取得最大值为 3。我们所采用的方法可以叫作函数法求解最值,即将三角形的面积表示为关于三角形边的函数,利用函数思想进行求解。

王一钦:总结下来,这题考查了函数的减元思想;考查了利用函数求解最值的方法;考查了对解三角形中正弦定理、余弦定理及面积公式的灵活应用及与不等式、最值在一起的综合性问题。但是前边如何分析条件、处理条件才是解决本题的关键所在。

师:非常好!第三组的同学不仅找到了一种很常规的方法,而且王一钦同学讲得也非常好。除谈了解题外,还介绍了她是如何去分析题目,又怎样把已知条件与要求解的问题联系在一起,解释了如何利用条件、如何转化关系,从而解决问题。最难能可贵的是,她还讲解了本题所考查的能力及思想。希望后边的同学像她学习,讲解更全面一点。我们想想,当我们自己都学会了讲题,那我们还可能不会做题吗?因此,请加强分析问题、处理已知条件、联系已知条件与所求问题之间的关系等方面的练习,在距离高考还有一个月的时间,全力冲刺,勇攀高峰!

接着,第一组同学展示的同样用减元思想进行解题的例子。

变式:已知 $\triangle ABC$ 三个内角 A,B,C 的对边分别为 a,b,c,$\triangle ABC$ 的面积 S 满足 $-\dfrac{4}{\sqrt{3}}S = a^2 + b^2 - c^2$。求 $\cos 2A + \cos(A - B)$ 的取值范围。

师:虽然变式题与母题题干有一定区别,但是同学们看一看,这两个题我们可以用同样的方法进行解答,那就是减元思想。其实,都快临近高考啦,同学们应该会发现我们做再多的题目都不可能做到高考原题。因此,在平常的学习中我们应该多注重题目的分析、方法的理解、技巧的处理以及做完后的总结与记忆,也应该特别注意数学思想方法的运用,也就是做到对知识的迁移,尽量做到做一题相当于做三题的感觉。这样也就能轻松应对今年的高考啦!

课代表:从汇报结果来看,第一组与第三组都应用了函数思想,第三组的同学是建立了三角形的面积表示为关于三角形边的函数,而第一组的同学则是将三角形的面积表示为了关于三角形中角的函数,下边我们请第一组的代表张馨玥同学上台来汇报,谢谢!

张馨玥:本题考查的知识点为正弦定理及三角形的面积公式、余弦定理。考查的能力为如何灵活应用正弦定理及三角形的面积公式、余弦定理去解决解三角形与不等式、最值和范围的一个综合性问题。我们组认为本题得分率不高的原因是解决综合性题目的能力不足,没能进行知识的迁移及综合性应用,当知识点一结合才会不知所措。因此在剩下的一个月的时间里,我们全班同学都应该更加加强和注重这方面能力的训练。下边,我谈一谈我们组的解题思路及解法。

张馨玥:对于前面的思考和分析及处理,跟第三组的同学差不多,一直到我们利用余弦定理求得了 $\cos C = \dfrac{5a^2 - 9}{4a^2}$ 之后,我们把该表达式改写成了边 a 关于角 C 的表达式,即 $a^2 = \dfrac{9}{5 - 4\cos C}$,代入 $S = \dfrac{1}{2}ab\sin C = a^2\sin C$ 可得 $S = \dfrac{9\sin C}{5 - 4\cos C}$,下一步我们把三角形的面积 S 看成关于角 C 的一个函数,利用函数求导,研究其单调性,从而得到最值! $S'_{(C)} = \dfrac{9\cos C(5 - 4\cos C) - 9\sin C \cdot 4\sin C}{(5 - 4\cos C)^2} = \dfrac{45\cos C - 36}{(5 - 4\cos C)^2}$,由 $S'_{(C)} = 0 \Rightarrow \cos C = \dfrac{4}{5}$, 函数 $S_{(\cos C)}$ 在区间 $\left(\dfrac{4}{5}, 1\right)$ 上单调递增,在区间 $\left(-1, \dfrac{4}{5}\right)$ 上单调递减,又函数 $y = \cos C$ 在区间 $(0, x)$ 上单调递减,根据复合函数的单调性,由此可得函数 $S_{(C)}$ 在 $\cos C = \dfrac{4}{5}$, $\sin C = \dfrac{3}{5}$ 处取得极大值,因为是单峰,所以函数 $S_{(C)}$ 在 $\cos C = \dfrac{4}{5}$, $\sin C = \dfrac{3}{5}$ 处取得最大值,即 $S_{\max} = 3$。

师:很好,抓住了求解函数最值的根本,也很好地利用了导数法求解最值;所以,当函数不是特别复杂的时候,我们一定别忘了利用导函数求其最值。

生:老师!听了第一组同学发言之后,我在想一个问题,当我们得到三角形的面积 S 关于角 C 的函数 $S = \dfrac{9\sin C}{5 - 4\cos C}$ 之后,除了导数法,还有其他方法进行解决吗?

师:很好,说明同学们已经融入课堂,对该问题有了很深入的研究。下边给同学们 5 分钟的时间,老规矩分小组讨论,看看还能否有其他方法解决本问题。

学生进行分组讨论。

(第一组同学)田世民:当我们拿出了 $S = \dfrac{9\sin C}{5 - 4\cos C}$ 这样一个表达式之后,因为这是关于三角函数的一个表达式,因此,我就想能否用辅助角公式解决。但是利用辅助角公式的题目基本形式都是 $a \cdot \sin x + b \cdot \cos x$,而已知表达式中正余弦是一个相除的式子,因此我想到了能否把表达式中的 $(5 - 4\cos C)$ 移到等式的另一边,得到 $S \cdot (5 - 4\cos C) = 9\sin C$,化简后可得 $5S = 9\sin C + 4S \cdot \cos C$。这样一来,我们就可以利用辅助角公式将等式右边的式子进行化简,从而得到 $5S = \sqrt{81 + 16S^2}\sin(C + \varphi)$,利用三角函数的性质可知 $\sin(C + \varphi) \leqslant 1$,即 $\sqrt{81 + 16S^2} \leqslant |\,5S\,|$,所以 $S^2 \leqslant 9$,即 $S_{\max} = 3$。

师:非常好!田世民同学想到了这个函数中的特殊性,即这是一个由三角函数作为背景的一个函数求最值的问题,因此,能否就利用三角函数的性质进行解决呢?于是他想到了辅助角公式,很好!这就是一个思维的过程,只要我们肯分析、肯思考、敢去想、敢去做、敢尝试,我们的学习一定是有很大的进步的。

师:其实同学们可以再思考,除了上述方法外,我们常常还会用到哪个知识点求最值呢?

生:均值不等式。

师:那本题能否用均值不等式解答呢?请同学们再试试。

学生进行分组讨论。

师:我看了一下,本题用均值不等式解决对同学们来说是否有一些困难。我提示一下吧,请同学们尝试将表达式中的角 C 换成 $\dfrac{C}{2}$,再利用二倍角公式展开,请再次尝试。

(第四组同学)李翰宇:老师!我算出来了,不知道是否正确,我想尝试一下!

李翰宇：利用刚才老师的提示，我将表达式化为了 $S = \dfrac{9\sin 2 \cdot \dfrac{C}{2}}{5 - 4\cos 2 \cdot \dfrac{C}{2}} =$

$\dfrac{18\sin\dfrac{C}{2} \cdot \cos\dfrac{C}{2}}{\cos^2\dfrac{C}{2} + 9\sin^2\dfrac{C}{2}}$，我们再观察，发现关于 S 的这个表达式它是一个齐次式，由此

我们组想到了将式子中的变量化统一，即分子分母同时除以 $\cos^2\dfrac{C}{2}$，表达式变为 S

$= \dfrac{18\tan\dfrac{C}{2}}{9\tan^2\dfrac{C}{2} + 1}$，再根据之前所做的题目，当分子分母同时都变量，且次数为 $0,1,2$

的关系时，我们可以采取将分子和分母再同时除掉该变量，这样一来分子就会变为一个常数，表达式的最大值即为分母的最小值，而分母就会变为一个积为定值的表达式，即 $S = \dfrac{18}{9\tan\dfrac{C}{2} + \dfrac{1}{\tan\dfrac{C}{2}}}$，因为角 C 为三角形的内角，可得 $0 < C < \pi$，即

$0 < \dfrac{C}{2} < \dfrac{\pi}{2}$。根据基本不等式的相关知识，运用法则为"一正二定三相等"，首先

$\tan\dfrac{C}{2} > 0$ 满足一定，然后分母中的 $9\tan\dfrac{C}{2} + \dfrac{1}{\tan\dfrac{C}{2}}$，这是一个积为定值的表达式，

即根据"积为定值和可以取得最大值"可得 $9\tan\dfrac{C}{2} + \dfrac{1}{\tan\dfrac{C}{2}} \geqslant 6$，即 $S \leqslant 3$，所以当

且仅当 $\tan\dfrac{C}{2} = 3$ 时 "=" 成立，即 $S_{\max} = 3$。

师：很棒！能够通过一句简单的提示，扩散思维，一步一步思考，通过分析利用均值不等式解决本问题。由此，解决本问题的方法已经产生了四种。这提醒我们，求解最值问题往往会有很多方法。如何在高考中选择一种既快速又准确的方法，这也是我们最后这段时间内，每一个人需要多去下功夫专研的一个话题，也希望同学们进行认真的总结。

师：当然，上述方法都有一个共同的特点，就是都是用代数法进行解答的，那

么同学们想想,既然这是一个几何图形为背景的题目,我们能否用几何法解决呢?

学生进行分组讨论。

师:我们一起再来阅读、分析本题。把三角形放到一个平面内,已知给出 $c=3$,即 AB 边为定值,也就是我们可以把三角形的顶点 A 与顶点 B 看作是两个定点,再由 $b=2a$ 可知 $|AC|=2|BC|$,即动点 C 到定点 A 与定点 B 的距离之比为定值,那么点 C 的轨迹方程是为什么呢?在以前的学习过程中,有见过类似的例子吗?

生:见过,在高一下学期学习圆的时候见过。

师:那么你们的意思就是说动点 C 的轨迹就是圆吗?

生:是的,这是一个阿波罗尼斯圆。

师:我们应该如何求解动点 C 的轨迹方程呢?

生:利用求解动点轨迹方程的一般方法 ——“建设现代化”。

师:那么我们首先应该怎么办呢?

生:建立直角坐标系,以 A 为坐标原点,线段 AB 方向的直线为 x 轴的正半轴,以过点 A 垂直于线段 AB 的直线为 y 轴建立直角坐标系。

师:接着我们应该设点的坐标了吗?

生:是的,设动点的坐标 $C(x,y)$。接着还可以写出点 A 与点 B 的坐标分别为 $A(0,0),B(3,0)$。

师:那第三步我们需要写什么呢?

生:先去寻找动点在变的过程中哪些量或者哪些关系没变,即动点在动的过程中,什么是恒定不变的。也就是点 C 虽然是一个动点,但是点 C 到定点 A 与定点 B 的距离之比恒为定值,即 $\dfrac{|AC|}{|BC|}=2$。

师:那接下来我们就应该把点的坐标代入关系式,即 $\dfrac{\sqrt{(x-0)^2+(y-0)^2}}{\sqrt{(x-3)^2+(y-0)^2}}=2$,化简后即可得到动点 C 的轨迹方程为:$(x-4)^2-y^2=4$,如右图所示。

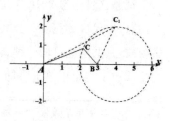

师:那三角形 ABC 的面积跟顶点 C 的轨迹方程又有何关系呢?

生:根据三角形的面积公式 $S=\dfrac{1}{2}d\cdot h$,可得 $S=\dfrac{1}{2}|AB|\cdot h=\dfrac{3}{2}\cdot h$,其

中 h 为三角形 AB 边上的高,即 h 为点 C 到 AB 边的距离,由顶点 C 的轨迹方程为圆,可得 h 存在最大值,即 $h_{max} = 2$,因此面积 $S_{max} = 3$。

师:很好!用几何知识解决代数问题是我们高中数学解决问题的一个常用方法,数形结合思想在高中范围内也是一种很重要的数学思想,灵活应用数学思想方法是我们学习数学所需要注重的一个方面。

师:请同学们找出教材人教 A 版必修 2 课本,翻一翻课本,找一找与母题类似的题目。

生:必修 2 课本第 124 页习题 4.1B 组第 3 题。

练习:已知点 M 与两个定点 $O(0,0)$,$A(3,0)$ 的距离的比为 $\dfrac{1}{2}$,求点 M 的轨迹方程。

生:哇,简直一模一样,以前为什么没有太注意呢,怎么会又忽视了呢?

师:所以啊,通过这两个题目的比较,能给你什么启示呢?

生:其实不管是高考试题,还是模拟试题,它都是源自我们的课本,这也提醒了我们,在后期这段时间的复习中,我们应该回归课本,重视教材!也告诉了我们不管高考题再变,万变也不离其宗,所以我们还得继续加强如何分析题目、解剖题目,完成题目之后还别忘了做总结,这样才能举一反三,才能更有效地复习备战高考。

(二)解答题的讲评模式

首先指出本小题的考查目标;然后是答卷分析;最后指出典型错误和介绍多种解法。

试题:(贵州省 2018 年适应性考试)共享单车是指企业在校园、地铁站点、公共站点、居民区、商业区、公共服务区等提供自行车单车共享服务,是一种分时租赁模式,是共享经济的一种新形态。某共享单车企业在 A 城市就"一天中一辆单车的平均成本与租用单车数量之间的关系"进行了调查,并将相关数据统计如下表:

租用单车数量 x(千辆)	2	3	4	5	8
每天一辆车平均成本 y(元)	3.2	2.4	2	1.9	1.5

根据以上数据,研究人员设计了两种不同的回归分析模型,得到两个拟合函数:

模型甲：$\hat{y}^{(1)} = \dfrac{4.8}{x} + 0.8$，模型乙：$\hat{y}^{(2)} = \dfrac{6.4}{x^2} + 1.6$。

（1）为了评价两种模型的拟合效果，完成以下任务。

① 完成下表（计算结果精确到 0.1 元）（备注：$\hat{e}_i = y_i - \hat{y}_i$，$\hat{e}_i$ 称为相应于点 (x_i, y_i) 的残差）；

租用单车数量 x（千辆）		2	3	4	5	8
每天一辆车平均成本 y（元）		3.2	2.4	2	1.9	1.5
模型甲	估计值 $\hat{y}^{(1)}$		2.4	2	1.8	1.4
	残差 $\hat{e}^{(1)}$		0	0	0.1	0.1
模型乙	估计值 $\hat{y}^{(2)}$		2.3	2	1.9	
	残差 $\hat{e}^{(1)}$		0.1	0	0	

② 分别计算模型甲与模型乙的残差平方和 Q_1 及 Q_2，并通过比较 Q_1，Q_2 的大小，判断哪个模型拟合效果更好。

（2）这家企业在 A 城市投放共享单车后，受到广大市民的热烈欢迎并供不应求，于是该企业决定增加单车投放量。根据市场调查，市场投放量达到 1 万辆时，平均每辆单车一天能收入 7.2 元；市场投放量达到 1.2 万辆时，平均每辆单车一天能收入 6.8 元。若按（1）中拟合效果较好的模型计算一天中一辆单车的平均成本，问该企业投放量选择 1 万辆还是 1.2 万辆能获得更多利润？请说明理由。（利润 ＝ 收入 － 成本）

1. 考查能力要求

以回归分析知识点为载体考查学习对数据的处理能力，以文字题为背景考查了学生对题目阅读理解的能力及处理数据的能力。

2. 数据统计分析（得分情况统计）

分数段	[0,5]	[6,8]	[9,11]	满分
人数统计	6 人	19 人	17 人	9 人

3. 课堂讲解过程实录

采用试卷讲评模式二，即利用"诊议评辅"教学活动模式：先由学生进行自我诊断，接着师生共同讨论、议论，然后教师讲评，最后进行个别辅导。

(1) 诊 —— 学生自我诊断。

对于这样一道概率统计试题,学生为什么会答错,原因是错综复杂的。首先可能是因为读题、审题就不清楚,误解了题意;其次可能是知识记忆不牢,不知道如何和课本知识取得联系,甚至课本中什么地方出现该知识点,该知识点具体讲了些什么都已记不清;再者可能是分析问题的能力较差,抓不住关键条件,也不会运用关键条件;最后可能是因为表达不准确、计算失误等。这些原因,只有学生自己才最清楚错答的真正原因。所以,在讲评之前,编制学生"自我诊断表",指导学生进行自我诊断。

自我诊断表主要包含以下三部分内容。

① 应得分与实得分。"应得分"不是试卷上的满分,而是学生根据自身的情况判断,在不粗心或者在心态平衡的情况下,觉得自己完全有把握得到的分数。不少学生在应得分与实得分之间存在较大距离,表现出考试过程中的心理焦虑、解题时粗枝大叶等不良习惯等非智力因素,是影响考试成绩的不可忽视的因素,因此,这也是后期复习中需要加强的地方。通过这种诊断,既让学生看到自己可能达到的目标,又增强了克服不良习惯、养成良好素质的自觉性。

② 知识点对应题目得分统计。每一知识点对应试题的题号由老师给出然后由学生根据自己答卷情况进行填写(下表为班级部分学生的得分统计):

姓　　名	题　号	满　分	班级均分	个人实际得分	个人预估得分
彭婧怡	18题	12分	8.2分	6分	11分
周筱菲	18题	12分	8.2分	8分	12分
张涛	18题	12分	8.2分	3分	10分
唐有宁	18题	12分	8.2分	9分	12分
陈如瑶	18题	12分	8.2分	10分	12分

③ 错因分析。学生对第一印象是很深刻的。要转变学生的想法,并不容易,所以得先通过自我分析。让学生进行自我纠正,效果往往比较明显。指导学生进行自我诊断具有特殊重要的意义。它具有自我反馈、自我激励、自我导向的功能,是端正学习态度,改进学习方法,提高学习效率的重要途径,也是形成自学能力的重要性因素。

（2）议——师生讨论。

在学生完成自查后，上课时，就可组织学生讨论。一般分两步进行。先交换试卷互查，也有利通过别人出现的错误，从而发现自己的问题，也能够提醒自己下次不能再犯类似的错误。接着相互讨论，讨论通常按座位前后左右相邻的 4 人为一个学习小组，主要做几项工作：对答案、查过程、议差异、问疑难。通过讨论，学生不仅知道答题的对错、解题方法上的差异，同时答题过程中的一些答题技巧都可以通过交流得到提高。由此使一部分学生由不会考试到会考试，解题过程由烦琐到简单、优化，会收到一些意想不到的效果。此外，个别同学的好方法可以进行推广和应用。本题错因明显，故讨论时间应控制在 8 分钟以内。

（3）评——试卷讲评。

在完成自查和互查之后，教师就可以讲评试卷了。在讲评时，一般遵循如下的讲评模式。

① 讲评模式：首先指出本小题的考查目标；然后是答卷分析；最后指出典型错误和介绍多种解法。

② 考查目标：对于知识点主要考查残差的概念及回归方程的应用，能力方面考查了学生的阅读能力、思考分析和运算求解能力。

③ 答卷分析：平均分——8.2 分；难度——0.35。

④ 典型错误。

第 1 类典型错误：概念不清，对定义的记忆模糊。虽然学生经过了第一、二轮的复习，但是较长时间没有接触过残差及回归方程相关的题目，很多学生对残差的定义已遗忘。此题目的作答情况可以体现学生提取信息的能力有缺陷，如陈如瑶同学所犯错误（如下图）。

18.

租用单车数量 x（千辆）	2	3	4	5	8
每天一辆车平均成本 y（元）	3.2	2.4	2	1.9	1.5
模型甲　估计值 $\hat{y}_i^{(1)}$	3.2	2.4	2	1.8	1.4
残差 $\hat{e}_i^{(1)}$	0	0	0	0.1	0.1
模型乙　估计值 $\hat{y}_i^{(2)}$	3.2	2.3	2	1.9	1.7
残差 $\hat{e}_i^{(2)}$	0	0.1	0	0	0.2

②. $Q_1 = 0^2 + 0^2 + 0^2 + 0.1^2 + 0.1^2 = 0.02$

$Q_2 = 0^2 + 0.1^2 + 0^2 + 0^2 + 0.2^2 = 0.03$

$\therefore Q_1 < Q_2$

∴模型甲拟合效果更好.

师:同学们,我们一起来看看,这题陈如瑶同学是不会做吗?

生:不是。

师:那是为什么呢?

生:粗心、对残差的概念遗忘。

师:对啦,回过来想一想,如果这种失误发生在高考的考卷上,那该有多遗憾啊;因此,在最后一个月的复习中,我们该怎么做?

生:回归课本,重视基础。

师:除了这些呢,我们还得加强阅读能力,有些题目不是我们不会,而是我们往往会忽视我们对题目的阅读、理解及对题目的分析。

师:下边我们来看一看我们在一轮复习时曾经做过地跟本题相类似的题目,之前也是有同学犯了同样的错误。

问题:某印刷厂为了研究单册书籍的成本 y(单位:元)与印刷册数 x(单位:千册)之间的关系,在印制某种书籍时进行了统计,相关数据见下表:

印刷的册数 x(千册)	2	3	4	5	8
单册成本 y(元)	3.2	2.4	2	1.9	1.7

根据以上数据,技术人员分别借助甲、乙两种不同的回归模型,得到两个回归方程,方程甲:$\hat{y}^{(1)} = \dfrac{4}{x} + 1.1$,方程乙:$\hat{y}^{(2)} = \dfrac{6.4}{x^2} + 1.6$。

(1)为了评价两种模型的拟合效果,完成以下任务。

① 完成下表(计算结果精确到 0.1);

印刷的册数 x(千册)		2	3	4	5	8
单册成本 y(元)		3.2	2.4	2	1.9	1.7
模型甲	估计值 $\hat{y}^{(1)}$		2.4	2.1		1.6
	残差 $\hat{e}^{(1)}$		0	−0.1		0.1
模型乙	估计值 $\hat{y}^{(2)}$		2.3	2	1.9	
	残差 $\hat{e}^{(1)}$		0.1	0	0	

② 分别计算模型甲与模型乙的残差平方和 Q_1 及 Q_2,并通过比较 Q_1,Q_2 的大小,判断哪个模型拟合效果更好。

（2）该书上市之后，受到广大读者热烈欢迎，不久便全部售罄，于是印刷厂决定进行二次印刷，根据市场调查，新需求量为 10 千册，若印刷厂以每册 5 元的价格将书籍出售给订货商，求印刷厂二次印刷 10 千册获得的利润？（按（1）中拟合效果较好的模型计算印刷单册书的成本）。

生：哇，几乎一样啊。但为何有一种之前从未见过此题的感觉呢？

师：所以，在剩下的这段时间内，我们不仅仅是要回归课本，我们还得通过看考纲，厘清主干脉络，抓细节；对模糊、遗忘的知识点进行回顾，或是通过做题找出典型性问题；还得找出之前已复习的学案，资料，进行再复习，已加深我们对各个知识点，各类题型的熟知程度。

第 2 类典型错误：审题不清、思维片面。对第二个问题理解不到位，读不出关键信息，也不知道如何跟已学知识取得联系，导致不知如何下手，甚至连残差的概念也没能理解，如张涛同学（如下图）。

租用单车数量 x（千辆）		2	3	4	5	8
每天一辆车平均成本 y（元）		3.2	2.4	2	1.9	1.5
模型甲	估计值 $\hat{y}_i^{(1)}$	3.2	2.4	2	1.8	1.4
	残差 $\hat{e}_i^{(1)}$	0	0	0	0.1	0.1
模型乙	估计值 $\hat{y}_i^{(2)}$	3.2	2.3	2	1.9	1.7
	残差 $\hat{e}_i^{(2)}$	0	0.1	0	0	-0.2

师：我们在来看一看张涛同学的答题卡，只填了表格里边的数据。也就是说只利用公式算出了简单的数据并填写进去，并没有比较甲和乙哪一个模型模拟得更好。同学们觉得张涛同学的问题出现在哪些地方呢？张涛同学有没有做得好的一面得到大家的学习呢？

生：审题不清。题目已经给出了 Q_1 和 Q_2 的定义为模型甲和模型乙为残差的平方和，且不谈第二题会不会，但至少我们应该算出 Q_1 和 Q_2 的值，再对其进行比较，这也是我们在高考中增分的一种好方法。

师：回答得很好，我们常说在高考考场，多一分能够压倒一千人，这话不假，我们应该尽我们最大的努力去争取每一分。

师：当然，有一点张涛同学做得还是很好的，至少他完成了表格中的数据，因为将数据一代公式我们即可得到表中所需填写的数据，这也是我们增分手段的一种表现。

第3类典型错误:考试紧张,心态失衡,对常规概念的误解。虽然很多概念是常识性的东西,但是身处紧张激烈的考场,学生容易会犯一些不该犯的错误,比如本题,有些同学对利润这个概念的理解不清,只计算到每一辆车能赚多少钱,而没想到利润指的是总收入减去总支出,导致出错;如彭婧怡同学(如下图):

$$1万辆时 \quad \hat{y} = \frac{4.8}{10} + 0.8 = 1.28$$
$$E(X) = 7.2$$
$$\therefore 利润 = 7.2 - 1.28 = 5.92$$
$$1.2万辆时 \quad \hat{y} = \frac{4.8}{12} + 0.8 = 1.2$$
$$E(X) = 6.8$$
$$\therefore 利润 = 6.8 - 1.2 = 5.6$$
$$\because 5.92 > 5.6$$
$$\therefore 选择 1万辆能获利更多.$$

师:同学们看看这份答卷,这位同学丢了3分,可惜吗?

生:太可惜啦,为什么会错呢?

师:请同学们仔细看看,是哪一个环节没注意,哪个地方失误造成的呢?

生:这应该是题目都没读清楚吧。题目已经给出 $\hat{y}$ 表示的是一辆车的成本,所以说这位同学算的应该是每一辆车的利润,如果是总利润的话,还得乘以车辆数。

师:所以,我们不仅仅要对题目的已经条件进行分析,我们还得重视题目的已知条件,因为此时往往丢分就会丢在这些细节的地方。

第4类典型错误:答题不规范,简单的计算出错,即粗心。有的同学会犯这样的错误,本可以得到接近于满分的分数,但是由于书写不规范,导致眼睛看花,从而导致简单的运算出错。如本题,极少数同学做到最后粗心地把乘以总车辆的车辆数弄错而丢分,如在高考中出现类似的错误,将会非常可惜,如唐友宁同学(如下图)。

$$②1万辆X=10时,代入 \ y = \frac{4.8}{10} + 0.8 = 1.28.$$
$$10000×[(8-1.28)×0.6 + (6-1.28)×0.4] = 5920000元]$$
$$③若X=12时 \Rightarrow y = 1.2.$$
$$10000×[(8-1.2)×0.4 + (6-1.2)×0.6] = 5600000元]$$
$$\because 5920000 > 5600000$$
$$\therefore 应选择1万辆能获得更多的利润$$

师：请同学们再看看唐友宁同学的答卷，这份答卷得了 9 分，请问他丢分丢在哪里呢？

生：找不出来呀，前面都是对的嘛，后面的成本也算对的。答案是错的，难道是计算失误？

师：请再仔细检查。

生：哦，在后边当方案是 1.2 万辆车的时候他还是乘以的 1 万，哇，太可惜啦！

师：是的，同学们在检查唐友宁答卷的过程就像是在找碴儿似的。当大家处于完全放松的前提下，还得花一小段时间。那如果是在紧张、焦急的高考考场上的话，你们觉得这题会检查出来吗？

生：不能。

师：因此，书写的规范，计算的细心程度这些都将决定着你们今年到底能够到一个多好的学校，所以，在为数不多的模考中，我们更应该注重细节，此类丢分将会非常之惋惜。

（4）辅 —— 个别辅导。

给出标注解答后，同学们进行再一次的订正，此时，如出现个别同学还有疑问的，将进行单独辅导。

4. 标准解答及评分标准

(1)① 经计算，可得下表：

租用单车数量 x（千辆）		2	3	4	5	8
每天一辆车平均成本 y（元）		3.2	2.4	2	1.9	1.5
模型甲	估计值 $\hat{y}^{(1)}$	3.2	2.4	2	1.8	1.4
	残差 $\hat{e}^{(1)}$	0	0	0	0.1	0.1
模型乙	估计值 $\hat{y}^{(2)}$	3.2	2.3	2	1.9	1.7
	残差 $\hat{e}^{(2)}$	0	0.1	0	0	-0.2

·························· 3 分

② $Q_1 = 0.1^2 + 0.1^2 = 0.02, Q_2 = 0.1^2 + (-0.2)^2 = 0.05$

因为 $Q_1 < Q_2$，故模型甲的拟合效果更好·················· 6 分

(2) 若投放量为 1 万辆，由 (1) 模型甲可知，每辆车的成本为 $\frac{4.8}{10} + 0.8 = 1.28$(元)，

这样一天获得的总利润为 $(7.2 - 1.28) \times 10000 = 59200$(元)，········ 9 分

若投放量为 1.2 万辆，由 (1) 模型甲可知，每辆车的成本为 $\frac{4.8}{12} + 0.8 = 1.2$(元)，

这样一天获得的总利润为 $(6.8 - 1.2) \times 12000 = 67200$(元)，

因为 $67200 > 59200$，所以选择投放 1.2 万辆能获得更多利润 ········ 12 分

（三）课堂小结

(1) 答题要注意细节，巧妙运用解题方法。

(2) 复习时要注重反思，不断总结，提炼方法。

(3) 回归分析问题中的计算比较复杂，因此在解题时要充分利用条件中所给的已知数据和公式。

(4) 回归分析方程刻画了变量之间相关关系的相关程度，回归方程的不同，其反映的拟合效果也不一样，对此可用相关指数 R^2 来刻画回归方程的拟合效果。对同一组变量得到的不同的回归方程，当相关指数 R^2 越大时，其拟合效果越好。

（四）课后作业

1. 已知 $\triangle MPQ$ 的两个顶点的坐标分别为点 $P(2,0)$，$Q(8,0)$，点 M 与点 P 的距离是它与点 Q 的距离的 $\frac{1}{5}$. 求点 M 出轨迹的方程及 $\triangle MPQ$ 面积的最大值。

2. 一只药用昆虫的产卵数 y 与一定范围内的温度 x 有关，现收集了该种药用昆虫的 6 组观测数据如下表：

温度 $x/℃$	21	23	24	27	29	32
产卵数 $y/$ 个	6	11	20	27	57	77

经计算得：$\bar{x} = \frac{1}{6}\sum_{i=1}^{6} x_2 = 26$，$\bar{y} = \frac{1}{6}\sum_{i=1}^{6} y_2 = 33$，$\sum_{i=1}^{6}(x_i - \bar{x})(y_i - \bar{y}) = 557$，

$\sum_{i=1}^{6}(x_i - \bar{x})^2 = 84$，$\sum_{i=1}^{6}(y_i - \bar{y})^2 = 3930$，线性回归模型的残差平方和 $\sum_{i=1}^{6}(y_i - \hat{y}_i)^2 = 236.64$，$e^{8.0605} \approx 3167$，其中 x_i，y_i 分别为观测. 数据中的温度和产卵数，$i =$

1，2，3，4，5，6．

（Ⅰ）若用线性回归模型，求 y 关于 x 的回归方程 $\hat{y} = \hat{b}x + \hat{a}$（精确到 0.1）；

（Ⅱ）若用非线性回归模型求得 y 关于 x 的回归方程为 $\hat{y} = 0.06e^{0.2303x}$，且相关指数 $R^2 = 0.9522$．

（ⅰ）试与（Ⅰ）中的回归模型相比，用 R^2 说明哪种模型的拟合效果更好。

（ⅱ）用拟合效果好的模型预测温度为 35℃ 时该种药用昆虫的产卵数（结果取整数）。

【教学反思】

本节课是试卷讲评课，通过本节课总结如下。(1) 要重视学生的学习过程，注意培养学生良好的学习习惯，从数学思想入手来解题，通过数学思想方法的指导可以更好地发现解题途径。(2) 继续加强基础知识教学，调动学生学习主动性和积极性，注意知识点的讲解透彻，在立足于教材、把握教材的基础上挖掘教材；善于把握数学思想，善于提炼数学思想，并不失时机地对学生进行数学思想教育。本节课中的数学思想主要有：数形结合的思想、分类讨论的思想、化归与转化的思想。因此，在试卷评讲后，一定要引导学生及时进行试卷自我分析，自我反思；借此让学生再次反思自己之所以做错某些题目的原因，并采取相应的改进措施，以免类似错误一犯再犯。在结合自己班级的实际情况和自己的学习所得的情况下，我发现在试卷的讲评过程中，如果能够做到以下几点，就可以达到我们的初衷。

首先，在试卷讲评前我们要做好测试情况的统计与分析，提高针对性和实效性，学生要做到自查存在的问题及原因。我们首先得对试卷进行认真的批阅和分析，对每道题的得分率进行细致的统计，对每道题的错误原因进行准确的分析，了解学生知识和能力的缺陷及教师在教学中存在的问题。这样试卷讲评课才会更具针对性和实效性。

其次，试卷发下去后，要给学生一定的时间订正，自查存在的问题及原因。要求学生做到在教师讲评试卷之前，明确自己出错的知识点有哪些及其原因。学生在教师讲评试卷前通过自评的方法先对试卷进行订正，对于一些问题能在教师讲评之前自己弄懂。可以充分利用好小组合作，以好帮差，学生讨论错误的原因，展示不同解答方法，教师巡视解决学生个别问题和发现共性问题。这样可以充分调动学生学习的积极性，让优等生有成就感，对知识理解更深入，让差生能通过他们自己的同等位置的交流方式去理解问题，提高其分析问题和解决问题的能力。

再者,讲解要有针对性,突出重点,关键是启发学生。讲评课教师应重在解题思路的分析和点拨,不要满堂灌输式的面面俱到、蜻蜓点水式的简单重复,要针对重点知识、主打题型、重要方法;对具有典型错误的代表题,要精心设疑,耐心点拨启发,并留给学生必要的思维空间,让学生悟深、悟透。

最后,在试卷评讲后,一定要引导学生及时进行试卷自我分析,自我反思和自我总结。借此让学生再次反思自己之所以做错某些题目的原因,并采取相应的改进措施,以免类似错误一犯再犯。我们可以这样做:(1)课后要求学生将错题改正后抄录到自己的订正本,并注明错误原因,以备日后复习之用;(2)要求学生针对自己的错题,重新自编一道内容相仿的习题进行练习。这样才能深刻剖析自己的错误所在,完全理解并消化原先缺漏的知识点。

【课后作业参考答案】

1.【解析】设点 M 的坐标为 (x,y),则 $|MP|^2 = (x-2)^2 + y^2$,$|MQ|^2 = (x-8)^2 + y^2$

$$\frac{|MQ|^2}{|MP|^2} = \frac{(x-8)^2 + y^2}{(x-2)^2 + y^2} = 25$$

$$(x-1.75)^2 + y^2 = 1.25^2$$

所以,点 M 的轨迹是以 $(1.75,0)$ 为圆心,1.25 为半径长的圆在 $\triangle MPQ$ 中,边 PQ 的值为 6,即为定值;现在要使面积最大,即点 M 的纵坐标的绝对值最大,$|y_{max}| = 1.25$,即 $(S_{\triangle MPQ})_{max} = \frac{1}{2} \times PQ \times 1.25 = 3.75$.

2.【解析】

（Ⅰ）由题意得,$\hat{b} = \dfrac{\sum\limits_{i=1}^{6}(x_i - \overline{x})(y_i - \overline{y})}{\sum\limits_{i=1}^{6}(x_i - \overline{x})^2} = \dfrac{557}{84} \approx 6.6$,

$\therefore \hat{a} = 33 - 6.6 \times 26 = -138.6$,

$\therefore y$ 关于 x 的线性回归方程为 $\hat{y} = 6.6x - 138.6$.

（Ⅱ）(i) 由所给数据求得的线性回归方程为 $\hat{y} = 6.6x - 138.6$,相关指数为

$$R^2 = 1 - \frac{\sum\limits_{i=1}^{6}(y_i - \hat{y}_i)^2}{\sum\limits_{i=1}^{6}(y_i - \overline{y})^2} = 1 - \frac{236.64}{3930} \approx 1 - 0.0602 = 0.9398.$$

因为 $0.9398 < 0.9522$，

所以回归方程 $\hat{y} = 0.06e^{0.2303x}$ 比线性回归方程 $\hat{y} = 6.6x - 138.6$ 拟合效果更好。

(ii) 由 (i) 得当温度 $x = 35℃$ 时，$\hat{y} = 0.06e^{0.2303 \times 35} = 0.06 \times e^{8.0605}$

又 $\because e^{8.0605} \approx 3167$，

$\therefore \hat{y} \approx 0.06 \times 3167 \approx 190$（个）

即当温度 $x = 35℃$ 时，该种药用昆虫的产卵数估计为 190 个。

附：一组数据 $(x_1, y_1), (x_2, y_2) \cdots (x_n, y_n)$ 其回归直线 $\hat{y} = \hat{b}x + \hat{a}$ 的斜率和截距的最小二乘估计为 $\hat{b} = \dfrac{\sum\limits_{i=1}^{n}(x_i - \overline{x})(y_i - \overline{y})}{\sum\limits_{i=1}^{n}(x_i - \overline{x})^2}$，$\hat{a} = \overline{y} - \hat{b}\overline{x}$；相关指数 $R^2 = 1 - \dfrac{\sum\limits_{i=1}^{n}(y_i - \hat{y}_i)^2}{\sum\limits_{i=1}^{n}(y_i - \overline{y})^2}$

（Ⅰ）根据所给公式及数据求得 $\hat{b}, \hat{a}$，从而可得线性回归方程.（Ⅱ）(i) 根据所给数据求出相关指数为 $R^2 = 0.9398$，通过比较可得回归方程为 $\hat{y} = 0.06e^{0.2303x}$ 的拟合效果好.(ii) 当 $x = 35$ 时，求出 $\hat{y} = 0.06e^{0.2303x}$ 的值即为预测值。

高三试卷讲评课

李燕

贵阳市实验三中

【教学目标】

1. 知识与技能

通过反馈测试评价的结果，系统回顾学过的知识，强化知识的薄弱环节；明确试卷存在的错误及原因、解题的方法及拓展。

2. 过程与方法

课前学生独立订正——课上教师总体分析——师生互动，重点讲评、拓展。

3. 情感态度与价值观

（1）引导学生正确看待考试分数，以良好的心态面对考试，开阔解题思路，优选解题方法，提高学生分析问题、解决问题的能力。

（2）树立严谨的学习态度，自觉查漏补缺，认真订正试卷错误。

【教学重点】

1. 教师根据学生试卷中较为普遍的问题，归纳、整理学生知识上的不足和答题方法、答题思路上的欠缺，使试卷分析更有针对性。

2. 要求学生课前独立订正试卷，自己查漏补缺，最后确定自己不能解决的问题。

【教学难点】

1. 对试卷中出现的基本概念做本质剖析，对易错易混知识点进行分类辨析与变式训练；

2. 通过对基本题型的分析、讲解，从而提高数学综合素质。

【教学流程】

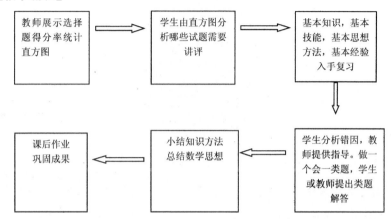

【教学实录】

（一）评讲试题

教师试卷讲评前通过答题卡的填涂情况，由计算机统计出答题情况。主要统计数据为选择题每一个小题的得分率，及选项分布。

师：（PPT 展示选择题得分率分布柱状图）下图统计的是本班 44 名考生，本次月考的选择题得分情况。请你们观察图表，找出本次考试得分率最低的四个题。

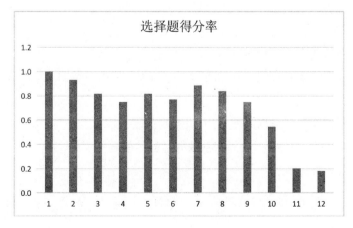

生：可以看出第 4，10，11，12 题得分率较低。

[**题4**] 若 $\left(x+\dfrac{1}{x}\right)^n$ 展开式中只有第 5 项的二项式系数最大，则展开式的常数项是（　　）

A. 252　　　　　　B. 70　　　　　　C. 90　　　　　　D. 45

教师展示第 4 题学生的选项情况分布（如下图）。

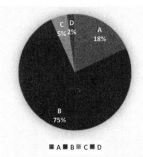

师：我们看出同学们的错误选项主要是集中在选项 A。我们请 A 选项的同学代表来还原考试的时候他是如何分析和思考的这个问题的。

生 1：本题因为要求第 5 项的二项式系数最大。故我认为 $\dfrac{n}{2}=5$，故 $n=10$，由通项公式 $T_{r+1}=C_{10}{}^r x^{10-4} x^{-r}$ 计算出当 $r=5$ 时为常数项选择了 A 选项。

师：你自己订正了以后能得出正确答案了吗？

生 1：可以，正确解法应该是 $T_5=T_{4+1}$，所以在计算 $C_n^{\frac{1}{2}}$ 时，应该为 $\dfrac{n}{2}=4$，故 $n=8$，进而由通项公式得到常数项为 70。

师：你能否总结下这个题目的易错点在哪里呢？

生 1：我认为通项公式中的那个 T_{r+1}，我经常弄错。

师：你觉得这个题，你能自己出一个类题，再练习下吗？

生 1：那就将题目改为展开式的第 6 项的二项式系数最大。我这次考试就对啦。

师：除了这个位置可以改变，还有没有别的变式呢？

生 1：还可以求出它 x^4 前面的系数等这样的问题？

师：还能不能改呢？

生 1：$\left(x+\dfrac{1}{x}\right)^n$ 这个表达式也可以改变的。比如，改为 $\left(x+\dfrac{2}{x}\right)^n$ 等。

师:下面我们就采取分组的形式,再来解决下该同学提出的变式问题。那么,等一、二小组的同学解决变式1,三四小组的同学解决变式2.正好有两位同学选的选项C,请上黑板计算。

变式1:若$\left(x+\dfrac{1}{x}\right)^n$展开式中只有第6项的二项式系数最大,则展开式的$x^4$系数是(　　)

解:由题$\left(x+\dfrac{1}{x}\right)^n$展开式中只有第6项的二项式系数最大,得到$n=10$,故通项公式为:$T_{r+1}=C_{10}{}^r x^{10-r} x^{-r}=C_{10}{}^r x^{10-2r}$,进而$10-2r=4$,$r=3$,所以$x^4$的系数为120。

变式2:$\left(x+\dfrac{2}{x}\right)^n$展开式中只有第6项的二项式系数最大,则展开式系数和是(　　)

解:由题$\left(x+\dfrac{2}{x}\right)^n$展开式中只有第6项的二项式系数最大,得到$n=10$,故当$x=1$时,二项式系数和为$3^{10}$。

[**题10**]设函数$f(x)=\dfrac{\cos\left(\dfrac{\pi}{2}-\pi x\right)+(x+e)^2}{x^2+e^2}$的最大值为$M$,最小值为$N$,则$(M+N-1)^{2018}=$ _____.

A. 2^{2018}　　　　　B. 3^{2018}　　　　　C. 1　　　　　D. 2

教师展示第10题学生的选项情况分布(如下图)。

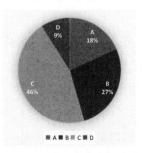

师:下面我们请选择B选项的同学来谈谈第10题应该如何订正。

生2:这个题我考完以后还是没想到怎么做。

师:那你谈谈你当时如何审题思考的?

生2:因为题目要求最大值,所以我首先想到的是求导,利用导函数法来求解出函数的最大值和最小值,但是我求完导数以后,发现导函数很复杂,我也不会解相应的极值点,所以我就不会做了。

师:你谈得很对,可能很多同学的第一反应都是求导,但是导函数太复杂就阻碍了后续发展。那么我们先参考下面这个题目。

例 1:已知函数 $f(x)$ 为奇函数,若 $f(x)$ 的最大值为 M,最小值为 N,则 $M+N$ =（　　）这个题目连函数解析式都没有,我怎么用求导法求最值呢?

生 2:这个题目不需要用求导法,因为利用函数的奇偶性,奇函数图像是关于原点对称的,所以函数 $f(x)$ 的最大值 M 与最小值 N 之和一定为 0。

师:很好。那么请大家再参考一个题。

例 2:已知函数 $g(x)=f(x)+a$,其中 $f(x)$ 为奇函数,a 为常数。若 $g(x)$ 的最大值为 M,最小值为 N,则 $M+N=$（　　）

生 2:因为 $g(x)$ 可以看作将 $f(x)$ 上下平移 a 个单位,故 $g(x)_{\max}=f(x)_{\max}+a$,$g(x)_{\min}=f(x)_{\min}+a$,故 $g(x)_{\max}+g(x)_{\min}=f(x)_{\max}+f(x)_{\min}+2a=2a$。

师:那你从新来解答一下第 10 题吧。

生 2:因为 $f(x)=\dfrac{\cos\left(\dfrac{\pi}{2}-\pi x\right)+(x+e)^2}{x^2+e^2}=\dfrac{\sin(\pi x)+x^2+e^2+2ex}{x^2+e^2}=$

$\dfrac{\sin(\pi x)+2ex}{x^2+e^2}+1$,而 $h(x)=\dfrac{\sin(\pi x)+2ex}{x^2+e^2}$ 是一个奇函数。这完全和刚才的例 2 是一样的解答,所以 $M+N=2$,故 $(M+N-1)^{2018}=1$。

师:掌声鼓励一下这位同学。

师:我们现在来总结一下常见的求函数最大值最小值的办法吧?

生 2:(1) 可以利用函数的性质;(2) 求导法。

师:很好啊,刚刚才尝到用函数性质来求解函数最大值最小值的甜头,就把用函数的性质求解放到第一位去了。我要提醒各位同学,函数的性质不是只有奇偶性可以利用,我们还经常利用函数的单调性,也是一个很厉害的武器来帮助我们求解函数的最值。

师:当然,除了刚才同学总结的可以利用函数的性质和求导法来求函数的最值,利用不等式的性质,如均值不等式来求解函数的最值,也是很常见的方法。

师:总结过后,我们再来实战一次。

延伸：已知 $a > 0$，且 $a \neq 1$，函数 $f(x) = \dfrac{5a^x + 3}{a^x + 1} + \ln(\sqrt{1 + 4x^2} - 2x)(-1 \leqslant x \leqslant 1)$，设函数 $f(x)$ 的最大值为 M，最小值为 N，则 $M + N = ($ 　　 $)$

生 2：我们知道，$\ln(\sqrt{1 + 4x^2} - 2x)$ 是奇函数，但是 $\dfrac{5a^x + 3}{a^x + 1}$ 这个部分不是奇函数。我尝试了化简 $\dfrac{5a^x + 3}{a^x + 1} = \dfrac{5(a^x + 1) - 2}{a^x + 1} = 5 + \dfrac{-2}{a^x + 1}$，但依旧不是奇函数，所以我又不会做了。

师：你的直觉很对，就是在化简 $\dfrac{5a^x + 3}{a^x + 1}$ 的时候出了一些问题。我们试试。当 $\dfrac{5a^x + 3}{a^x + 1} = \dfrac{4(a^x + 1) + a^x - 1}{a^x + 1} = 4 + \dfrac{a^x - 1}{a^x + 1}$，那么 $h(x) = \dfrac{a^x - 1}{a^x + 1}$，$h(x)$ 为奇函数，故而此题答案为 8。

师：通过刚才的延伸训练，我们发现一些具有典型性的奇函数我们是需要特殊记忆的，比如，$y = \ln(\sqrt{1 + 4x^2} - 2x)$，$y = \dfrac{a^x - 1}{a^x + 1}$，$y = \lg \dfrac{x + 1}{1 - x}$。这些在我们解题过程都能帮助我们快速反应。

[题 11] 已知 $\triangle ABC$ 是边长为 2 的等边三角形，P 为平面 ABC 内一点，则 $\overrightarrow{PA} \cdot (\overrightarrow{PB} + \overrightarrow{PC})$ 的最小值是（　　）

A. -2　　　　　　B. $-\dfrac{3}{2}$　　　　　　C. $-\dfrac{4}{3}$　　　　　　D. -1

教师展示第 11 题学生的选项情况分布（如下图）。

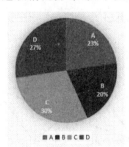

师：我们发现选项分布很平均啊。这意味着什么呢？

生：意味着我们都不会，猜了一个答案，全凭运气啊。

师：同样，我们先来参考一个例题。

[例题] 平行四边形是表示向量加法与减法的几何模型。如图，$\overrightarrow{AC} = \overrightarrow{AB} +$

$\overrightarrow{AD}$,$\overrightarrow{DB} = \overrightarrow{AB} - \overrightarrow{AD}$,你能发现平行四边形对角线的长度与两条邻边的关系吗?

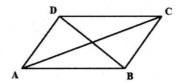

解: 不妨设 $\overrightarrow{AB} = \vec{a}$,$\overrightarrow{AD} = \vec{b}$,则 $\overrightarrow{AC} = \vec{a} + \vec{b}$,$\overrightarrow{DB} = \vec{a} - \vec{b}$,则

$$\overrightarrow{AC}^2 = (\vec{a} + \vec{b})^2 = \vec{a}^2 + 2\vec{a} \cdot \vec{b} + \vec{b}^2 \cdots\cdots ①$$

$$\overrightarrow{DB}^2 = (\vec{a} - \vec{b})^2 = \vec{a}^2 - 2\vec{a} \cdot \vec{b} + \vec{b}^2 \cdots\cdots ②$$

①+② 得

$$\overrightarrow{AC}^2 + \overrightarrow{DB}^2 = 2(\vec{a}^2 + \vec{b}^2)$$

即 $|\overrightarrow{AC}|^2 + |\overrightarrow{DB}|^2 = 2(|\overrightarrow{AB}|^2 + |\overrightarrow{AD}|^2)$

即平行四边形的两条对角线的平方和等于两条邻边平方和的两倍。

课本上的探究到此即止,如果我们进一步探究将①-② 得 $(\vec{a} + \vec{b})^2 - (\vec{a} - \vec{b})^2 = 4\vec{a} \cdot \vec{b}$

即 $\vec{a} \cdot \vec{b} = \dfrac{1}{4}[(\vec{a} + \vec{b})^2 - (\vec{a} - \vec{b})^2]$

师:该结论指出平面向量的数量积可以由平面向量的线性运算的模导出。其几何意义为平面向量的数量积可以表示为共起点的平行四边形的"和对角线"和"差对角线"平方差的 $\dfrac{1}{4}$。我们把该结论记为推广 1。

推广 1: $\overrightarrow{AB} \cdot \overrightarrow{AD} = \dfrac{1}{4}(|\overrightarrow{AC}|^2 - |\overrightarrow{BD}|^2)$ 我们把这个推广称为数量积的四边形模式(如图 1).

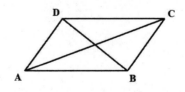

图 1

师：我们进一步得到 $\vec{a} \cdot \vec{b} = \dfrac{1}{4}[(\vec{a}+\vec{b})^2 - (\vec{a}-\vec{b})^2] = \left(\dfrac{\vec{a}+\vec{b}}{2}\right)^2 - \left(\dfrac{\vec{a}-\vec{b}}{2}\right)^2$，

因此平面向量的数量积的几何意义也可以用三角形的中线的平方与三角形第三边的一半平方之差来表示。我们把该结论记为推广 2。

推广 2：$\overrightarrow{AB} \cdot \overrightarrow{AD} = |\overrightarrow{AM}|^2 - |\overrightarrow{DM}|^2 = |\overrightarrow{AM}|^2 - |\overrightarrow{BM}|^2$ 我们把这个推广称为数量积的三角形模式（如图 2）.

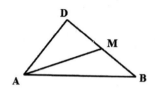

图 2

师：再进一步，由例题结论 $|\overrightarrow{AC}|^2 + |\overrightarrow{DB}|^2 = 2(|\overrightarrow{AB}|^2 + |\overrightarrow{AD}|^2)$ $\overrightarrow{AC} = 2\overrightarrow{AM}$，$\overrightarrow{DB} = 2\overrightarrow{MB}$，代入上式化简可得 $|\overrightarrow{AB}|^2 + |\overrightarrow{AD}|^2 = 2(|\overrightarrow{AM}|^2 + |\overrightarrow{BM}|^2)$ 由此可得推广 3.

推广 3：若 AM 是三角形 ABC 的中线，则 $|\overrightarrow{AB}|^2 + |\overrightarrow{AD}|^2 = 2(|\overrightarrow{AM}|^2 + |\overrightarrow{BM}|^2)$

师：推广 2 和推广 2 将平面向量的数量积运算转化为两个向量的长度运算，避开了向量的夹角问题，可以使得数量积的问题求解更加简单直接。推广 3 直接建立起了三角形的中线长和三角形三条边之间的长度关系，可以给我们研究向量的长度带来不少方便。下面举例说明其应用。

师：那么我们再来解答一下第 11 题。

解：如图：

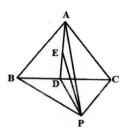

取 BC 中点 D，连接 BD，取 BD 中点 E 连接 PD, PE, PB

故 $\overrightarrow{PB} + \overrightarrow{PC} = 2\overrightarrow{PD}$，$\overrightarrow{PA} \cdot (\overrightarrow{PB} + \overrightarrow{PC}) = \overrightarrow{PA} \cdot 2\overrightarrow{PD} = 2\overrightarrow{PA} \cdot \overrightarrow{PD}$

由推广 2 知 $\overrightarrow{PA} \cdot \overrightarrow{PD} = \overrightarrow{PE}^2 - \overrightarrow{EA}^2$

而 $|\overrightarrow{EA}| = \frac{1}{2}|\overrightarrow{DA}| = \frac{\sqrt{3}}{2}$

所以 $\overrightarrow{PA} \cdot \overrightarrow{PD} = \overrightarrow{PE}^2 - \overrightarrow{EA}^2 = \overrightarrow{PE}^2 - \frac{3}{4}$

$\overrightarrow{PA} \cdot (\overrightarrow{PB} + \overrightarrow{PC}) = 2\left(\overrightarrow{PE}^2 - \frac{3}{4}\right) \geqslant -\frac{3}{2}$

所以 $\overrightarrow{PA} \cdot (\overrightarrow{PB} + \overrightarrow{PC})$ 的最小值为 $-\frac{3}{2}$

[**题 12**] 设函数 $f(x) = 3xe^x$，若存在唯一的整数 x_0，使得 $f(x_0) < kx_0 - k$，则 k 的取值范围是（　　）

A. $\left[-\frac{3}{e^2}, 0\right)$ 　　B. $\left[0, \frac{3}{2e}\right)$ 　　C. $\left(-\frac{3}{e}, \frac{3}{2e}\right)$ 　　D. $\left[\frac{2}{e^2}, \frac{3}{2e}\right)$

教师展示第 12 题学生的选项情况分布。

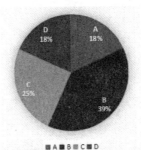

师：请这位同学来讲解这个题你为什么选择了 A 选项？

生 3：我其实是不太会做的，我观察了一下 ABCD 四个选项。我发现 A，B 选项中，对于 k 能否取 0 是有差异的。所以我就采取检验 $k = 0$ 的结果。如果 $k = 0$，则本题变为若存在唯一的整数 x_0，使得 $f(x_0) < 0$，对 $f'(x) = 3e^x(x+1)$，在 $(-\infty, -1)$ 上 $f(x)$ 递减，$(-1, +\infty)$ 上递增。于是我就得到了 $f(x)$ 的草图（如右图），但我还是不能得到选项，故而只好乱选了一个。

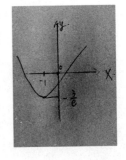

师：我们分析，$f(x)$ 在区间 $(-\infty, -1)$ 上单调递减，但是你是否注意到当 x

→ $-\infty$ 时，$f(x) = 3xe^x$ 是趋向于0的?你的这个错误是很多同学都爱犯的毛病,下次要注意呀!

　　师:现在,我们一起来解这道题。当 $f(x)$ 在区间$(-1,+\infty)$ 时,我们可以观察到 $f(0) = 0$ 时,函数 $f(x)$ 的大致图像如下:

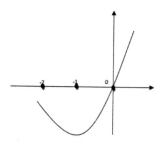

我们很容易观察到,当 $k = 0$ 时,$f(x) < 0$ 的整数解并不唯一,因此可以排除 B、C 选项。我们进一步分析,当 $k \neq 0$ 时,我们可以令 $g(x) = kx - k$ 是一条横过定点$(1,0)$ 的直线,即本题转化为寻找 $f(x) < g(x)$ 的整数解。我们利用数形结合在同一个坐标系下作图来分析(如下图):

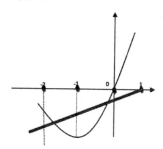

故要求 $\begin{cases} f(-1) \leqslant g(-1) \\ f(-2) > g(-2) \end{cases}$ 从而得到答案 D。

　　师:我们来试试这 2 个例题。

　　[例1](2015 年全国卷(1)第12题)设函数 $f(x) = e^x(2x-1) - ax + a$,其中 $a < 1$,若存在唯一的整数 x_0,使得 $f(x_0) < 0$ 则 a 的取值范围为(　　)

　　A. $\left[-\dfrac{3}{2e}, 1\right)$　　　B. $\left[-\dfrac{3}{2e}, \dfrac{3}{4}\right)$　　　C. $\left[\dfrac{3}{2e}, \dfrac{3}{4}\right)$　　　D. $\left[\dfrac{3}{2e}, 1\right)$

　　学生独立解决,教师巡视,辅导个别学生做题。

　　解:

　　将 $f(x) = e^x(2x-1) - ax + a$ 变形得 $e^x(2x-1) = ax - a$,令函数 $h(x) =$

$e^x(2x-1)$，$g(x)=ax-a$，则转化为 $h(x)<g(x)$。

将 $h(x)=e^x(2x-1)$ 求导，分析单调性，做出大致图像。

$h'(x)=e^x(2x+1)$，在 $\left(-\infty,-\dfrac{1}{2}\right)$ 上 $h(x)$ 单调递减，在 $\left(-\dfrac{1}{2},+\infty\right)$ 上 $h(x)$ 单调递增，且 $h\left(\dfrac{1}{2}\right)=0$。

所以，当 $x\to-\infty$ 时，$h(x)\to0$。

故 $g(x)=ax-a$ 为恒过定点 $(1,0)$ 的直线，在同一坐标系下做出两个函数的大致图像如下：

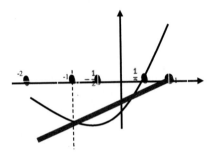

故要求 $\begin{cases} h(0)<g(0) \\ h(-1)\geqslant g(-1) \end{cases}$ 从而得到答案 D。

[例 2]（贵州省 2018 适应性考试 12 题）设函数 $f(x)=ae^{-x}\cdot(x-1)-2x+1$，其中 $a<1$，若存在唯一负整数 x_0，使得 $(x_0)>0$，则实数 a 的取值范围是：

A. $\left(\dfrac{5}{3e^2},\dfrac{3}{2e}\right)$　　　B. $\left(\dfrac{3}{2e},1\right)$　　　C. $\left[\dfrac{3}{2e},1\right)$　　　D. $\left[\dfrac{5}{3e^2},\dfrac{3}{2e}\right)$

解：将函数 $ae^{-x}\cdot(x-1)-2x+1>0$，转化为 $a(x-1)>e^x(2x-1)$，令函数 $g(x)=a(x-1)$，$h(x)=e^x(2x-1)$，即要求存在唯一负整数 x_0，使得 $g(x_0)>h(x_0)$。

将 $h(x)=e^x(2x-1)$ 求导，分析单调性，做出大致图像。

$h'(x)=e^x(2x+1)$，在 $\left(-\infty,-\dfrac{1}{2}\right)$ 上 $h(x)$ 单调递减，在 $\left(-\dfrac{1}{2},+\infty\right)$ 上 $h(x)$ 单调递增，且 $h\left(\dfrac{1}{2}\right)=0$。

所以当 $x\to-\infty$ 时，$h(x)\to0$。

故 $g(x)=ax-a$ 为恒过定点 $(1,0)$ 的直线，在同一坐标系下做出两个函数的

大致图像如下:

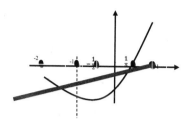

故要求 $\begin{cases} h(-1) < g(-1) \\ h(-2) \geqslant g(-2) \end{cases}$ 从而得到答案 D.

师:参考例1、例2给出的函数解析式一个为 $f(x) = e^x(2x-1) - ax + a$,一个为 $f(x) = ae^{-x} \cdot (x-1) - 2x + 1$,看似不同,其实通过转化的思想,是相同的,都是转化为函数 $g(x) = a(x-1)$ 与 $h(x) = e^x(2x-1)$,再对比题干要求,例1要求存在唯一整数 x_0,使得 $g(x_0) > h(x_0)$,例2要求存在唯一负整数 x_0,使得 $g(x_0) > h(x_0)$,这一字之差,导致了计算不同。这样的例题可以帮助学生更深切地理解如何取零界点来分析题目。

师:请各位同学总结下在利用导函数作原函数的草图时,这几个题有什么相同点?以及在今后作图的过程中,我们需要注意什么?

生:这几个题在作图的时候,虽然在 $(-\infty, a)$ 这样的区间内都是单调递减的,但是 y 却不是从正递减到负,没有零点。我们在作图的时候往往很随意地就画成了有零点式的递减,它们都可以看出来是无限靠近 x 轴的。我们以后在作图的时候,不仅要关注单调性,还要关注零点。

师:请同学们总结下这个题目在解决过程中用到了什么样的数学思想方法?

生:数形结合,转化的思想,将解不等式转化为两个函数的图像问题。

(二)知识总结

师:希望各位同学对本节课进行一个小结。

生1:在今后的学习中,要注重基础知识、审题要仔细、勾出关键词、注重运算能力,准确运算。

生2:对常见的题型、解题方法要记忆。常见的奇函数,容易错判成非奇非偶函数的特殊函数要针对记忆。

生3:要注重课本。

生4:学习数形结合,合理转化。

师:希望同学们认真订正,从中汲取经验,使学习知识的能力再上一个台阶。

【课后作业】

(一)要求

1. 将答错的题用红笔订正在试卷上。

2. 将错题誊抄在"错题集"上,写出错因分析、正确解答。

3. 在"错题集"中每个错题后总结用到的数学知识点、数学思想方法、解题技巧。

(二)作业

1. $(x^2+1)(x-2)^{10}=a_0(x-1)^{12}+a_1(x-1)^{11}+\cdots+a_{11}(x-1)^1+a_{12}$,则 $a_0+a_1+\cdots+a_{11}$ 的值为_____.

2. 已知函数 $f(x)=\dfrac{\sin\frac{x}{2}\cos\frac{x}{2}+x^2}{x^2}$ 的最大值为 M,最小值为 N,求 $M+N=$ _____.

3.(2013 年重庆理第 10 题) 在平面内 $\overrightarrow{AB_1}\perp\overrightarrow{AB_2}$,$|\overrightarrow{OB_1}|=|\overrightarrow{OB_2}|=1$,$\overrightarrow{AP}=\overrightarrow{AB_1}+\overrightarrow{AB_2}$.若 $|\overrightarrow{OP}|<\dfrac{1}{2}$ 求 $|\overrightarrow{OA}|$ 的取值范围是(　　)

A. $\left(0,\dfrac{\sqrt{5}}{2}\right]$ 　　　B. $\left(\dfrac{\sqrt{5}}{2},\dfrac{\sqrt{7}}{2}\right)$ 　　　C. $\left(\dfrac{\sqrt{5}}{2},\sqrt{2}\right)$ 　　　D. $\left(\dfrac{\sqrt{7}}{2},\sqrt{2}\right]$

4. 设函数 $f(x)=x^2-2ex-\dfrac{\ln x}{x}+a$(其中 e 为自然对数的底数),若函数 $f(x)$ 至少存在一个零点,则实数 a 的取值范围为(　　)

A. $\left(0,e^2-\dfrac{1}{e}\right]$ 　　　　　　　　B. $\left(0,e^2+\dfrac{1}{e}\right]$

C. $\left[e^2-\dfrac{1}{e},+\infty\right)$ 　　　　　　D. $\left(-\infty,e^2+\dfrac{1}{e}\right]$

【教学反思】

高三数学教学中,考试较多,评讲试卷基本上是高三数学课堂的主要课程内容。怎么能够充分地利用课堂时间,帮助学生"查漏补缺""提高分数"是所有高三数学老师思考和探究的问题。

数学试卷满分 150,选择题作为数学试卷必考题型,比重占 40%。选择题有知识点覆盖面广、题型灵活多样、思维易缺漏、一锤定音(选项唯一)等特点,而且学科中主要的数学思想和数学方法能通过它得到充分的体现和应用,并且因为它还有相对难度(如思维层次、解题方法的优劣选择、解题速度的快慢等),可以用"选择题者得天下"来形容选择题的重要性,所以选择题已成为试卷的基本题型之一。

我认为用一节课的时间来将学生在选择题中出现的失误进行系统性的讲解时很有必要的。我的教学设计是围绕四个基本:基本知识、基本技能、基本思想方法、基本经验来展开的。

（一）试卷讲评课

1. 如何确立教学目标

试卷讲评课的教学目标重点是对试卷中学生失分率较高的题目进行分析,以找出错误的原因和提出改正的方法等。分析的内容包括该题所涉及的知识点、解题思路和解题技巧。通过对这种类型题目的分析,能够清楚地找到出学生失分的原因,包括知识水平的不足、解题方法的不优,以及心态问题造成的失误。同时,对表现优秀的同学进行表扬、鼓励,要体现对知识的查漏补缺及拓展补充,要体现对数学能力的发展提升,还要突出对数学方法的归纳总结。

所以我采取了统计学生选择题的得分率情况来确定哪些题需要讲,由谁讲?在本堂课中,由学生观察本班选择题得分率的直方图,确定了我们需要讲的题目。

2. 如何确定教学方法

教师不唱独角戏。通过学生积极参与,师生互动,使课堂教学过程成为学生认识自己的过程。在教师的指导下,学生进行自我反思、自我探究、能有所发现、有所提高,课堂成为学生展示聪明才智的大舞台。由于学生数学学习水平参差不齐,出现错因不尽相同,导致教学对象具有复杂性。哪些题讲,哪些题不讲?试卷讲评的授课方式需要根据学生层次,出错原因灵活采取多样形式进行,如自纠错、小组讨论,教师或学生讲解等。

（1）教师真正成为课堂的组织者和引导者。不把试卷讲评课变成简单的对答案或者从第一题讲到最后一题,无轻重,无主次,ABCD,逐题讲解,眉毛胡子一把抓,不是重过程,轻方法。教师在试卷评析时,往往把着重点放在哪道题错了,正确的应怎样解答,忽视了为什么错?这样的题应从哪方面去思考等,教师缺乏方法指导。

（2）真正发挥学生的主体作用。

学生是课堂教学中的主角。在本节教学中,我尊重学生,鼓励学生积极参与到讲评过程中来。让学生展示自己的错误，自主合作探究，反思纠错，做到在"误"中感悟。在教学中我欣喜地看到学生主动参与，展现思维的多样性，学生与学生之间交流切磋，课堂因互动起来而精彩，形成了"自由、民主、宽松、和谐"的课堂氛围。几位同学现场还原考场上答题的思路，再现错误解法的形成过程，"现身说法"，对其他同学起到警示作用。

根据以上两小点，由此我统计了全班选择题得分率的分布图，统计了每个题的选项分布图。决定从数据出发，实践我的教学方法。

如在第4题中，我们由选项分布统计图可以看出第4题的选项分布情况是有集中性的，即75%的学生能得出正确选项B，主要错选集中在A。

此题本身属于容易得分题，主要考查基本知识的记忆和运用。所以我决定采取学生自评的教学方法。学生自己分析错因、得出正确解答，并且学习举一反三，提升知识迁移能力。学生的能力是有限的，所以我又给学生提出类题变式。

变式：$\left(x+\dfrac{2}{x}\right)^n$ 展开式中只有第6项的二项式系数最大，则展开式系数和是（   ）。

在二项式定理的考查中，二项式系数和与二项展开式系数和是学生经常发生混淆的一个知识点，利用这个类题，可以进一步帮助学生夯实基础。

而第10题由选项分布图可以看出，46%的学生能得到正确选项。选项相对具有集中性，说明失分的学生可能存在知识水平的不足，解题方法的不优，以及心态问题造成的失误。所以我选择请错误学生起来还原考试场景，再现思维过程的方式来了解学生失分原因。

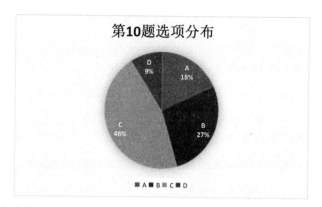

找到学生失分原因后,我进而引导学生进行了基本题型的回顾。

题目:若 $g(x) = f(x) + a$,其中 $f(x)$ 为奇函数,那么一定有 $g(x) + g(-x) = 2a$.

这样的题目在课本中并没有用黑体字重点强调,却是我们在平时的训练中又经常遇见的题型。所以必须给学生建立起基本的解题方法模型。帮助学生自我巩固、提升、总结。

变式:已知 $a > 0$,且 $a \neq 1$,函数 $f(x) = \dfrac{5a^x + 3}{a^x + 1} + \ln(\sqrt{1 + 4x^2} - 2x)(-1 \leqslant x \leqslant 1)$,设函数 $f(x)$ 的最大值为 M,最小值为 N,则 $M + N = ($ 　　$)$.

以此帮助学生强化高中阶段易错判为非奇非偶的函数,如 $y = \ln(\sqrt{1 + 4x^2} - 2x)$,$y = \dfrac{a^x - 1}{a^x + 1}$,$y = \lg \dfrac{x + 1}{1 - x}$。真正地帮助学生查漏补缺。

而第11、12题由选项分布图就可以看出,选项不具有集中性,题目本身的作用也是用来拉开学生层次的,对大多数学生来说得到正确选项是非常有难度的。所以我引导学生自结体会,并总结出常见的数学思想方法和解题方法的形式来讲评。其中第11题,引领学生回归课本。很多高考题都是源于课本,高于课本的,高三的复习课一定要紧扣课本知识。

3. 如何确定课后作业

试卷讲评的目的不仅仅是告诉学生一个正确答案,讲解一道题的解题过程,而是在于对知识的查漏补缺及拓展补充,要体现学生数学能力的发展提升,突出对数学方法的归纳总结。

以往试卷讲评之后,教师通常要学生在试卷上订正,或要求学生在作业本上把错题重做一次。学生的应对办法是边听试卷讲评边订正试卷,或把答案抄到作业本上了事,效果较差。我建议试卷讲评后巩固应从多方面着手。

(1)要求学生将答错的题用红笔订正在试卷上。

(2)让学生把在考试中出现的典型错误的试题收集在"错题集"中,做好错题原因的分析说明,给出相应的正确解答,以便教师利用课后更多的时间去了解学生错误发生的原因,更好地调整自己的教学。

(3)学生在错题后总结用到的数学知识点、数学思想方法、解题技巧。

(4)针对学生存在的问题给出配套练习,让学生再次进入似曾相识的情景中,巩固试卷效果。

(二)教学反思

首先,因为是客观题的讲评,而非主观题的讲评,数据的分析工作还不够全面,如班级成绩总体情况、最高分、平均分、各分数段的人数、与上次考试及几个班的考试情况进行比较等。因此无法在阅卷时详细记录下每个同学的典型错误,只能通过选项分布图来对学生的错误进行整理。

其次,考虑到学生考试完后,对考试成绩和未知解答有一种强烈的心理渴望,如果不讲评或久拖不评,学生的迫切心情就淡化了,学生的学习积极性和学习热情会受到挫伤,故而留给学生通过查阅课本、作业或与同学交流切磋的时间太短,在考试结束后第二天就进行了试卷讲评。

再者,还应该更多地注重课堂鼓励。教育学家第斯多惠指出:"教学的艺术不在于传授本领,而在于激励、唤醒、鼓舞。"因此,激励应贯穿试卷讲评课的始终。很多教师有过这样的感触:上试卷讲评课常会出现学生启而不发,呼而不应,课堂气氛沉闷的情况。这是因为在学习竞争中,每个学生都有衡量自身成败的标准,而学生心理的自我调整能力还不强。因此,教师在评讲试卷时,对做得好、有进步的同学要提出表扬,肯定他们的进步和努力;对后进生,可从他们的解题思路、书写格式上细心寻找合理成分,哪怕是一点闪光点都要给予及时的鼓励和赏识,增强他们的上进心。此外,在试题的评讲中,学生有时会呈现许多不同的方法,有的方法还很精练、巧妙,不时迎来同学的鼓掌、喝彩,这时往往能达到最为满意的课堂效果。

【课后作业参考答案】

1.赋值法,令 $x=1$,得到 $a_{12}=2$,令 $x=2$,得到 $a_0+a_1+\cdots+a_{12}=0$,故 a_0

$+a_1+\cdots+a_{11}=-2.$

2. $f(x)=\dfrac{\sin\frac{x}{2}\cos\frac{x}{2}+x^2}{x^2}=\dfrac{\frac{1}{2}\sin x}{x^2}+1$，而 $h(x)=\dfrac{\frac{1}{2}\sin x}{x^2}$ 为奇函数，故 M

$+N=2.$

3. 解：由 $\overrightarrow{AB_1}\perp\overrightarrow{AB_2}$，$\overrightarrow{AP}=\overrightarrow{AB_1}+\overrightarrow{AB_2}$ 可知，四边形

AB_1PB_2 为矩形

由推广 3 在 $\triangle APO$ 中，C 为 AP 中点：

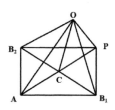

$\overrightarrow{OA}^2+\overrightarrow{OP}^2=2(\overrightarrow{OC}^2+\frac{1}{2}\overrightarrow{AP}^2)\Leftrightarrow 2(\overrightarrow{OA}^2+\overrightarrow{OP}^2)=4$

$\overrightarrow{OC}^2+\overrightarrow{AP}^2$

在 $\triangle B_1B_2O$ 中，C 为 B_1B_2 中点：$\overrightarrow{OB_1}^2+\overrightarrow{OB_2}^2=2(\overrightarrow{OC}^2+\frac{1}{2}\overrightarrow{B_1B_2}^2)\Leftrightarrow 2(\overrightarrow{OB_1}^2$

$+\overrightarrow{OB_2}^2)=4\overrightarrow{OC}^2+\overrightarrow{B_1B_2}^2$

由 $|\overrightarrow{OB_1}|=|\overrightarrow{OB_2}|=1$

$\therefore 4\overrightarrow{OC}^2+\overrightarrow{B_1B_2}^2=4$，矩形 AB_1PB_2 中 $|\overrightarrow{B_1B_2}|=|\overrightarrow{AP}|$

$\therefore 4\overrightarrow{OC}^2+\overrightarrow{AP}^2=4$

故 $\overrightarrow{OA}^2+\overrightarrow{OP}^2=2(\overrightarrow{OC}^2+\frac{1}{2}\overrightarrow{AP}^2)\Leftrightarrow 2(\overrightarrow{OA}^2+\overrightarrow{OP}^2)=4\overrightarrow{OC}^2+\overrightarrow{AP}^2=4$

$\therefore \overrightarrow{OA}^2+\overrightarrow{OP}^2=2$

$\therefore \overrightarrow{OA}^2=2-\overrightarrow{OP}^2$ 而 $0\leqslant|\overrightarrow{OP}|<\frac{1}{2}\therefore 0\leqslant|\overrightarrow{OP}|^2<\frac{1}{4}$

$\therefore \dfrac{7}{4}<\overrightarrow{OA}^2\leqslant 2$

故选 D.

4. 解：若 $f(x)x^2-2ex-\dfrac{\ln x}{x}+a=0$，则 $x^2-2ex+a=\dfrac{\ln x}{x}$，令 $h(x)=x^2$

$-2ex+a,g(x)=\dfrac{\ln x}{x}$

则 $h(x)=x^2-2ex+a$，对称轴为 $x=e$，而 $g(x)=\dfrac{\ln x}{x}$，$g'(x)=\dfrac{1-\ln x}{x^2}$

$g(x)$ 在区间 $(0,e)$ 内是单调递增函数，在区间 $(e,+\infty)$ 内是单调递减函数，

且当 $x=1$ 时，$g(1)=0$

当 $x > e, g(x) > 0$ 恒成立. 故要求 $f(x)$ 至少存在一个零点,转化为要求函数 $h(x), g(x)$ 图像至少有一个交点。

则求出 $h(e) \leqslant g(e)$ 得到答案 D.

第七篇

07

数学竞赛辅导课

数学竞赛辅导课是针对数学学习效果优秀的学生，在完成现行教材教学任务的基础上，进一步补充数学知识，拓展学生思维和能力的重要课型。数学竞赛辅导课的内容是对现行数学教材的拓展和补充，教学目标主要是针对全国高中数学联赛及各省的数学竞赛。

数学竞赛辅导课是通过适当的补充数学新知识，增大题目难度来训练学生思维和数学解题能力的。因此，教师要站得更高，对问题的分析要深刻、简洁。其立足点在于学生的思维训练，主要教学环节为：新知的引入、新知的分析、新知的应用及问题拓展等。

数学竞赛辅导课要求教师对于数学优秀生善于培养启发他们思维，调动他们的学习与探究的积极性，培养学生的探究精神和应用意识。

竞赛辅导课的教学质量取决于教师的专业知识和数学素养。

梅涅劳斯定理*及其简单应用

刘荣昌

贵阳实验三中

【教学目标】

1. 知识与技能

（1）通过问题引入，引发学生认知冲突，为定理的导入创设情境；

（2）通过定理识记和定理的证明，能够理解定理的意义及其适用范围，同时熟练定理能解决哪些问题；

（3）通过相应习题的讲练，熟练掌握定理内容和应用。

2. 过程与方法

通过例题的分析对比，体会用本定理解决相应问题的一般思路，提升思想方法的总结。

3. 情感态度与价值观

培养学生研究问题的思路和能力，通过两千年前的定理的证明和应用，体会数学的"容颜"之美，永恒之美；通过 IMO 试题的参观，增强学习、探究的

---

* 梅涅劳斯定理（简称梅氏定理），最早出现在由古希腊数学家梅涅劳斯的著作《球面学》（Sphaerica）。使用梅涅劳斯定理可以进行直线形中线段长度比例的计算，其逆定理还可以用来解决三点共线、三线共点等问题，是平面几何学以及射影几何学中的一项基本定理，具有重要的作用。梅涅劳斯定理的对偶定理是塞瓦定理。

精神和信念。

【教学重点】

梅涅劳斯定理的证明、理解和应用。

【教学难点】

梅涅劳斯定理的应用和构造适用条件。

【教学流程】

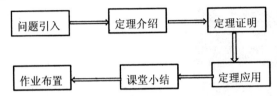

【教学实录】

(一)引入新课

1. 如图,在 $\triangle ABC$ 中,$\angle A$ 的外角平分线交 BC 延长线于 D,$\angle B$、$\angle C$ 的平分线交对边于 E、F。

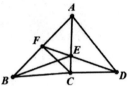

求证:D、E、F 三点共线。

师:请同学们看这道题,要证明三点共线,我们目前已知的常用方法有哪些呢?

生:直线解析式验证法。

师:具体操作呢?

生:先由 A、B 两点确定直线解析式,代入 C 点验证。

师:很准确,还有其办法吗?

生:可以用斜率证明,验证 K_{AB} 是否等于 K_{AC}。

师:有什么注意事项吗?

生:斜率不存在的情况。

师:很严谨,还有其他想法吗?

生:向量法,若 $\overrightarrow{AB} // \overrightarrow{AC}$,则 A、B、C 三点共线。

师:大家总结得非常好,体现了你们良好的基本功和严谨的数学思维。那么我们回到问题,能否用以上方法轻松解决本题呢?如果不能,主要障碍是什么呢?

生:以上三种方法本质上都是用代数计算解决几何问题,依托于直角坐标系与点坐标间的代数运算来解决问题。

师:本题不能建立直角坐标系吗?

生:能,但是感觉条件不够,同时也很有难度!

（二）梳理知识结构

1. 定理介绍

师:感谢同学们积极思考!确实,本题用我们之前常用的方法来解决会有些难度,所以今天我给大家介绍一个平面几何的基本定理——梅涅劳斯定理,此定理就可以有效解决本类问题。如图1,设 P,Q,R 分别是 $\triangle ABC$ 的三边 BC,CA,AB 或它们的延长线上的点,（且有奇数个点在边的延长线上）,则 P,Q,R 三点共线的充要条件是 $\dfrac{BP}{PC} \cdot \dfrac{CQ}{QA} \cdot \dfrac{AR}{RB} = 1(*)$,其中 P,Q,R 所在割线称为 $\triangle ABC$ 的莱莫恩线。

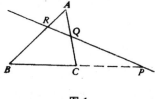

图1

师:我们先来识记定理,再去证明,大家观察定理结构,有没有什么记忆秘诀?

生:三个比值乘积等于1,且比值中字母具有首尾相连的特征。

师:真棒!能够快速抓住事物的本质,接下来我们一起来尝试一下定理的证明。

师:本定理的证明方法有很多,先给大家介绍一种证法,看能否激活大家的思维,然后大家再自己思考能否有其他证明方法。

师:先证必要性。如图2,设 h_A、h_B、h_C 分别是 A、B、C 到直线 l 的垂线的长度,则 $\dfrac{BP}{PC} \cdot \dfrac{CQ}{QA} \cdot \dfrac{AR}{RB} = \dfrac{h_B}{h_C}$ $\cdot \dfrac{h_C}{h_A} \cdot \dfrac{h_A}{h_B} = 1$.

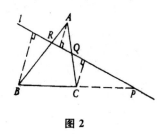

师:再证充分性。如图3,若(*)式成立,设直线 RQ 与 BC 的延长线交于 P_1,即 R、Q、P_1 三点共线,由

图2

上面的证明知:与(*)式比较可知 $\dfrac{BP_1}{P_1C} = \dfrac{BP}{PC}$,即 P 与 P_1 重合,故 P,Q,R 三点共线。

生:老师,我有一个思路!

师:很好,请给大家展示一下你的想法。

生：先证必要性。如右图，不妨设 X、Y、Z 中的一点 Y 在边 AC 延长线上，如图：若 X、Y、Z 三点共线，过 C 引 $CD//YZ$ 交 AB 于 D，则：$\dfrac{BX}{XC}=\dfrac{BZ}{ZD}$，$\dfrac{CY}{YA}=\dfrac{DZ}{ZA}$，故 $\dfrac{BX}{XC}$

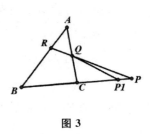

图3

$\cdot\dfrac{CY}{YA}\cdot\dfrac{AZ}{ZB}=\dfrac{BZ}{ZD}\cdot\dfrac{DZ}{ZA}\cdot\dfrac{AZ}{ZB}=1$。然充分性的证明与上证类似！

师：这个证明方法也是通过构造相似比得到我们想要的结论，充分应用了我们所学的知识，同时发挥了创造性，很棒！

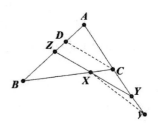

生：老师，我们在高一就学过解三角形的问题，当时介绍了正弦定理和余弦定理，本题也是三角形的问题，我思考能不能用正弦或者余弦定理来解决呢？

师：这位同学通过类比联系的思维方式，想到了能否用学过的正、余弦定理解决问题，体现了思维的活跃性。那请大家也一起考虑一下，此法是否可行呢？

生：老师，我在草稿上算了一下，好像可以！

师：很好，那请你给大家演示一下。

生：如下图，在 $\triangle AQR$、$\triangle BPR$、$\triangle CPQ$ 中，由正弦定理得 $\dfrac{AR}{RB}\cdot\dfrac{BP}{PC}\cdot\dfrac{CQ}{QA}=$

$\dfrac{AR}{QA}\cdot\dfrac{BP}{RB}\cdot\dfrac{CQ}{PC}=\dfrac{\sin\angle AQR}{\sin\angle ARQ}\cdot\dfrac{\sin\angle BRP}{\sin\angle RPB}\cdot\dfrac{\sin\angle QPC}{\sin\angle CQP}$，因为 $\angle AQR=CQP$，$\angle BRP$

$+\angle ARQ=180°$，$\angle QPC=\angle RPB$，故 $\dfrac{AR}{RB}\cdot\dfrac{BP}{PC}\cdot\dfrac{CQ}{QA}=1$，定理得证。

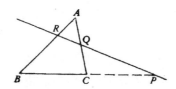

师：通过大家的掌声，能够感受到这个证明方法给大家带来的震撼，这同时也是一个感人的证明方法，为什么这样说呢？因为这个证明方法告诉我们，只要我们勤于思考、善于观察，再加上扎实的基本功，再基础的数学工具，在我们手中都会成为解决问题的利器，希望大家能有所感悟。

2. 定理应用

师：接下来我们来看一下定理的具体应用。

题目：如图，设 AD 是 $\triangle ABC$ 的边 BC 上的中线，直线 CF 交 AD 于 E. 求证：$\dfrac{AE}{ED} = \dfrac{2AF}{FB}$.

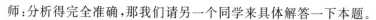

师：大家看一下这个题具备定理的运用条件吗？

生：观察 $\triangle ABD$ 可以发现，F、E 在边 AB、AD 上，C 在边 BD 的延长线上，线 CEF 就是莱莫恩线，完全满足定理运用条件。

师：分析得完全准确，那我们请另一个同学来具体解答一下本题。

生：根据梅氏定理：$\dfrac{AE}{ED} \cdot \dfrac{DC}{CB} \cdot \dfrac{BF}{FA} = 1$，又 AD 是 $\triangle ABC$ 的边 BC 上的中线，所以 $\dfrac{DC}{CB} = \dfrac{1}{2}$，等式两边同乘 $\dfrac{2AF}{FB}$ 可得 $\dfrac{AE}{ED} = \dfrac{2AF}{FB}$.

师：不愧是"培优班"的同学，大家对定理的理解非常迅速而准确。那我们回到一开始提出的问题，看看大家现在会不会有新思路。

生：由 D、E、F 位置可知，线 DEF 就是 $\triangle ABC$ 的莱莫恩线满足梅涅劳斯定理，要证 D、E、F 三点共线，只需证：$\dfrac{AF}{FB} \cdot \dfrac{BD}{DC} \cdot \dfrac{CE}{EA} = 1$.

生：由 CE 是角平分线可得：$\dfrac{AF}{FB} = \dfrac{AC}{CB}$，同理：$\dfrac{CE}{EA} = \dfrac{CB}{BA}$，根据角平分线性质及等面积法可得 $\dfrac{BD}{DC} = \dfrac{BA}{AC}$，所以 $\dfrac{AF}{FB} \cdot \dfrac{BD}{DC} \cdot \dfrac{CE}{EA} = 1$，即 D、E、F 三点共线。

师：看来大家已经能够理解定理的适用范围和对定理进行适当的变式了。大家理解和应用的速度超过了我的预期。那我们来进行一个对比拓展，让大家再次感受下定理对解决一些平面几何问题的优越性。

3. 拓展训练

问题：如图，在 $\triangle OAB$ 的边 OA、OB 上分别取点 M、N，使 $|\overrightarrow{OM}| : |\overrightarrow{OA}| = 1:3$，$|\overrightarrow{ON}| : |\overrightarrow{OB}| = 1:4$，设线段 AN 与 BM 交于点 P，记 $\overrightarrow{OA} = \vec{a}$，$\overrightarrow{OB} = \vec{b}$，用 $\vec{a}$、$\vec{b}$ 表示向量 $\overrightarrow{OP}$.

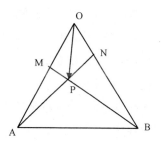

师：本题实际上是一道向量分解的问题，大家思考一下，就用向量分解的办法，大家能够解决本

题吗?

生:感觉有难度,没有思路。

师:限于本课的时间,大家暂时没有思路也是正常的,现在老师给出一个向量分解的常规解法。

教师展示解法。

解:∵ B、P、M 共线

∴ 记 $\overrightarrow{BP} = s\overrightarrow{PM}$

$$\overrightarrow{OP} = \frac{1}{1+s}\overrightarrow{OB} + \frac{s}{1+s}\overrightarrow{OM}$$

$$= \frac{1}{1+s}\overrightarrow{OB} + \frac{s}{3(1+s)}\overrightarrow{OA}$$

$$= \frac{1}{1+s}\overrightarrow{b} + \frac{s}{3(1+s)}\overrightarrow{a} \qquad\qquad ①$$

$$\overrightarrow{AP} = t\overrightarrow{PN} \qquad \overrightarrow{OP} = \frac{1}{1+t}\overrightarrow{a} + \frac{t}{4(1+t)}\overrightarrow{b} \qquad ②$$

∵ $\overrightarrow{a}$,$\overrightarrow{b}$ 不共线

∴ 由 ①、② 得 $\begin{cases} \dfrac{1}{1+t} = \dfrac{s}{3(1+s)} \\[2mm] \dfrac{1}{1+s} = \dfrac{t}{4(1+t)} \end{cases}$

解得 $\begin{cases} s = \dfrac{9}{2} \\[2mm] t = \dfrac{8}{3} \end{cases}$

∴ $\overrightarrow{OP} = \dfrac{3}{11}\overrightarrow{a} + \dfrac{2}{11}\overrightarrow{b}$

生:哇!计算量有点大呀!并且这个通过设比例系数 t 来进行向量分解这步也比较巧妙,不太容易想到呢!

师:说得很准确,这个题如果用我们常规的向量分解法来做,第一是等式难以得出,第二是计算量相对较大,那大家换个思维,本题和我们今天学的定理有无关联呢?可否用今天所学定理解题?

生:咦!好像 $\triangle OAN$ 被直线 MPB 所截,直线 MPB 就是莱莫恩线,满足梅涅劳斯定理呢!

师:非常准确,能否具体操作下去?

生:能。

解:由梅涅劳斯定理,得$\dfrac{OM}{MA} \cdot \dfrac{AP}{PN} \cdot \dfrac{NB}{BO} = 1$

即$\dfrac{1}{2} \cdot \dfrac{AP}{PN} \cdot \dfrac{3}{4} = 1$

所以$\dfrac{AP}{PN} = \dfrac{8}{3}$

$$\overrightarrow{OP} = \dfrac{3}{11}\overrightarrow{OA} + \dfrac{8}{11}\overrightarrow{ON}$$

$$= \dfrac{3}{11}\overrightarrow{OA} + \dfrac{8}{11} \cdot \dfrac{1}{4}\overrightarrow{OB}$$

$$= \dfrac{3}{11}\overrightarrow{OA} + \dfrac{2}{11}\overrightarrow{OB}$$

师:看,下面这个计算方法好像比上面会简单不少。

解:由$\triangle OBM$被直线NPA所截,得$\dfrac{ON}{NB} \cdot \dfrac{BP}{PM} \dfrac{MA}{AO} = 1$

即$\dfrac{1}{3} \cdot \dfrac{BP}{PM} \cdot \dfrac{2}{3} = 1$

$\therefore \dfrac{BP}{PM} = \dfrac{9}{2}$

$$\therefore \overrightarrow{OP} = \dfrac{2}{11}\overrightarrow{OB} + \dfrac{9}{11}\overrightarrow{OM}$$

$$= \dfrac{2}{11}\overrightarrow{OB} + \dfrac{9}{11} \cdot \dfrac{1}{3}\overrightarrow{OA}$$

$$= \dfrac{3}{11}\overrightarrow{OA} + \dfrac{2}{11}\overrightarrow{OB}$$

师:可见,只要选对了被截的三角形,用梅涅劳斯定理只列一个式子就可以了,非常便利。

（三）知识总结

师:请同学对我们这节课进行简单小结。

生1:学习了一个新的平面几何的定理 —— 梅涅劳斯定理。这个定理说明了在三角形中,三点共线可以得到相应的比例关系。同时,梅涅劳斯定理的逆定理还说明了有相应的比例关系也能证明三点共线。

生2:讨论了定理的证明方法:本课定理的证明给我留下了深刻印象,老师先给出的那个证明方法体现了数学的简洁美,非常巧妙。但是后面两位同学的证明方法同样让我感觉很震撼,作平行线证明方法体现了同学扎实的平面几何功底,也很简洁。第二个用正弦定理的证明,让我很受鼓舞,正如老师所言,只要我们足够熟练和勇于思考,很简单很基本的数学工具也会成为我们解题的利器。

生3:对定理进行简单应用和变式拓展。在学完定理之后,其实我对定理的理解还是比较陌生的。通过第一道例题,我大概知道了这个定理可以解决什么问题。后头我们回到了上课伊始老师给的那道思考题,说实话,那个时候我还是对那道题充满了疑惑的,但是通过大家的分析,我们共同解决了这个问题,我心里的大石才算是落下了。最后的那道对比训练,再次让我认识了这个定理,也让我重新审视了做数学题,思维方式有多重要,思维僵化一直是我的毛病,希望以后能真正进步。

:生4:对定理的适用条件进行了分析,让解题思路更加清晰。老师带领我们对每个题进行了认真分析,研究其是否适用于本定理。这种解题思路的分析,是我目前最迫切需要的,之前我往往会拿到一道题不知道如何着手,陷入无限的迷茫。

师:总结得非常好!最后对定理的应用,老师再给大家总结一点。使用梅涅劳斯定理可以进行直线形中线段长度比例的计算,其逆定理还可以用来解决三点共线、三线共点等问题。

(四)课后作业

(IMO 试题)如图,已知 AC、CE 是正六边形 $ABCDEF$ 的两

条对角线,点 M、N 内分 AC、CE,且使 $\dfrac{AM}{AC} = \dfrac{CN}{CE} = k$,如果 B、M、

N 三点共线,求 k 值。

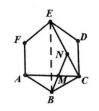

【教学反思】

本课属于平面几何的基本定理。对培优班的同学来说,难度并不大,但它又是几个需要着重教学的定理中的第一个,对学生后续的学习热情和学习效果起到关键的引领作用。

在课堂设计环节,我先以一个三点共线的问题引入。学生们之前也接触过三点共线的问题,因而不会显得过于唐突,但是在引导学生分析的过程中,学生却又慢慢发现用之前已有的知识来解决本问题却又困难重重,因而引发认知冲突,激

发学生学习的兴趣。

接着就进行定理的介绍,同时引导学生一起识记定理、理解定理,本人以为此处以识记为主,不宜耗时过多,因此在此处就进行得稍快。

经过定理的介绍和识记,让学生知其然的同时还需知其所以然,由此自然地过渡到定理证明的环节。本定理的证明方法繁多,很多证明方法实为精彩绝伦。本着学生主导的思想,在介绍了其中一个证明方法之后,让学生自己思考证明方法。这个环节体现了培优班同学优异的思维,产生了许多思维的碰撞,得出了许多精彩的交流和结果,此为本课重点之一。

当学生都基本能理解定理的证明之后,就来到了定理应用的环节。虽然定理的证明很精彩,但对绝大多数同学而言,定理的应用才是最终目的。本着由浅入深、由易到难的原则,在应用环节的选题尤为关键。我先选了一道明显直接运用定理的问题,通过题目的形式加深学生对定理的理解。当学生已经大概理解定理在题目中的直接应用之后,立刻回到我们课前引入的问题,此时学生对该问题存有疑惑的同时也还抱有兴趣,立刻用刚学到的定理去解决了引入的问题,做到前后呼应、有始有终。让学生能直接体会学习的快乐,增加成功的体验,这会刺激学生对数学更加充满热情。然后通过一道例题,对比我们高中常规的向量法和梅涅劳斯定理的解法,从计算量和解法的漂亮程度方面进行简单对比,让学生再次体会本定理在解决一些问题上的优越性,同时也希望通过不同解法的对比,更大程度的激活学生的思维,让学生经历多角度、全方位的思考数学问题的过程中,渗透一些一题多解的思维方式。

然后就来到了课堂小结的环节,本环节依然由学生主导完成,老师可以从学习流程、学习内容、思想方法等方面对学生进行提示,让学生自主完成、相互完善,这样既培养了学生独立思考的习惯,又体现了相互协作的精神。

最后来到本课的作业布置,本课只布置了一道题,本题是一道 IMO 试题,但是认真学完本定理之后,不少同学是能够完成本题的,通过 IMO 试题的真实再现,并且同学们完全有能力完成试题,可以有效克服畏难情绪,激发学生自信心,培养学习热情,增强学习动力,让许多有数学天赋的同学,敢于在数学研究中迈出第一步。

本课的设计力求以建构主义作为理论指导,尝试实践最近发展区理论,以期激发学生潜能,促进学生更高层次更全面的发展。现对本课进行初步反思如下。

1. 优点

(1) 学生自主探究,体现新课程理念。

本课以问题引入的方式,让学生能总结旧知的同时产生疑惑而对新知识也保持探索的热情,这种设计方式打破了传统教学教师先讲学生后练的套路,充分调动学生自主探究的积极性,学生积极思考,勇于发言,达到较好的复习效果。

(2) 通过练习,巩固加深。

通过鼓励学生自主思考和练习,展示学生思考成果,让大家共同评价和反馈,再深入探索,形成更加完备知识体系的同时增强学生表达、综合能力。在数学学习中,"听懂"到"会做"是有很长一段路需要走的。很多同学就是突破不了思维的瓶颈,导致一听就懂、一做就错的现象时有发生,所以在课堂放手让学生去做,及时反馈、及时暴露学生的问题是非常必要的。让学生自主解决问题的过程中可以暴露知识弱点、思维弱点,同时更能够发现许多老师课前预料不到的闪光点,而这,才会让我们看到人类进步的可能,才会让我们对未来无论是创新还是创造充满信心。让同学相互点评很有必要,它体现了新课程标准的要求:"教师是教学的主导、而学生才是教学的主体,同时,在相互评价的过程中锻炼了学生的语言表达能力,当你能对某个问题可以发表自己的观点时,一定是对这个问题有过深入思考的,这可以让学生在课堂中更加投入,更关键的是,互相评价也是一个思维的相互碰撞,同学间相互帮助、相互竞争的过程,让集体意识更加的深入人心,良性的竞争可以让强者更强。"

2. 不足

(1) 课堂氛围不够开放。虽然本课以学生探究为主,但是由于担心教学内容不能完成,所以教师叙述部分略多,留给学生的思考和表达时间有限,没有完全达到放手让学生探索的效果,这样就在一定程度上限制了学生的思维空间,所以在以后的教学中还要注意多关注学生,充分让学生表达自己的见解。

(2) 课前对学生的估计稍高,导致学生在练习时,时间把控和准确率都没有达到预期。

课堂教学是师生互动的过程,只有彼此间足够的相互了解,才能取得很好的效果。而我校的培优课是教师走班制,也即是"铁打的学生,流水的教师",导致了对学生的具体情况不是很了解,在让学生思考、互动、练习的时候显得有点赶,当少数尖子生得出思路或者答案之后,老师就进行了后面的流程,课后和同学交流发现好多同学还是处于懵懂状态,实为遗憾。再三思虑,倘若以后想解决此问题,可以在其他老师上课时去旁听一下,及时了解学生情况,在备课时做好针对性准备,提高课堂效率。

(3)课堂前瞻性、系统性有待提高。

培优课本该是一项系统的工程。比如,本课属于平面几何的范畴,在本部分准备介绍五个定理:梅涅劳斯定理、赛瓦定理、托勒密定理、斯德瓦特定理和西姆松定理。其中,赛瓦定理作为梅涅劳斯定理的对偶定理,在本课中其实应该可以给予一定的引入和启发的。三点共线问题可以简单类比到三线共点的,从而让下节课承接得比较自然。为了最大限度地激发优秀学生的潜力,本人觉得在定理证明和定理应用阶段还有可发掘的地方。比如,定理证明,在时间允许的情况下可以引入介绍源自张景中院士所提面积法中的共角定理、共边定理。用两个定理来证明本定理也会显得简洁易懂,更重要的是这两个定理还能用在其他地方解决问题,相当于与本定理衍生引入了另外的同样具有普适性的定理。课堂容量丰满许多的同时,课堂质量也会相应提升。定理应用也是本课的重点,本课是想借助题目训练来加深学生对定理的理解。本人以为通过题目来理解定理比较高效方法有:一题多变、一题多解、多题一解等。一题多变可以让学生深刻了解定理的变化,防止"化妆"之后的定理让学生感觉格外陌生的情况。一题多解可以充分调动学生积极性,有效发散学生思维,增加学生思考问题的宽度和广度。尤其是漂亮的解法,可以大大刺激高端学生,让他们在数学学习中充满兴奋和热情,感受数学的奥妙的同时再次增加学习兴趣,希望此类优秀学生的数学学习是终身的爱好和事业,而不仅仅是充满目的性的阶段性训练。多题一解可以让学生理解定理的本质,很多看起来不是一类的题目最后竟然是同一个解法,"这神奇的数学"可以刺激学生去做好学习的归纳总结,这就是所谓的把书读薄的过程,对一些题型进行分类理解,力争做到触类旁通、举一反三,实现数学学习的高效化。

【课后作业参考答案】

分析:如图,注意到"B、M、N 三点共线"这一条件不难发现,若连接 BE 交 AC 于 G,则直线 BMN 为 $\triangle CEG$ 的截线,因此可以考虑运用梅涅劳斯定理来解决问题。

解:连 BE 交 AC 于 G,则 BMN 是 $\triangle CEG$ 的截线,根据梅涅劳斯定理有:

$$\frac{CN}{NE} \cdot \frac{EB}{BG} \cdot \frac{GM}{MC} = 1$$

设 $\dfrac{AM}{AC} = \dfrac{CN}{CE} = k$

则 $\dfrac{CN}{NE} = \dfrac{k}{1-k}$

因为 $AM = kAC, AG = \dfrac{1}{2}AC$,

故 $\dfrac{GM}{MC} = \dfrac{AM - AG}{MC} = \dfrac{\left(k - \dfrac{1}{2}\right)AC}{(1-k)AC} = \dfrac{2k-1}{2(1-k)}$

又 $\dfrac{EB}{BG} = \dfrac{4}{1}$

于是 $\dfrac{k}{1-k} \cdot \dfrac{2k-1}{2(1-k)} \cdot \dfrac{4}{1} = 1$,即 $3k^2 = 1$

所以 $k = \dfrac{\sqrt{3}}{3}$

数形结合中的"以形助数"思想在竞赛数学中的运用

张鹏

贵阳市第六中学

【教学目标】

1. 知识与技能

总结数形结合中"以形助数"思想运用于竞赛数学中的不同情形,提高学生分析问题、转化能力和解决问题的能力。

2. 过程与方法

在竞赛真题的研习中,运用"以形助数"的方法,将一些竞赛数学问题化繁为简、化抽象为直观,使问题得到巧妙解决。

3. 情感态度与价值观

培养学生的数学建模素养;培养学生主动探索、勇于发现的科学精神,激发学生的创新思维。

【教学重点】

将数形结合的思想巧妙运用于数学竞赛的问题中,将"以形助数"的思想方法提炼、升华、举一反三。

【教学难点】

寻找恰当的几何元素（具有几何意义的几何量、几何模型等），巧妙地将代数问题转化为几何问题。

教学流程

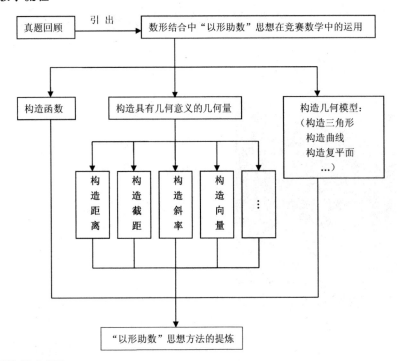

【教学实录】

（一）引入新课

问题：(第19届高一希望杯第2试第Ⅱ类12题)已知 t 是方程 $x + \lg x = 3$ 的解，u 是方程 $x + 10^x = 3$ 的解，则 $t + u =$ _____.

师：同学们，数学竞赛不仅考察同学们的知识和能力，还是智力和毅力的竞技，能找到巧妙的、快速的方法解决问题，不仅能提升做题效率，还能拓宽同学们的思路，培养数学思维能力。上题是一道第19届希望杯的高一真题，请同学们做一做，做出来的同学请举手示意，并与其他同学分享你的方法。

生：我是这样考虑的。

观察到两个方程的形式有相似之处，我试着将两个方程移项，变为方程 $\lg x = 3 - x$ 和方程 $10^x = 3 - x$。我发现两个方程右边的形式相同，如果我将两个方程的

226

等号左边分别设为两个函数 $y_1 = \lg x$ 和函数 $y_2 = 10^x$,不难发现这两个函数互为反函数,函数图像关于直线 $y = x$ 对称,同时也发现如果等号右边设为函数 $y = 3 - x$,其图像也关于直线 $y = x$ 对称,那么函数 y_1 和函数 y 的图像交点 A 与函数 y_2 和函数 y 的图像交点 B 也关于直线 $y = x$ 对称。于是可联想到中点坐标公式。我的做法如下。

学生展示做法。

解: 将方程 $x + \lg x = 3$ 移项变为 $\lg x = 3 - x$,于是原方程的解即为函数 $y_1 = \lg x$ 与函数 $y = 3 - x$ 的图像的交点 A 的横坐标 t

同理,方程 $x + 10^x = 3$ 的解即为函数 $y_2 = 10^x$ 与函数 $y = 3 - x$ 的图像的交点 B 的横坐标 u(如下图所示)

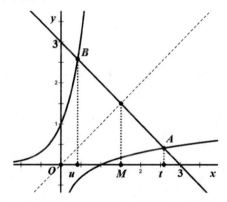

由于函数 $y_1 = \lg x$ 和函数 $y_2 = 10^x$ 的图像关于直线 $y = x$ 对称,函数 $y = 3 - x$ 的图像也关于直线 $y = x$ 对称,因此 A,B 两点关于直线 $y = x$ 对称,线段 AB 与直线 $y = x$ 的交点即为 AB 的中点 M,点 M 的横坐标为 $\dfrac{3}{2}$,由中点坐标公式易得 $t + u = 3$.

师:非常好!这本是一个方程问题,同学们却巧妙地运用几何方法将它解决了,思路清晰,方法直观,这种用几何方法来解决代数问题的思想同学们熟悉吗?

生:熟悉!在平时的解题过程中老师提到过,我们也运用过!

师:对!数形结合思想同学们以前接触过,今天我们就来探讨一下数形结合思想在解决竞赛题目中的运用。数学是研究空间形式和数量关系的科学。华罗庚教授曾经说过一句名言:"数缺形时少直观,形少数时难入微。"这就是数形结合思想的概括。数形结合分为"以数辅形"和"以形助数"。所谓"以数辅形",是指用代数方法量化地、精确地、严谨地研究几何,例如,利用平面直角坐标系研究圆锥曲线问题,利用空间向量解决立体几何问题,等等。这类方法比较基础,也比较常用,这堂课不做特别研究。而另一种思想"以形助数",就是同学们接触过的,将一些代数问题转化为几何问题从而得到巧妙解决的思想方法。由于竞赛数学中的问题难度较大,因此在竞赛数学中"以形助数"的运用会更加巧妙、更加抽象,对同学们思维能力的要求会更高,当然问题的解决过程也会更流畅、更快捷、更直观!接下来,我会和同学们一起,通过研习一些历年的竞赛真题,总结数形结合中"以形助数"的思想在竞赛数学中运用于哪些情形,看看我们能不能寻找到一些规律,从而让同学们对这一经典数学思想有更加深刻的理解并学以致用。

(二)梳理知识结构

1. 构造函数

师:在刚在的"真题回顾"中,为了求出两个方程的解之和,同学们巧妙地构造函数,将方程的解转化为函数图像交点的横坐标,通过观察函数图像的对称性,还有函数图像之间的位置关系得到答案。在平时的解题过程中,相信同学们都遇到过一些方程的解的个数、解的范围的讨论,以及不等式问题等题型,可以利用方程与函数的对应关系,将问题与函数图像联系起来解决。今天我们遇到的这道竞赛题也采用了这种思路,解答效率高,过程生动直观。

2. 构造具有几何意义的几何量

(1) 构造距离。

[**例题**](2013年全国高中数学联合竞赛试题第一试7题)若实数 x、y 满足 $x - 4\sqrt{y} = 2\sqrt{x-y}$,则 x 的取值范围是_____.

师:请同学们思考例题。

学生思考和讨论。

师:同学们有什么想法吗?

生:感觉难度较大。

师:这个题的难点在于代数式中有两个变量,平时我们所接触的二元函数求范围一般能从不等式链的角度解决,考虑到此题各项次数不统一,形式差异较大,同学们可否采用适当的换元方法解决呢?提示一下,可令 $\sqrt{y}=a,\sqrt{x-y}=b$。那么原式可以转化为什么形式呢?

生:可知 a、$b \geqslant 0$,注意到 $x = y + (x - y) = a^2 + b^2$,那么原式可化为 $a^2 + b^2 - 4a = 2b$……①.

师:同学们看到等式 ① 的形式能联想到什么?

生:将等式 ① 化为 $(a - 2)^2 + (b - 1)^2 = 5 (a、b \geqslant 0)$……②,能联想到圆的方程。

师:所以我们可以给原式赋予什么样的几何意义吗?

生:将 (a, b) 作为动点,在平面 aOb 内,点 (a, b) 的轨迹是以 $D(1, 2)$ 为圆心,$\sqrt{5}$ 为半径的圆在 a、$b \geqslant 0$ 的部分(即 $\overset{\frown}{ACB}$),以及原点位置(如下图)。

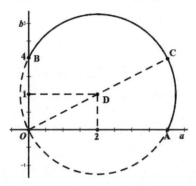

师:由 $x = a^2 + b^2$,也可以赋予其什么几何意义呢?

生:由 $x = (\sqrt{(a - 0)^2 + (b - 0)^2})^2$,它可以理解为点 (a, b) 与原点的距离的平方。由图 2 可以很容易得到:$\sqrt{a^2 + b^2} \in \{0\} \cup [2, 2\sqrt{5}]$,从而 $x = (a^2 + b^2) \in \{0\} \cup [4, 20]$.

师:在这道题中,我们通过巧妙的换元,不但用原代数式构造出圆方程,赋予其几何意义,也给所求 x 构造了距离公式,也赋予其几何意义。在有些代数问题中,我们可以通过各种方法,将原问题中的代数式和目标代数式巧妙变形,构造具有几何意义的几何量,从而直观、快捷地解决问题。这里所谓的几何量,通常指距离、截距、斜率、向量等。

(2)构造截距。

[例题](第 21 届高一希望杯第 1 试第 Ⅱ 类 25 题)函数 $f(x) = \sqrt{\dfrac{4x + 3}{x + 1}} + \sqrt{\dfrac{5x + 6}{x + 1}}$ 的定义域为_____,值域为_____。

师：请同学们思考例题。

学生思考和讨论。

生：感觉求第一空较为简单。

师：哪位同学来说说函数 $f(x)$ 的定义域怎么求？

生：由根式可得不等式组 $\begin{cases} x+1>0 \\ 4x+3\geqslant 0 \\ 5x+6\geqslant 0 \end{cases}$ 或 $\begin{cases} x+1<0 \\ 4x+3\leqslant 0 \\ 5x+6\leqslant 0 \end{cases}$，解不等式组得到 $x\in$

$\left(-\infty,-\dfrac{6}{5}\right)\cup\left(-\dfrac{3}{4},+\infty\right)$.

师：那 $f(x)$ 的值域怎么求呢？

学生思考后觉得比较困难。

师：同学们能够仿照上一道例题进行适当的换元？有什么发现？

生：注意到函数 $f(x)$ 中的两个根式分母相同，都是 $x+1$，两个分子 $4x+3$ 和

$5x+6$ 相加可以得到 $9x+9$，可与分母 $x+1$ 约分得到 9，那么可令 $u=\sqrt{\dfrac{4x+3}{x+1}}$,

$v=\sqrt{\dfrac{5x+6}{x+1}}$，则 $u^2+v^2=9,(u\geqslant 0,v\geqslant 0)$.

师：这个方程使你联想到了什么呢？

生：这个方程使我联想到了圆的方程，确切地说是四分之一圆。

师：看来同学们受到例 2 的启发，构造了这个等式的几何意义，那么怎么用几何方法来求这个函数的值域呢？

生：如果将 (u,v) 看作一个动点，在平面 uOv 中，它的轨迹就是以原点为半径，以 3 为半径的圆在第一象限及两个坐标轴正半轴上的部分，即 $\overset{\frown}{AB}$。若令原函数为 $z=u+v$，这是一条直线，移项得 $v=-u+z$，那么 z 就表示这条直线的纵截距。于是，我们赋予了 z 纵截距的意义，原问题也就转化为直角坐标系 uOv 中，当直线 $z=u+v$ 和圆弧 $u^2+v^2=9,(u\geqslant 0,v\geqslant 0)$ 有公共点时，该直线在纵轴 v 上的纵截距 z 的取值范围。

师：这位同学非常棒！你能把你做描述的几何情境画出来吗？

学生做出如下图。

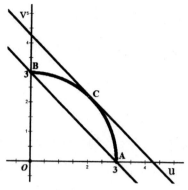

师:接下来怎么做呢?

生:如图,由圆弧与直线的位置关系,得到当直线经过点$(0,3)$ 和$(3,0)$ 时,z 取得最小值,即$z_{\min}=3$;当直线与圆弧相切时,z 取得最大值,此时直线到圆心的距离等于半径,$\dfrac{|0+0-z|}{\sqrt{1^2+1^2}}=3$,解得$z=3\sqrt{2}$ 即为z 的最大值。所以原函数$f(x)$ 的值域是$[3,3\sqrt{2}]$。

师:完美!同学们利用数形结合思想解决了这个问题。解题过程中,同学们采用巧妙的换元,发现了圆弧方程和直线方程,再构造截距的意义,从而转化问题,流畅地解答!

(3) 构造斜率。

[**例题**](第18届高一希望杯第1试20题) 函数$y=\dfrac{\sqrt{4-x^2}+2}{x+3}$ 的最大值为

_____,最小值为_____.

师:请同学们试试例题。

学生思考和讨论。

师:同学们有什么想法吗?

生:要求函数的最大值,根据定义域优先原则,我们应当先将其定义域求出来。

师:这个函数的定义域是多少?

生:根据根式性质列出不等式组$\begin{cases}4-x^2\geq 0\\x+3\neq 0\end{cases}$,解得函数$y$ 的定义域为$(-2,2)$.

师：非常好！那它的最值怎么求呢？同学们可以回忆之前的做法。现在我将原函数写为 $y = \dfrac{\sqrt{4-x^2}-(-2)}{x-(-3)}$，观察这样的形式，同学们可以联想到什么呢？

生：我联想到了两点所形成的直线斜率公式：$k = \dfrac{y_2 - y_1}{x_2 - x_1}$，原函数改写的形式和斜率公式一样。

师：很好，那么我们可以构造什么样的几何量呢？

生：我们可以将原函数 y 视为点 $P(x, \sqrt{4-x^2})$ 和点 $M(-3,-2)$ 所形成直线 l 的斜率，因此，求原函数的最值问题就转化为了求一条直线 l 的斜率的最值问题。

师：这条直线 l 具有什么样的特点呢？

生：注意到 $x^2 + (\sqrt{4-x^2})^2 = 4 (-2 \leqslant x \leqslant 2)$，这是一个以原点为圆心，半径为 2 的半圆，所以点 P 是这个半圆上的动点，如右图。不难看出，由于点 M 固定，P 点在半圆上移动，当直线 l 与半圆相切于 y 轴左方时，y 值最大，设直线方程为 $y+2 = k(x+3)$，这时圆心点 $(0,0)$ 到直线 l 的距离等于半圆的半径，即

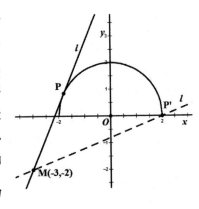

$\dfrac{|k \cdot 0 - y + 3k - 2|}{\sqrt{k^2+1}} = 2$，解得 $k = \dfrac{12}{5}$，即为 y 的最大值为 $\dfrac{12}{5}$；当直线 l 交半圆于其的右下端点 $(2,2)$ 时，得到 $k = \dfrac{0-(-2)}{2-(-3)} = \dfrac{2}{5}$，即 y 的最小值为 $\dfrac{2}{5}$。

师：在这道题中，同学们发现了斜率公式，巧妙地构造了斜率意义解决了最值问题，非常棒！大家应该能体会到，要构造几何量，关键在于寻找和发现具有几何意义或几何背景的式子！

（4）构造向量。

师：同学们，研习了几个例子之后，大家对数形结合思想中构造几何量的方法有了更加深刻的体会，而且能够学以致用，那么，我们再接再厉，来看看下面的问题。

[例题]（2016 年北京大学博雅计划自主招生数学试题 16 题）已知 $a+b+c=$

1,则 $\sqrt{4a+1}+\sqrt{4b+1}+\sqrt{4c+1}$ 的最大值与最小值的乘积属于区间(　　).

A. $[10,11)$ 　　　　　　　　　　B. $[11,12)$

C. $[12,13)$ 　　　　　　　　　　D. 前三个答案都不对

师:看到这道题,同学们有什么想法吗?

生:这道题可以利用柯西不等式解决。

师:很好!同学们的基础知识学得很扎实,这是一个很好的代数方法。那么,前几个例题中我们通过构造几何量巧妙解决了问题,同学们看看这个问题可以从几何的角度来考虑吗?

学生思考和讨论,感觉构造几何量难度较大。

师:观察所求的代数式,同学们能否找到一些特点?

生:代数式中三个根号下的形式一样。

师:如果将三个根式平方求和是多少?

生:根据条件,三个根号平方和为7。

师:这一次,我们试试从立体几何和向量的角度来考虑吧。如果设 $\sqrt{4a+1}=x,\sqrt{4b+1}=y,\sqrt{4c+1}=z$,空间直角坐标系中有一点 $P(x,y,z)$,那么根据刚才的分析,点 P 有什么特点呢?

生:由 $a+b+c=1$,可以得到 $x^2+y^2+z^2=7(x\geqslant0,y\geqslant0,z\geqslant0)$,则点 $P(x,y,z)$ 在球面 $x^2+y^2+z^2=7$,第一卦限及 x 轴, y 轴和 z 轴的非负半轴部分。

师:现设向量 $\overrightarrow{OP}=(x,y,z)$, $\overrightarrow{OA}=(1,1,1)$,那么原来的代数式可以怎样重新认识呢?

生:原代数式 $\sqrt{4a+1}+\sqrt{4b+1}+\sqrt{4c+1}=x+y+z=\overrightarrow{OP}\cdot\overrightarrow{OA}$。那么求原代数式的最大值和最小值就变成求这两个向量内积的最大值和最小值。

师:同学们想象一下,这两个向量什么时候内积最大?

生:由于这两个向量都固定了模,而且向量 $\overrightarrow{OA}=(1,1,1)$ 已经固定了方向,那么不难想象当向量 $\overrightarrow{OP}=(x,y,z)$ 与向量 $\overrightarrow{OA}=(1,1,1)$ 同向时, $\overrightarrow{OP}\cdot\overrightarrow{OA}$ 最大,此时 $x=y=z$ 即 $a=b=c=\dfrac{1}{3}$,易得 $\overrightarrow{OP}\cdot\overrightarrow{OA}=(\sqrt{\dfrac{7}{3}},\sqrt{\dfrac{7}{3}},\sqrt{\dfrac{7}{3}})\cdot(1,1,1)=\sqrt{21}$.

师:那什么时候内积最小呢?

生：当 $\overrightarrow{OP} = (x,y,z)$ 与向量 $\overrightarrow{OA} = (1,1,1)$ 夹角最大时，$\overrightarrow{OP} \cdot \overrightarrow{OA}$ 最小，由于点 (x,y,z) 有空间区域的限制，因此当点 $P(x,y,z)$ 位于 x 轴或 y 轴或 z 轴上时，

$\overrightarrow{OP}$ 与 $\overrightarrow{OA}$ 的夹角最大，此时 $\begin{cases} a = \dfrac{3}{2} \\ b = -\dfrac{1}{4} \\ c = -\dfrac{1}{4} \end{cases}$ 或 $\begin{cases} a = -\dfrac{1}{4} \\ b = \dfrac{3}{2} \\ c = -\dfrac{1}{4} \end{cases}$ 或 $\begin{cases} a = -\dfrac{1}{4} \\ b = -\dfrac{1}{4} \\ c = \dfrac{3}{2} \end{cases}$，即 $\overrightarrow{OP} = (\sqrt{7},0,$

$0)$ 或 $\overrightarrow{OP} = (0,\sqrt{7},0)$ 或 $\overrightarrow{OP} = (0,0,\sqrt{7})$，$\overrightarrow{OP} \cdot \overrightarrow{OA}$ 的最小值为 $\sqrt{7}$，于是 $\sqrt{21} \cdot \sqrt{7} = 7\sqrt{3} \in [12,13)$，得答案 C。

师：这又是一个新的方法，观察到原代数式的特殊形式和 a,b,c 的限制条件，我们巧妙地构造了向量 $\overrightarrow{OP}$，也巧妙地将问题构造为求 $\overrightarrow{OP} \cdot \overrightarrow{OA}$ 的最大值和最小值乘积范围。向量集"数"和"形"的"双重身份"于一身，既能把代数问题几何化，也能把几何问题代数化，是代数与几何的一个交汇点，广泛运用在三角函数、解析几何、立体几何、不等式等试题中，是十分强大的解题工具，同时也启示了我们一种新的构造方向。

3. 构造几何模型

（1）构造三角形。

[例题]（AIME2 (2006). 15）Given that x、y, and z are real numbers that satisfy

$$x = \sqrt{y^2 - \frac{1}{16}} + \sqrt{z^2 - \frac{1}{16}},$$

$$y = \sqrt{z^2 - \frac{1}{25}} + \sqrt{x^2 - \frac{1}{25}},$$

$$z = \sqrt{x^2 - \frac{1}{36}} + \sqrt{y^2 - \frac{1}{36}},$$

and that $x+y+z = m/\sqrt{n}$, where m and n are positive integers and n is not divisible by the square of any prime, find $m+n$.

师：同学们，该例题是一道第二十四届（2006 年）美国数学邀请赛 2 试的第 15 题，同学们能将它翻译成中文问题吗？

生：实数 x,y,z 满足：$x = \sqrt{y^2 - \dfrac{1}{16}} + \sqrt{z^2 - \dfrac{1}{16}}$，$y = \sqrt{z^2 - \dfrac{1}{25}} + \sqrt{x^2 - \dfrac{1}{25}}$，

$z = \sqrt{x^2 - \dfrac{1}{36}} + \sqrt{y^2 - \dfrac{1}{36}}$，记 $x + y + z = \dfrac{m}{\sqrt{n}}$，其中 m, n 是正整数，且 n 不能被任何素数的平方整除，试求的 $m + n$ 值。

师：非常好，请同学们思考一下这个问题。

学生思考和讨论。

师：同学们有什么想法吗？

生：我试图构造一个几何量，可是此题的三个等式形式很复杂，我有些茫然。

师：这是美国数学邀请赛的题目，同学们可以上网查查。美国数学邀请赛参赛资格门槛较高，所以它的难度自然较大。没关系，现在我来和同学们一起来分析一下，观察原题中的三个等式，同学们尽力发挥想象，你能联想到什么？想到什么和大家分享一下。

生：每个等式的右边是两个根式相加，而每个根式的形式让我想起了勾股定理。

师：不错！同学们想象一下，你能找到一个几何情境包含这些勾股定理吗？

学生讨论、猜测、构造，但是等式过于抽象，想象不出来。

师：同学们请看第一个方程为例，观察到每个根式下都是减同一个平方数 $\left(\dfrac{1}{4}$ 的平方$\right)$，大家能否想象，每一个根式表示一个直角三角形的直角边，另一直角边为公共直角边，长为 $\dfrac{1}{4}$，而它们的斜边分别是 y 和 z，则 x 等于两条未知直角边的长度之和，这个情景，不就是两个具有公共直角边的直角三角形拼在一起吗？同理，观察其他两个方程，于是我们可以构造如下几何模型。

师：如下图，在锐角 $\triangle ABC$ 中，$BC = x$，$CA = y$，$AB = z$，过 A、B、C 分别作三条高 AD、BE、CF（D、E、F 分别为垂足），则 $AD = \dfrac{1}{4}$，$BE = \dfrac{1}{5}$，$CF = \dfrac{1}{6}$，那么此图就满足了原题中的三个方程。那么接下来同学们想想怎么做呢？

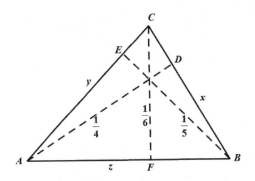

生：此图已经将三条高做出，那么 x,y,z 可以和 $\triangle ABC$ 的面积 S 联系起来，得到 $S = \dfrac{1}{2}AB \cdot CF = \dfrac{1}{2}BC \cdot AD = \dfrac{1}{2}CA \cdot BE$，即 $2S = z \cdot \dfrac{1}{6} = x \cdot \dfrac{1}{4} = y \cdot \dfrac{1}{5}$，得到 $x = 8S, y = 10S, z = 12S$.

师：基于这个结果，由余弦定理不难证明这确实是锐角三角形，说明我们的构造是合理的。接下来呢？

生：可知 $x + y + z = 30S$。我们得到将边长和面积的确定关系。

师：三角形边长和面积的关系还可以怎么表达？

生：由海伦公式得到 $S = \sqrt{15S(15S - 8S)(15S - 10S)(15S - 12S)}$，解得 $S = \dfrac{1}{15\sqrt{7}}$，因此 $x + y + z = 30S = \dfrac{2}{\sqrt{7}}$，根据题目要求得到 $m + n = 9$.

师：很好！同学们以前很少见这类题目，此题不同于前面的例题，它构造的不是某个单一的几何量，而是需要构造一个几何模型，因此难度要大一些，此时需要同学们的联想更加大胆和更加丰富！我们还会遇到构造其他几何模型的情形，同学们想试试吗？

学生跃跃欲试。

（2）构造曲线。

[例题]（2006 年全国高中数学联赛黑龙江省预赛第 Ⅱ 卷 15 题）不等式 $-2 < \sqrt{x^2 - 2x + 4} - \sqrt{x^2 - 10x + 28} < 2$ 的解集为_____.

师：同学们看看这道题怎么做？

学生思考和讨论。

师：同学们有什么思路吗？请分享一下。

生1：我观察到不等式链两边的 -2 和 2 互为相反数，于是想到了绝对值不等式。

生 2:我观察到两个根式下的二次三项式,试着将它们配方,化为

$\sqrt{(x-1)^2+3}-\sqrt{(x-5)^2+3}$,可以理解为点$(x,\sqrt{3})$到点$(1,0)$与点$(5,0)$的距离之差。

师:综合两位同学的想法,大家能联想到什么?

生:原式可化为$\left|\sqrt{(x-1)^2+(\sqrt{3}-0)^2}-\sqrt{(x-5)^2+(\sqrt{3}-0)^2}\right|<2$,即平面上到两个定点$(1,0)$和$(5,0)$的距离之差的绝对值小于2的点$M(x,\sqrt{3})$的轨迹,我想到了双曲线,想到这个动点的轨迹是在双曲线的两支之间。

师:怎样准确表达呢?

生:根据双曲线的定义,我们先画出双曲线$\dfrac{(x-3)^2}{1}-\dfrac{y^2}{3}=1$的图,动点$M(x,$ $\sqrt{3})$只能位于双曲线两支之间的区域内,由于其纵坐标的限制,它同时也位于直线

$y=\sqrt{3}$上(如下图),故原不等式等价于$\begin{cases}\dfrac{(x-3)^2}{1}-\dfrac{y^2}{3}<1 \\ y=\sqrt{3}\end{cases}$,由图很容易得到点$M$

只能在点P和点Q之间移动,解得$P(3-\sqrt{2},\sqrt{3})$和$Q(3+\sqrt{2},\sqrt{3})$,所以原不等式的解集为$\{x\mid 3-\sqrt{2}<x<3+\sqrt{2}\}$.

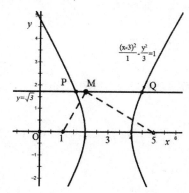

师:精彩!同学们受到前面例题的启发,这道题中你们自己挖掘信息,联想公式,构造双曲线方程,找到了动点的可行区域,从而转化问题得到解答,相当精彩!可以看到,有时构造曲线也是一个数形结合的好方法,那同学们回顾一下,刚才我们所研究的构造向量的例题,如果用构造曲线的方法能做吗?

[例题] 已知 $a+b+c=1$,则 $\sqrt{4a+1}+\sqrt{4b+1}+\sqrt{4c+1}$ 的最大值与最小值的乘积属于区间（　　）.

A. $[10,11)$　　　　　　　　　　B. $[11,12)$

C. $[12,13)$　　　　　　　　　　D. 前三个答案都不对

师：这道题只给了两个信息，$a+b+c=1$，$\sqrt{4a+1}+\sqrt{4b+1}+\sqrt{4c+1}$，观察目标代数式的形式，如果从构造曲线的角度来看，你能联想到什么？

生：注意到代数式中的部分 $\sqrt{4a+1}$，$\sqrt{4b+1}$ 和 $\sqrt{4c+1}$ 在形式上是相同的，这就像一个函数 $f(x)=\sqrt{4x+1}$ 当 x 取 a,b,c 时的值，可以从函数的角度来考虑这个问题。

师：非常好！现在设函数 $f(x)=\sqrt{4x+1}$，同学们能画出它的图像吗？

生：由根式性质和条件 $a+b+c=1$，可知 $a,b,c\in\left[-\dfrac{1}{4},\dfrac{3}{2}\right]$，即 $x\in\left[-\dfrac{1}{4},\dfrac{3}{2}\right]$，求得 $f'(x)=\dfrac{2}{\sqrt{4x+1}}>0$，$f''(x)=-4(4x+1)^{-\frac{3}{2}}<0$，说明函数 $f(x)$ 是上凸型递增函数。

学生画出函数 $f(x)$ 的大致图像即曲线 C，但是接下来没有思路。

师：这里我们已经把目标代数式转化成了一条曲线 C，那么代数式的取值范围问题可以通过研究这条曲线 C 来解决。我们可以做出曲线 C 过两点 $\left(-\dfrac{1}{4},0\right)$，$\left(\dfrac{3}{2},\sqrt{7}\right)$ 的割线，不难求出割线方程 $y=\dfrac{4}{\sqrt{7}}x+\dfrac{1}{\sqrt{7}}$。由曲线位置关系可得 $\sqrt{4x+1}\geqslant\dfrac{4}{\sqrt{7}}x+\dfrac{1}{\sqrt{7}}$。照此思路，做出函数 $f(x)$ 的图像在 $x=\dfrac{1}{3}$ 处的切线，切线方程为 $y=\dfrac{2\sqrt{21}}{7}\left(x-\dfrac{1}{3}\right)+\dfrac{\sqrt{21}}{3}$，由曲线位置关系可得，$\sqrt{4x+1}\leqslant\dfrac{2\sqrt{21}}{7}\left(x-\dfrac{1}{3}\right)+\dfrac{\sqrt{21}}{3}\cdots$①，综上可得不等式 $\dfrac{4}{\sqrt{7}}x+\dfrac{1}{\sqrt{7}}\leqslant\sqrt{4x+1}\leqslant\dfrac{2\sqrt{21}}{7}\left(x-\dfrac{1}{3}\right)+\dfrac{\sqrt{21}}{3}\cdots$②（如下图）。

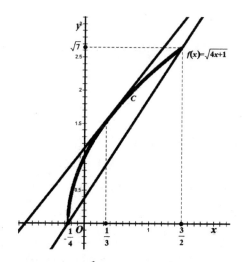

生 1：为什么要取曲线在 $x=\dfrac{1}{3}$ 处的切线，而不是其他点处的切线？

师：其他同学是怎么想的？有同学来回答这个问题吗？

生 2：由三条曲线的位置关系可得，当且仅当 $x=-\dfrac{1}{4}$ 或 $x=\dfrac{3}{2}$ 时不等式 ②

中的左边等号成立；当且仅当 $x=\dfrac{1}{3}$ 时不等式 ② 中的右边等号成立。考虑到原代

数式 $\sqrt{4a+1}+\sqrt{4b+1}+\sqrt{4c+1}$ 的形式以及 $a+b+c=1$ 的限制条件，当且仅

当 $a=b=c=\dfrac{1}{3}$ 时，$\sqrt{4a+1}$、$\sqrt{4b+1}$、$\sqrt{4c+1}$ 才能同时取值最大值，因而

$\sqrt{4a+1}+\sqrt{4b+1}+\sqrt{4c+1}$ 才能取得最大值 $\sqrt{21}$；当且仅当 a,b,c 中有两个取

$-\dfrac{1}{4}$，另一个取 $\dfrac{3}{2}$ 时，$\sqrt{4a+1}+\sqrt{4b+1}+\sqrt{4c+1}$ 可取得最小值 $\sqrt{7}$。所以

$\sqrt{4a+1}+\sqrt{4b+1}+\sqrt{4c+1}$ 的最大值 $\sqrt{21}$ 与最小值 $\sqrt{7}$ 的乘 $\sqrt{147}\in[12,13)$。

所以答案为 C。

　　师：在这个题中，我们利用构造曲线的办法，将目标代数式的最值问题转化为了曲线与其切线、割线的位置关系来研究。这有一定的思维难度，需要同学们更加谨慎和细致。例如，切点的选取要有所考虑，还有所得不等式中等号成立的条件也要得到保证等。

　　（3）构造复平面。

　　[例题]（2015 年中国西部数学奥林匹克试题预选题 7 题）设 $a\in(0,1)$，$f(z)$

$= z^2 - z + a(z \in C)$。

证明:对任意满足 $|z| \geqslant 1$ 的复数 z,存在满足 $|z_0| = 1$ 的复数 z_0,使得 $|f(z_0)| \leqslant |f(z)|$.

师:同学们思考一下例题。

学生思考和讨论。

师:看到这个题,同学们有什么感受?

生:尽管题目很短,也是我们所熟悉的复数知识,但是很抽象,需要消化题意。

师:是的,这是一道奥林匹克竞赛题,将函数和复数知识结合,比较抽象,我们一起来探讨一下。同学们们观察题中的符号,仿照前面的例子,我们能从几何的角度来考虑这道题吗?我们能挖掘到一些什么信息?

生:纵使 $f(z)$ 是一个很抽象的函数,它的值终归还是一个复数,题中出现了许多模的符号,于是我想到了对应向量的模。

师:好的,现在我们将所有复数对应的向量共起点。我们先证明一个引理。若复数 z 在单位圆外,则存在模为 1 的复数 z_0,对单位圆内的任意复数 w,有 $|z_0 - w| < |z - w|$。接着开始证明,令 $z_0 = \dfrac{z}{|z|}$,则 Z_0 为点 Z 与圆心 O 的连线段

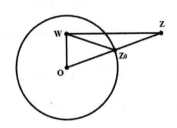

与圆的交点,如右图。注意到,点 W 在圆的内部。则 $|w| < 1 = |z_0|$。故 $\angle OZ_0W < 90°$,$\angle WZ_0Z > 90°$。因此,$|z_0 - w| < |z - w|$。

师:回到原题。先证明 $f(z)$ 的两个根在单位圆内。下面分为两种情形。(1)当 $0 < a \leqslant \dfrac{1}{4}$ 时,因为 $\Delta = 1 - 4a \geqslant 0$,所以,$z_1$、$z_2$ 均为实数。由韦达定理知 z_1、$z_2 \in (0,1)$;

(2)当 $\dfrac{1}{4} < a < 1$ 时,因为 $\Delta = 1 - 4a < 0$,所以,z_1、z_2 互为共轭复数。由韦达定理知 $|z_1|^2 = |z_2|^2 = z_1z_2 = a \in (0,1)$。由情形(1)、(2)知,$f(z)$ 的两个根 z_1、z_2 均在单位圆内。又 $|f(z)| = |z^2 - z + a| = |(z - z_1)(z - z_2)| = |z - z_1| \cdot |z - z_2|$。当 $|z| = 1$ 时,取 $z_0 = z$,则 $|f(z)| = |f(z_0)|$;当 $|z| > 1$ 时,由引理知存在 $z_0 = \dfrac{z}{|z|}$,有 $|z_0 - z_1| < |z - z_1|$,$|z_0 - z_2| < |z - z_2|$。于是,$|f(z_0)$

$\leqslant |\,f(z)\,|$。综上，原题成立。

师：我们知道，复平面也是一个数形结合的经典体现，我们平时接触的许多复数问题，都在复平面中使用其对应向量解决的。这道题中是我们不多见的证明题，命题比较抽象，需要结合复数的几何意义理解和证明，其难度在于还需要先构造一把几何"工具"，即证明一个引理，先"磨好刀"，才"不误砍柴工"。

（三）知识总结

师：同学们，大家以前都了解过数形结合思想，今天通过这若干个真题的研究和学习，我们总结了数形结合中"以形助数"的思想方法在竞赛数学中的运用。有的方法比较简单，我们以前用到过；有的方法很抽象，但很有创意，拓宽了我们的视野，训练了我们的思维。总结下来，数形结合中"以形助数"的方法在竞赛数学中的运用主要分为以下几大类。

（1）构造函数。

（2）构造具有几何意义的几何量：构造距离；构造截距；构造斜率；构造向量……

（3）构造几何模型：构造三角形；构造曲线；构造复平面……

师：当然，以后我们还可能在竞赛数学中遇到更多的情形，构造更多的几何量和几何模型。这里我只是抛砖引玉，需要同学们自己去探索、思考和挖掘。相信大家通过不断的总结和训练，一定能拓宽思路，进一步培养数学直观能力和数学建模素养，从而在今后的数学竞赛中更加准确和高效地解题！请同学们课后回顾一下今天所讲的例题，可以利用数形结合思想试试课后的作业。

（四）课后作业

1.（2013年复旦千分考试题）方程 $e^x + x - 4 = 0$ 的根为 x_1，$\ln x + x - 4 = 0$ 的根为 x_2，则 $x_1 + x_2 = (\quad)$

A. 2 　　　　　B. 4 　　　　　C. 6 　　　　　D. 8

2.（第18届高二希望杯第2试6题）当 $x \in \mathbf{R}$ 时，函数 $y = \sqrt{x^2 + 2x + 10} - \sqrt{x^2 - x + 10}(\quad)$

A. 没有最大值和最小值　　　　　B. 有最大值，没有最大值

B. 没有最大值，有最小值　　　　　D. 有最大值和最小值

3.（2013年华东师范大学自主招生试题第三题）已知 $x, y \in \mathbf{R}$，求 $\sqrt{16x^2 + 9y^2 + 64x - 6y + 65} - \sqrt{16x^2 + 9y^2 - 16x - 16y + 5}$ 的最大值.

4.（第 16 届高二希望杯第 2 试 13 题）实数 x,y 满足 $2x^2+4xy+2y^2+x^2y^2 \leqslant 20$，则 $2\sqrt{2}(x+y)+xy$ 的取值范围是_____.

5.（第 25 届高一希望杯第 1 试 23 题）已知函数 $\begin{cases} x^2-2 & x \leqslant 0 \\ 3x-2 & x > 0 \end{cases}$，则 $f(f(-2))$ =_____；若 $|f(x)| \geqslant ax$ 在 $x \in [-1,1]$ 上恒成立，则实数 a 的取值范围是_____.

6.（2005 年第二届北方数学奥林匹克邀请赛第五题）如果三个正实数 x,y,z 满足：$x^2+xy+y^2=\dfrac{25}{4}$，$y^2+yz+z^2=36$，$z^2+zx+x^2=\dfrac{169}{4}$. 求 $xy+yz+zx$ 的值.

7.（2006 年全国高中数学联赛 8 题）若对一切 $\theta \in \mathbf{R}$，复数 $z=(a+\cos\theta)+(2a-\sin)i$ 的模不超过 2，则实数 a 的取值范围为_____.

【教学反思】

我们知道，高中数学的教育重在核心素养的教育，数学的核心素养就是通过各种经典的、重要的数学思想方法体现出来的。数形结合思想在数学研究中的地位有目共睹，它形象地、生动地、准确地将数量关系与几何形式有机结合，适当运用这种思想可以使许多抽象、复杂的数学问题得到巧妙、清晰、深入浅出地解答，尤其是数形结合中"以形助数"的思想方法让数学爱好者们爱不释手。竞赛数学具有竞技性、创造性和艺术性，它既要求学生牢固掌握的数学基础知识，也需要学生具备更严谨、更敏捷和更发散的思维能力，以高效地解决数学问题。综上所述，将数形结合这一思想方法尤其是"以形助数"的思想方法系统地、具体地、巧妙地"传授"给学生显得尤为必要。

我们还应当注意，探索和研究数形结合这一思想方法，不只是为了学生解题需要。思想和方法是并存的，但是思想是引导方法的，我们在教会学生解题思路的同时，要让他培养相应的数学思想和数学思维，更要让他理解数形结合的本质是化归。当我们在解决生活中的一些问题（不仅是数学问题）遇到困难时，可以通过转化问题的形式从而改变解决问题的途径，有时可能会更加高效。

这是一堂系统介绍数形结合思想的运用的竞赛辅导课。首先，通过一道希望杯竞赛的真题唤起同学们的兴趣和求知欲，再利用华罗庚先生关于数形结合思想的经典诗句引入本节课。接下来，结合各种竞赛题、自主招生题的探讨和解决，老师带领同学们总结了数形结合思想在竞赛数学中的三大类运用,即三大类"构造":构造函数;构造具有几何意义的几何量;构造几何模型。其中每个"构造"又分为若干种情况。当然,这里的分类标准不是固定的,老师可以从不同的角度进行,只要尽量做到全面和完整,但不管怎样分类,老师都必须重视两个问题,即重点是否突出?难点是否能突破?

可以看到,这样分类的数形结合学生在平时的数学学习中也接触过、使用过。本堂课是将数形结合思想运用于竞赛数学,同学们在教师的带领下,提炼和升华思想方法,以对"数形结合"有了更高角度的认识。同时我们注意到,由于此堂课同学们面对的是许多竞赛真题和自主招生试题,难度大大提高,几何量、几何意义、几何模型的"构造"变得更加抽象和巧妙。但可以通过引导和鼓励同学们使用适当的方法(如类比的思想、迁移的思想)突破瓶颈,寻找各种情形下的几何元素,从而使"构造"取得成功,使问题得到转化和解决。虽然有的例题中的几何构造确实较为抽象,但有了这些"经历",学生的数据分析能力、直观想象能力、数学建模能力都会有质的飞跃,对数字和图形的直觉会更加敏感。需要说明的是,为了保持课堂的有趣性和实用性,我在例题的选取上做了许多考虑。比如,例题特意选自不同的赛事中,有希望杯竞赛、全国高中数学联赛、奥林匹克数学竞赛、高校自主招生试题甚至国外数学竞赛。这样的安排,既为了让同学们开阔眼界,感受真题,也是为了让了例题难度层次分明,知识涵盖面更广,解答方法更丰富全面。本堂课的设计还注重了学生在课堂上的主体地位,例题的探讨过程中老师都让学生先表达想法,分享思路,鼓励学生"当老师",当然,遇到较难和较抽象的问题,我会适当发挥引导作用,于是一堂和谐的、热烈的、融洽的竞赛辅导课展现在我们面前。

整堂课下来,同学们纷纷反映受益匪浅、收获满满,更加激发了他们的兴趣和求知欲。总的来说,课堂效果是非常不错的,当然也有提升的空间。例如,为了预防"启而不发"的情况,可以在平时有意识地加强学生的竞赛数学方面的知识储备量;为了让同学们对每个例题有更加充分的思考时间,可以提前将例题发下去让他们研究和讨论;为了突出"开放课堂"的特点,本堂课的例题解答甚至可以完全交给学生,让他们在课前自己查阅资料,寻找不同的解答方法,课堂上与同学们分享,再由老师来加以提炼;等等。总而言之,竞赛辅导课不只是习题课,也是思维拓展课,数学教育课,更是兴趣培养课。

毫不夸张地说,竞赛辅导课是数学艺术的展示课、数学方法的展示课、数学创造的展示课、数学艺术的展示课。竞赛辅导课不但让学生受益匪浅,其准备的过程也让老师对这门学科的认识不断更新和提高。我们应当多钻研、多总结,让竞赛数学教育发挥其作用,让更多的人爱上这门有趣的学科!

【课后作业参考答案】

1. B.

【解析】方程 $e^x + x - 4 = 0$ 的解即为函数 $y = e^x$ 与函数 $y = -x + 4$ 的图像的交点 A 的横坐标 t,方程 $\ln x + x - 4 = 0$ 的解即为函数 $y = \ln x$ 与函数 $y = -x + 4$ 的图像的交点 B 的横坐标 u。由于 $y = e^x$ 与 $y = \ln x$ 互为反函数,图像关于直线 $y = x$ 对称,所以函数 $y = -x + 4$ 的图像也关于直线 $y = x$ 对称,因此 A,B 两点关于直线 $y = x$ 对称,线段 AB 与直线 $y = x$ 的交点即 AB 的中点 M 的横坐标为 2,故 $t + u = 4$。

2. C.

【解析】因为 $y = \sqrt{x^2 + 2x + 10} - \sqrt{x^2 - x + 10} = \sqrt{(x+1)^2 + 3^2} - \sqrt{\left(x - \frac{1}{2}\right)^2 + \frac{39}{4}}$,所以可把 y 视为 x 轴上的点 $P(x, 0)$ 到点 $A(-1, -3)$ 的距离减去点 $P(x, 0)$ 到点 $B\left(\frac{1}{2}, -\sqrt{\frac{39}{4}}\right)$ 的距离,即 $y = |PA| - |PB|$。比较 A,B 两点的坐标,并结合图形易知:BA 的延长线与 x 轴的交点 Q 使得 $y = |PA| - |PB| = |QA| - |QB| = -|AB|$ 的值最小。而对于 x 轴上的其他点 P,在 $\triangle PAB$ 中,显然有 $|PA| - |PB| < |AB|$,且 $|PB| - |PA| < |AB|$,故 $|PA| - |PB| > -|AB|$。所以 $y = |PA| - |PB|$ 有最小值 $-|AB|$。容易看出 $y = |PA| - |PB|$ 总是小于 $|AB|$,且可以无限接近 $|AB|$,即没有最大值。

3. 10.

【解析】原代数式可化为:
$$\sqrt{(4x+8)^2 + (3y-1)^2} - \sqrt{(4x-2)^2 + (3y-1)^2},$$

为了理解方便,记 $X = 4x$,$Y = 3y$,则原代数式又可改写为:
$$\sqrt{(X+8)^2 + (Y-1)^2} - \sqrt{(X-2)^2 + (Y-1)^2},$$

它可以理解为平面直角坐标系 XOY 任意一动点 $P(X, Y)$ 与定点 $A(-8, 1)$ 及 $B(2, 1)$ 的距离之差的最大值,即 A,B 两点之间的距离,为 10。

4. $[-10, 10]$。

【解析】已知的不等式可以配方为 $2(x+y)^2 + x^2y^2 \leqslant 20$. 可令 $u = \sqrt{2}(x+y)$，$v = xy$，则 $u^2 = 2(x+y)^2 \geqslant 8xy = 8v$. 于是问题等价于在约束条件 $\begin{cases} u^2 + v^2 \leqslant 20 \\ u^2 \geqslant 8v \end{cases}$ 下，求目标函数 $z = 2u + v$ 的取值范围，可知 z 为这条直线的纵截距.

约束条件表示的区域，如右图中阴影部分所示. 当动直线 l 通过 P 点时，即 l 为 l_1 时，直线纵截距最大，即 z 的值最大. 联立 $u^2 + v^2 = 20$ 与 $u^2 = 8v$，可得 $P(4,2)$，此时 $z = 10$. 当动直线 l 通过 Q 点时，即 l 为 l_2，此时 l 与圆相切时，直线纵截距最小，即 z 的值最小. 即求 $u^2 + v^2 = 20$ 和 $2u + v = m$ 只有唯一解时的 m 的值. 由 $u^2 + (m-2u)^2 = 20$，令 $\triangle = 0$，可解得 $m = \pm 10$，于是 $z = 2u + v$ 的最小值为 -10.

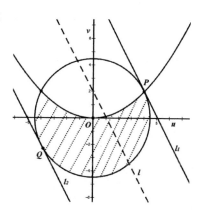

5. 4,$[-1,0]$.

【解析】由题意得 $f(-2) = (-2)^2 - 2 = 2$，因此 $f(f(-2)) = 4$. 易画出 $y = |f(x)|$ $(x \in [-1,1])$ 的图像，易知 a 为直线 $y = ax$ 的斜率，若 $y = |f(x)|$ 的图像在直线 $y = ax$ 的上方，易得实数 a 的取值范围是 $[-1,0]$.

6. $10\sqrt{3}$.

【解析】观察原题中的三个等式，发现它们与余弦定理的结构相似，于是可以把它们变形为：

$$x^2 + y^2 - 2xy\cos 120° = \left(\frac{5}{2}\right)^2,$$

$$y^2 + z^2 - 2yz\cos 120° = \left(\frac{12}{2}\right)^2,$$

$$z^2 + x^2 - 2zx\cos 120° = \left(\frac{13}{2}\right)^2.$$

如下图所示，构造 $\triangle PBC$、$\triangle PCA$、$\triangle PAB$，使得 $PB = x$，$PC = y$，$PA = z$，且 $\angle BPC = \angle CPA = \angle APB = 120°$. 则 $AB = \frac{13}{2}$，$BC = \frac{5}{2}$，$CA = \frac{12}{2}$. 从而，$\triangle PBC$、$\triangle PCA$、$\triangle PAB$ 可拼成一个直角 $\triangle ABC$. 由 $S_{\triangle PBC} + S_{\triangle PCA} + S_{\triangle PAB} =$

$S_{\triangle ABC}$,得 $\dfrac{1}{2}(xy+yz+zx)\sin 120° = \dfrac{1}{2}\times\dfrac{5}{2}\times\dfrac{12}{2}$. 故 $xy+yz+zx=10\sqrt{3}$.

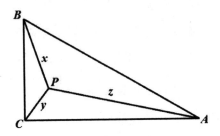

7. $\left(-\dfrac{\sqrt{5}}{5},\dfrac{\sqrt{5}}{5}\right)$.

【解析】设 $\begin{cases} x=a+\cos\theta \\ y=2a-\sin\theta \end{cases}$,则 $\begin{cases} x^2+y^2\leqslant 2^2 \\ (x-a)^2+(y-2a)^2=1 \end{cases}$;如下图,建立复平面,取 $Z(x,y),P(a,2a)$.

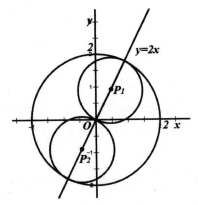

则点 P 在直线 $y=2x$ 上,Z 在圆 $D(P,1)$(以点 P 为圆心,半径为 1 的圆,为方便以下圆都用此方式表示)上,且在圆 $D(0,2)$ 内(含边界). 由题设知圆 $D(P,1)$ 包含在圆 $D(O,2)$ 内部(不含边界). 取两个单位圆与圆 $D(O,2)$ 内切,记为 $\odot P_1$、$\odot P_2$,其中,点 P_1、P_2 在直线 $y=2x$ 上. 易知,$P_1\left(-\dfrac{1}{\sqrt{5}},-\dfrac{2}{\sqrt{5}}\right)$,$P_2\left(\dfrac{1}{\sqrt{5}},\dfrac{2}{\sqrt{5}}\right)$. 故 a $\in\left(-\dfrac{\sqrt{5}}{5},\dfrac{\sqrt{5}}{5}\right)$.